ちくま学芸文庫

機関銃下の首相官邸

二・二六事件から終戦まで

迫水久常

筑摩書房

二・二六事件で、警視庁中庭に集結した叛乱軍
（1936年２月26日撮影）

原爆によって廃墟となった広島の中心街
（1945年８月９日撮影）

空襲下で成立した鈴木貫太郎内閣の組閣本部は小石川の自邸だった
（1945年4月7日撮影）

目次

序 013

第一部 二・二六事件とその前後

雪あかりに光る銃剣 020
遠き地鳴り 024
岡田内閣の成立とその苦悩 027
十一月事件 032
首相は無事か 038
防弾チョッキを着こんで 045
一刻も早く安全地域へ 051
戒厳令発令 057

ただ一人官邸に 063
虎口を脱す 069
松尾大佐の最期 071
生きられるだけは生きよう 078
一挺の拳銃 083
憲兵の場合 086
異状ありませんか 090
いよいよ脱出 094
棺の主 104
総理の参内 110
総理は生きていた 115
叛軍の将校に敬礼する奴があるか! 120
断乎、叛徒の鎮圧を期す 127
生死をこえて 134

火を噴かない機関銃の下に　144

第二部　終戦への苦悩

若烹小鮮　168
戦勢日に非なり　176
マリク大使を打診　181
宮城はまだ炎を上げて燃えている　186
国力の真相と世界の情勢　191
国体ということ　203
最後の帝国議会　208
議場は大混乱　218
陛下のお言葉　227
大事の前の小事　236
ポツダム宣言　241

微妙な段階　253
原子爆弾落つ　259
ソ連の参戦　266
聖断くだる　273
サブジェクト・ツー　290
抗戦派最後の努力　301
全員は、みな泣いた　308
八月十四日午後十一時　315
機関銃ふたたび火を噴く　326
あとがきに代えて　下荒磯篤子　339
ささやかな思い出から——文庫化に寄せて　和泉豊　345
解説　昭和天皇の二つの「決断」　井上寿一　351
資料　「終戦御前会議」画・白川一郎　358

＊写真はすべて毎日新聞社提供

機関銃下の首相官邸——二・二六事件から終戦まで

序

ある日、末っ子がたばこをすっているのを見かけて、私は、「未成年のくせにたばこをのむやつがあるか」と叱った。ところが、その子供は平然として、「僕はもう成人ですよ」という。そういわれて、私は愕然とした。昔なら兵隊に行く年である。大東亜戦争のときは、彼よりももっと若い人が一死君国に報ずる決心を固めて、勇躍死地についたのだったと思うと、時代は変りまた時代は平和だといまさらのように感慨無量である。

私は、前から、二・二六事件と終戦時の事について、体験者として記録を書いておけと人にいわれていたが、年も若いしその柄でもないので、躊躇していた。ところが今度、恒文社（ベースボール・マガジン社姉妹社）の池田君から、非常に強くすすめられて見ると、私もいつの間にか還暦を越えたし、時代も変ったのでいまのうちにまとめておくのもよいのではないかと思いはじめ、長女篤子を始め四人の子供やその友達たちを助手にしてやってみた。ついせんだってのような気がするが、記憶のうすれたもの、時の前後や登場人物がはっきりしないところがでてきて、いろいろと参考書を見て記憶をよび起しつつどうやらまとめたのが本書である。

永田町の首相官邸は、できてから今日まで二度、日本軍の機関銃によって撃たれている。二・二六事件のときと終戦のときとである。そしてまた今上陛下の御代になってから、陛下の積極的なご意思の表明によって、国の方針がきまったことも二度しかない。それがまた、二・二六事件のときと終戦のときとである。前のときは、蜂起した部隊をどう扱うか、軍首脳部がきめかねていたとき、陛下が叛乱軍として鎮圧すべき旨をお示しになり、あとのときは、終戦の御聖断をお下しになったのである。どちらの場合も軍のあやまりを最後の段階で陛下がお正しになった事蹟である。運命はこの両度とも私を首相官邸の中におき、前のときは、内閣総理大臣の秘書官として岳父岡田首相の救出に骨身をけずり、あとのときは、内閣書記官長として、鈴木総理をお助けすることに心魂をこめた。

二・二六事件も、終戦もまさに日本の運命を変えた世紀の大事件である。しかし、前者からは既に三十年、後者からは二十年の歳月を経ている。したがって、現在日本国民の多くの部分の人にはこれらの事件は無縁であるといってもよい。いまの日本は平和であり、繁栄している。若い人はそれぞれその生を楽しんでいる。このようなときに、古い軍隊を中心とした昔話など必要ないかもしれないが、人生にとっても民族にとっても、結局毎日毎日の積み重ねであって、今日は昨日の影響の下にあり、明日は今日の影響なしには考えられない。いまの日本国民は、父祖時代の日本国民をはなれては考えられない。父祖がどんな道を歩んできたかを知ることは、すなわち、自分が現在いる位置をはっきりさせる所以である。ある人は、終戦によって日本に革命がおきたのだ、古い日本はそこで終り、古い日本とは無縁の新しい日本が始まったのだという。しかし、私は、そうは思わない。新憲法によって、天皇主権から国民主権にうつったというが、私は、新憲法は本来の天皇のあるべきところをすなおに示したものであると思う。天皇が主権という権力の主体である間は、これを自己の利益のために濫用しようとする者ができてくる。日本の歴史は、極言すればそのことの過程であるともいえよう。新憲法下、天皇は権力をもたない国家の象徴、国民結合の象徴として、国民の最後の心のよりどころとして存在している。日本は戦前も、戦後も断層なくつづいている。そう考えると、この昔話も決して意義のないものではないと私はひそかに考えるのである。

　私の家系は旧薩摩藩主島津家の支流で、その重臣の家柄であり、父久成も陸軍士官学校第二期生で日清戦争に中尉として出征し、戦傷に起因して両足とも膝から下を切断し、大尉で退役した軍人であり、また母うたも、郷里鹿児島では有名な陸軍中将大久保利貞の娘であったから、私の子供のころ私の家には古い「さむらい」の家風が強くのこっていた。そのために父も母も私を軍人にしたい気持をもっていたらしい。しかし、私は父母の期待に反して軍人になるという心持は一度ももったことはなかった。ただ父は身体が不自由だったので常に家にいたし、自分は早く隠棲して国家のためになにもなし得なかったから、子供に二人分の奉公をさせたいという念願から、いわば私の教育に専念した。したがって、私は、普通の家庭とは著しく異なる環境のなかで、両親に対する強い尊敬の心持をもって育った。私が東京府立一中、一高を経て東大を卒業したとき大蔵省に奉職し、社会人としての道を直接国家に奉仕する官吏に選んだのもその結果であり、また軍人に対しては強い親近感をもったのもその結果である。

私はこれから私の六十二年の生涯のうちの二つの大事件、すなわち、二・二六事件と終戦とについて語ろうとするのであるが、この二つとも私がこの軍人たちとまったく反対の立場に身をおいたということは、まことに不思議な因縁である。

一度脱稿して読み返して見ると、あまりに「私」という字が多すぎるのに気がついた。私の心持は、この本によって「私」を宣伝しようという意思はまったくない。ただ、私自身が見聞したところを中心に記述したためにこうなったので、表現技術が下手なためであることをお許しいただきたい。

題名の「機関銃下の首相官邸」というのも、映画の題名のようでいやらしい気がしたが、よく考えてみると、機関銃が火を噴いたのは、この二度の事件の時であるが、二・二六事件から終戦まで、日本の政治はいつも陸軍の制圧下にあったのだから、首相官邸は、いつも火を噴かない機関銃の下にあったといってもよいと思う。そういう意味で戦前戦中の日本の政治の実体を表現した言葉だと思うので、私は、今日の首相官邸は果して何ものの下にあるのかなと思いながらそれにきめた。

本書は東大同期でしかも同郷の親友山田太郎君の激励と督促と、そして親身の協力がなかったらとてもできなかったと思う。上梓に際し恒文社社長池田恒雄君と山田太郎君に対し心から謝意を表するものである。手伝った子供たちやその友人にも御苦労さんだったと一言いいたい。

昭和三十九年七月

著者

第一部　二・二六事件とその前後

雪あかりに光る銃剣

昭和十一年二月二十六日未明、私は前夜の選挙勝利祝賀会の疲れで、総理官邸の裏門前にある秘書官官舎の二階にぐっすりとねこんでいた。ふと目がさめた。外がなんとなく騒がしい。この騒がしい気配で目がさめたのかもしれない。はっとして耳をすますと「ピーッ」という護衛の警官の吹く呼子の音が鋭くきこえ、続いて「パンパン」という銃声がきこえてくる。「とうとうきたか」ととびおき、窓をあけて官邸の方を見おろすと、昨夜からの雪はまだ激しく降りつづいており、その雪あかりのなかに裏門警備の警官たちが右往左往している。私は階下におりて、警視庁の特別警備隊に電話して事態を伝えた。先方のいうのには「ただいま、首相官邸の非常ベルが鳴ったので既に一小隊出発しました。後続部隊はすぐに出発します」というので、かねて手配のとおり、官邸詰の警官がちょっとの間防いでいるうち新選組がくるからと思い、二階に引きかえした。そのときまでは私はまさか軍隊が襲撃してきているとは、まったく思わなかったのである。まもなく部隊の駈足

叛乱軍による竹橋のバリケード

の音が響いてきた。いよいよ新選組がきたかと期待しながらみていると、銃声がきこえて、裏門前の警官が一人倒れるのがみえハッとした。そして他の警官がみな門内の詰所に逃げこむ光景がみられた。どうも不思議だなと思ってみているまもなくそこに現われたのは、剣付鉄砲をもった一隊の兵士である、私は、このとき、まだ軍隊の襲撃とは思わず、新選組よりも後援の軍隊のほうが早かったのかな、日本の軍隊はすばらしい機動力をもっていてたのもしいとさえ感じたことを覚えている。

兵士たちは裏門に近づくと、なにやら号令がきこえ、あるいは門をのりこえ、あるいは塀をのりこえて官邸内に乱入した。銃剣が雪あかりのなかでキラキラと光っていた。そして激しい銃声がおこった。私はここでやっと軍隊が襲撃してきたのだということを実感したのである。私たちも警察も、なにかおこるとはたしかに予想し、それを覚悟して、防衛の手段を講じてはいたが、その規模は、犬養首相暗殺の五・一五事件よりはずっと大きいものとは予期しながらも、まさか軍隊が部隊を組んで襲撃してくるとは想像もしなかった。たいへんな事態になったと思いながら、ともかく官邸にはいってゆかなければと考えて、いそいで服をきかえて門をとびだした。その時間ははっきり覚えていないが、午前五時すぎだったと思う。門前にいた兵士たちは、たちまち剣付鉄砲をきつけて、私を家のなかにおしもどし、そのまま土足で家のなかにふみこんできた。家族一同軟禁の状態になってしまった。家のなかにいても撃合らしい銃声が続いてきこえてくる。非常ベルと同時に駈けつけてくるはずの警視庁の新選組も、またその後援にくるはずの麻布連隊からの軍隊もどうもくる様子がない。官邸護衛のわずかな数の警官ではどうにもならない。どうしたものかと立ったり、すわったり、その時間はずいぶんながかったような気がするが実際はほんの三十分ほどの間であったのだ。後でわかったのであるが、新選組はすぐに出動したが、官邸門前で叛乱軍に追いかえされ、またそのあと応援にやってくるはずの麻布連隊はなんと叛乱軍の主体であったのだからくるわけはなかったのである。

私の家にはいりこんでいた兵士たちは、短い時間で立去ったので家のなかで自由に行動ができた。私は警視庁に電話をかけてみると、応対にでてきたのは男の声で、「こちらは

叛乱軍の兵士たち

蹶起部隊だ」という。これで警視庁も占領されたことが判り、事件が非常に大規模なことが察せられた。私はさらに麴町・憲兵分隊に電話をかけてみた。しかし憲兵隊ももはや、彼らの力の限界外の問題であることを率直に答えた。

夜があけかけてくるころ、官邸の方から、万歳と叫ぶ声がきこえてきた。とうとう岡田総理は殺されてしまったかと、全身の力が抜けてしまったような心持であった。やがて、将校がやってきて、丁重に「まことにお気の毒ですが、国家のために総理大臣のお命をちょうだいしました」といった趣旨のあいさつをして帰っていった。

兵隊は若干の員数をのこして隊伍を整えて、裏門附近からは立去った。その隊列の最後に官邸の守衛の一人が、ねまき姿のまま連行されてゆくのがみえた。

「万事休す」という言葉があるがそれはあのときの私の心境をいいあらわすために存在する言葉のような気がする。

遠き地鳴り

これが、二・二六事件の発端である。私たちは、五・一五事件以後世相の動きから見て、軍と右翼の結びつきによって何事かがおこらねばよいがと、いつも心配していた。そして極力これを防止しようとしていたのである。私は、ここで、世相がこのようになってきた歴史の流れをふりかえってみたい。

大正の中頃第一次世界大戦後世界が平和になると、日本でも、ゆっくりした歩みではあったが、社会的には民主主義、自由主義が前進し、政治的には政党政治の形ができ上りかけてきた。同時に、資本主義経済発展の過程における当然の事実として、貧富の懸隔がめだってきた。このことは、日本の社会がしだいに欧米的になってくることを意味するものであり、労働問題その他の社会問題が左翼的立場から大きく浮び上った。そして、一九二九年(昭和四年)に始まる世界的大恐慌の影響を受けて、日本経済が極度の不況に喘ぐことになって、世相は一段と険悪となり、なんとか局面の打開を望む空気がみなぎってきた。この局面打開が、左翼的立場によって行なわれるか、右翼的立場によって行なわれるかの岐路に立った状況は、ちょうど、ドイツにナチスが現われ、イタリーにファッショが現われたときと同じようなことであったといっても間違いではないと思う。

この局面打開の先頭に立ったのが軍部であった。元来右翼は、英米的自由主義、政党政治の排撃の運動を試みていたが、その運動は散発的で、大衆運動として組織化することはできなかったが、その基礎理念たる、国粋的天皇親政の思想は、政治に対して独立した統帥権の下に大元帥陛下に直属していると考えていた軍部の人たちの共鳴を得て、ここに、右翼と軍部の結びつきができ、軍部は理論を、右翼は実行力を得て、その活動はとみに活発化したのである。

もちろん、この間にあって、軍部の中に、政治的権力の場における失地回復的意欲が働いていたことも見逃してはならない。日清日露の両戦役の結果、その功績を高く評価せられ、また当時軍備の拡充が国家事業の中心課題であったことと相まって社会的にも、高い立場を得た軍人は、やがて、自分たちが昔の武士階級にかわって、国家を背負っているというエリート意識を持った。ところが、第一次世界大戦後、軍縮が世界的傾向となって現われ、かつ世間は平和を謳歌するに伴って、それはやがて軍人軽視の風潮となり、軍人の社会的、政治的立場は急激に低下するようになった。軍人の間にこれに対し不満を持ち、反発し、巻き返そうとする一般的な傾向が現われたのは当然といえよう。一面軍の上層部は、当時の世界的風潮であったブロック的の自給自足主義（アウタルキー）に対応して積極的に大陸政策を遂行しなければならないと考え、また軍縮に対し反撃するなどのためには、みずから政治権力を獲得する必要を感じ、これの実現を企図した。

農村の極度の不況は、農村出身者の多い軍隊の中で、殊に若い指揮官たちに、社会改革の必要を痛感させた。そして、彼等の耳には右翼の唱導する天皇親政の理論に基く改革論が極めて合理的に響き、しだいにみずから立つに非ざればこの日本を如何にせんと考えるに至ったのも無理はない。

このようないろいろの要件が相まって、世相は急激に右翼的革新の風潮が擡頭した。昭和六年三月、陸軍部内におこった小桜会蜂起未遂事件は、むしろ政治権力獲得を目的とした軍の上層部の動きであった。昭和六年九月、満洲事変を誘発し、満洲国の独立となり、ついに、国際連盟脱退、ロンドン海軍軍縮条約の廃棄と、日本は急激に独善的な道を歩みはじめた。軍部の主導力は強力となったが、彼等はもっと強い力を得ようとした。

もともと、右翼の社会改革のやり方はテロ行為によって社会に一つの非常事態を作り国民に危機感を与えることから始まるのが定石であるが、このときも例外ではなく、昭和七年二、三月頃の血盟団の財界要人暗殺事件に始まり、昭和七年五月十五日、いわゆる五・一五事件と呼ばれる犬養首相の暗殺事件へと発展した。しかもそれには、若い軍人が参加したのである。

この頃になると、社会改革の実行力の本体は、陸軍のいわゆる青年将校の階層にうつった。軍の上層部には、むしろ、これをけしかけて、みずからの政治権力獲得の具にしようとする傾向が現われたが、純真な青年将校はひたすらに、それが天皇陛下の真のみ心であり、日本国を救う道であると思いつめ始めたのであった。

私は、今考えてもほんとうになさけなく思う。民主主義、自由主義の発達を謳歌していた政党人は、この事態に対して、本来ならば大同団結して、その路線を死守するために努力すべきであった。もしそうしていたら、日本の歴史はもっと輝しいものになっていたであろう。しかるに彼等は、テロにおびえたのか、あるいは目前の利益を追ったのか、かえってこの革新勢力と結ぶものが現われた。政党内には派閥抗争が激化し、一方疑獄事件が続発して、国民の信を失い、自滅の道をたどっていったのである。そして腑甲斐なくも、政党政治は、犬養内閣を最後として、その姿を消してしまった。

岡田内閣の成立とその苦悩

犬養首相暗殺の後、元老西園寺公は、狂瀾を既倒にかえす悲願をこめて、海軍大将斎藤実内閣を成立せしめた。この内閣では林銑十郎大将（後に首相となる）が、荒木大将の後をうけて陸軍大臣に就任した。

私は、ここで全体的に勢力を拡大して来た軍部の内部に派閥抗争が激化し、それが一層、事態を複雑にしたことを説明しなければならない。

陸軍の内部では前後七年間宇垣一成大将が陸相の地位を占めている間におのずから一つの閥ができたが、これに属さない者はまた自然に反対閥を作り上げ、武藤信義大将を頭目にいただいた形になっていた。宇垣大将は、軍縮を実行した人であるから、反対閥はこれを快しとしない人が多かったのは当然であろう。この両派の対立は相当に深刻であった。これがのちに世人のいう「統制派」と「皇道派」の始まりである。いわば、「統制派」は、軍内部の統制を確立し、政府をとおして、軍の企図を実現に導こうと考える立場にあるのに対して、「皇道派」はもっと積極的に政府を屈服せしめて軍の意図を実行するといった立場に立ったものといってよい。時局の大勢が、右翼的に傾くに伴い、軍縮を実行した宇垣大将の声望は逐次おとろえ、反対閥が勢を得てきたが、昭和六年十二月犬養内閣において荒木陸軍中将（後に大将となる）が陸相の地位につくに至って、陸軍は正に「皇道派」的な空気にぬりつぶされて、いよいよ鋭角的な行動が顕著になってきた。

斎藤首相は、この陸軍の鋭角的な、いわば思い上った態勢を粛正して、政府と協調する陸軍としたいと考えたのであった。そこで林陸相の措置に大きな望みをかけた。林陸相も、この嘱望に応えて、皇道派一色の荒木軍政の訂正に着手し永田鉄山陸軍少将を軍務局長の要職に起用して徐々にその方向をとった。しかしこのことは、「皇道派」に刺激を与え、「皇道派」は巻き返しを策して両派の対立は、頂点に達した。私はこのとき「皇道派」が、巻き返しの手段として、陰に青年将校を扇動したことが、二・二六事件の発生と極めて重大な関係があると考えている。

斎藤内閣は、業半ばにして、不幸にも、多数の政界人、大蔵省官吏が連座した帝人事件という疑獄事件の発生によって、総辞職を余儀なくされ、そのあと昭和九年七月、岡田啓介海軍大将の内閣が成立した。この帝人事件はのちにほとんど全員が無罪となったまことに不可思議な事件であって、私にはやはり、時流にのった国内改革の一つの現われであるように思われる。そして、当時この事件が「司法ファッショ」といわれていたことが、ほんとうのような気がしている。

岡田内閣成立ということは私の生活のあり方に極めて大きな変化を与えることになった。当時、私は、外国為替管理法を所掌する大蔵省外国為替管理部でいまでいう課長補佐の立場にあった。この外国為替管理法という法律は、昭和七年、当時の大蔵省国庫課長青木一男さん（のち参議院議員）の指導の下に、私が原案をつくったものであり、爾来、昭和三十九年貿易為替の自由化が行なわれるまで、三十数年間日本を閉鎖経済の下においた法律である。私は、父の遺志にしたがい純良な官吏として一生を国家にご奉公するつもりでいって、大蔵省の大先輩である河田烈さんのたっての要請によって、内閣総理大臣秘書官に就任することになった。それは、私の妻万亀が岡田大将の二女であるという因縁によるものであるが、実はこの関係ができる二十年も前に、私の父の妹郁子（昭和三年に故人となる）が、万亀の生母のなくなったあとの後妻として、岡田大将（当時は大佐）のところに嫁したので、私は大将を叔父さんと呼び、万亀とは義理のいとこ同士として、育った間柄である。私はこの秘書官就任を一時のわき道と考えていたが、終戦時には鈴木内閣の内閣書記官長となり、今日、国会議員として、政治界におり、今後も一生その道にいるだろうという私の運命はやはりこのことと大きな関係がないとは言えないと思う。

岡田内閣は前の斎藤実内閣の延長とでもいうべき同型同質の内閣であって、陸海外三相はそのままで残留し、斎藤内閣と同様政民両党から、五人の閣僚をとって挙国内閣としたい構想であった。しかし、どうしても政友会の支持を得ることができず、民政党から総裁町田忠治氏外一名と、政友会を脱党して昭和会を結成した床次竹二郎氏外二名を入閣せしめたにとどまり、政友会は実質上野党の立場に立った。岡田内閣は、斎藤内閣より以上に、英米依存排撃、元老中心の旧勢力打破をめざす右翼および軍部の攻勢に直面した。組閣直後に当面した難問題は、「在満機構の改革」であり、ついで「国体明徴の問題」すなわち「天皇機関説」の排撃の問題である。在満機構改革の問題とは、当時の南満洲鉄道附属地の行政および警察権を軍部が接収せんとするものであって、在満の警察官、行政官系統の熾烈な反撃によって、一時は内閣の存続すら懸念される状態になったが、内閣はその素志に反することながら、ついに軍部と妥協して、ともかく解決した。

天皇機関説の排撃とは、美濃部達吉博士等憲法学者の通説たる「天皇は国家の最高の機関なり」とする学説が、我が国の国体に反するから、これを学界から一掃すべしという主張である。要するに、民主主義的な政治を排して、天皇を表面に立てて独裁の政治体制を実現せんとする意図の下に、国体という当時なんぴとも抵抗しえない観念を利用して主張されたものである。この議論に対して、天皇陛下ご自身が、自分は帝国憲法にしたがって国を統治する者であって、自分自身が国家であるとは考えていない、天皇が国家最高の機関だという説は決してまちがっていないと何回も岡田首相に仰せられたことは、私は直接首相からきいたことである。しかし、当時の軍部は、表面は国体を看板にして、実質は天皇をロボット化して、軍部独裁の政治を実現しようとするものであるから、この運動に対しては積極的に支援した。しかも驚くべきことには、政友会の首脳部も政争の具としてこれをとり上げ、帝国議会において執拗に内閣を追及した。内閣もついに、天皇機関説を否認するような声明を発して妥協したのであった。

政友会のこの行動は政党政治、民主政治を否認する道に同調したものであって、みずから墓穴を掘るの類であったことは争えない。林陸相は、その真意においてこのような行動には同調しない立場であったにもかかわらず、上述した軍部内の派閥抗争のあおりをうけて、下からの突上げに屈したのである。事柄が国体という当時においてはなんぴとも抵抗しえない問題であったことも、今日では理解しえないところかもしれないが、実は陸軍大臣が、部内を統督しえないほどに軍部内の秩序は乱れていたのである。誇るべき国軍の規律は地におち、青年将校と呼ばれる軍人たちの秘密結社的行動は阻止することができなくなっていた。岡田内閣は、斎藤内閣と同じく、この憂うべき独裁への動きを阻止することに専念していたのにもかかわらず、時潮の激しさによって、朝に一城を抜かれ、夕に一城を失いつつあった。しかも革新勢力は、もっと軍部の意のままになる内閣を望み、逐次最後の手段たるクーデターへとすすんでいった。

十一月事件

昭和九年十一月、いわゆる十一月事件がまったく偶然の端緒によって事前に発見された。その計画は一年半後におこった二・二六事件の模型ともいえるほど、酷似しているが、この事件は、当時内容はまったくわれわれには知らされず、現在も一般にはほとんど知られていないから、文献によってやや詳しく記述しておきたい。

この事件が事前に発覚したのは、一人の陸軍士官学校生徒が、たまたまこの事件の首謀者たる村中孝次（当時陸軍大尉）、磯部浅一（当時一等主計）からこの計画をきかされ、このの重大さに驚いて、急いで陸軍士官学校教官の辻政信大尉（のち参議院議員）に知らせたことによるのであって、その計画の概要は次のようなものであった。

第一次襲撃目標。斎藤実、牧野伸顕、岡田啓介、鈴木貫太郎、西園寺公望、警視庁。
第二次襲撃目標。一木喜徳郎、高橋是清、清浦奎吾、伊沢多喜男、湯浅倉平、財部彪、幣原喜重郎。
使用兵力。歩兵第一、第三連隊より各々二個中隊、近衛歩兵第二、第三連隊より各々二個中隊、歩兵第十八連隊および戦車第二連隊より若干、陸軍士官学校生徒若干。

これを見てもわかるように、たいへん大規模な計画である。憲兵隊ではこの報告をうけると、村中、磯部など八名を逮捕したが、これまでのいろいろの事件と同様、その処分は、きわめて軽いものであった。また事件の発見者たる辻大尉に対する軍部の態度も不思議なもので、辻大尉は、村中、磯部らをおとしいれるためにスパイを使ってこの事件をでっち上げたという理由で、水戸の連隊付へと追われている。

私は既に述べた数々の軍部の未遂事件の処分が軽きに失したことに大きな疑問をもつ。

そこには軍の上層部に（それは皇道派の人々と思うが）、これらの行動を是認するような空気があって、圧力を加えたからではないかと疑われる。もしこれらの事件の処分が正当に厳重なものであったならば、あるいは、二・二六事件はおこらなかったかもしれないと、つくづく思われてならない。

岡田首相は、このような軍部の乱脈な状況を深憂して、林陸相に善処を要請した。林陸相も、ついに意を決して、粛正を決意し、昭和十年夏の定期異動に際して、いわゆる皇道派の一掃を企図した。その核心は、陸軍三長官（陸軍大臣、参謀総長、教育総監）の一たる教育総監の真崎甚三郎大将に対して、その職を去って軍事参議官に転ずることを要請したことである。真崎大将は、荒木大将とともに皇道派の頭目であり、青年将校の人気を巧みに集めていた。林陸相は、真崎、荒木の両大将の強い抵抗を押しきって、渡辺錠太郎大将をその後任として上奏、御裁可を仰いだ。私はその当時のことをよく覚えている。林陸相は何度も岡田首相と会談した。

首相は「陸軍大臣は一度決心しても、また逆もどりするので心もとない」といい、また、ある日は「いま時分はちょうど陸軍大臣が、真崎大将に辞任を迫っている時間だが、どうしたろう」などと心配気にかたっていたのを思いだす。

このようにして、真崎大将の始末はおわったが、このことは果して皇道派を強く刺激し、陸軍部内の相剋はいよいよ激しさを加え、相互に相手を誹謗する怪文書が乱れとび、デマは充満した。

そして、相沢三郎中佐が永田軍務局長を、その局長室において刺殺するという不祥事がおきた。相沢中佐は、真崎大将更迭の策源は、永田局長であると考え、この挙におよんだものであるが、犯行後も平然として、罪の意識もなく当然のことをしたというかたちで、任地台湾へ赴くつもりでいたという。常識では考えられない狂気の沙汰であるが、軍部内でも、一般でも、中佐を英雄視するものも決して少なくなかった。

右翼勢力は当然皇道派と連携した。かくて岡田内閣は、外部の右翼勢力の攻勢と軍部の派閥抗争のとばっちりをまともにうけたのである。

自宅玄関前の岡田啓介

岡田首相はこの間、自由主義、民主主義の日本の存続のために、あえぎあえぎ苦闘した。私は当時を回想して、つくづくと岡田首相の立場にいまさらのように同情を禁じえないものがある。首相をやめることができたら、どんなに気楽になれるか知らないが、自分の組閣の使命は、そんな単純なものではない。岡田啓介という人間が、もみくちゃになるまでやるほかはないといっていたが、そのときの首相の脳裡に去来するものは、自分の面目とか、地位にかじりつこうということではなく、ただただ国家と天皇のためという信念に基くものであった。

林陸軍大臣は、昭和十年の九月辞任し、後任は川島義之大将であったが、この陸相の統率力は、林陸相のそれに比していっそう弱く、軍の内部の不規律はますます甚だしく、世情も騒然として、さきの五・一五事件よりも大きな事件がおこりそうな予感があった。殊に第一師団満洲移駐が決定されてからは、この機運はいっそう濃厚に感ぜられた。連夜のように市内において夜間演習が行なわれ、あるときの如きは、一隊の兵士が警視庁を攻撃する態勢をとり、最後には上官の命令によって警視庁にむかって一斉に放尿するということもあった。さすがに小栗一雄警視総監も怒って、第一師団参謀長に対し、市内の平穏のために演習についてじゅうぶん注意せられたき旨を申し入れたが、参謀長からは形式的に、軍の演習のため必要なことをするだけであるという返事がきたようなこともあった。

私たち秘書官に対しても、いろいろの情報をもたらす者があった。新宿の宝亭や銀座のあるカフェーが青年将校の溜り場であることを知って、人を介して女給に情報の提供を頼んだこともある。

私たちは、首相官邸の警戒体制を強化するとともに、岡田首相の身辺警護を厳重にした。官邸の扉を鉄製にかえ、窓に鉄格子をはめ、非常ベルを装置して一瞬にして警視庁に連絡し、当時「新選組」と愛称された特別警備隊（当時の隊長はのち衆議院議員岡崎英城君）が迅速に駈けつける手配を整えた。もし暴徒がくれば、まず官邸詰の警察官が防衛し、十分ほどで新選組が到着し、さらに三十分後には麻布第三連隊から軍隊が出動する構えであった。護衛の警官も緊張し、私たち秘書官もまったく決死の覚悟で、私などは、ほとんど毎日家内に対して自分が死んだら子供とお母さんを頼むといいのこして家をでたものである。

昭和十年南九州の大演習のときは、警察では護衛に自信がもてないから、首相の陪観はとりやめにしてほしいという希望さえでたが、岡田首相は平然としてでかけた。果して途中名古屋駅で、ビラの束を投げつけた青年が現われたりして、通過県の警察にほんとうに気をもませたものである。私が一番緊張したのは、自動車に陪乗して外出するときであった。なにかおこれば身を以ってかばわなければならないと思うと、眼を八方にくばって一瞬の油断もできない。帰ってからホッとして疲れ果ててしまうのだった。一度こういうことがあった。たしか平河町の辺りを走っていたときだが、一台の自動車がスピードを上げて、首相の車を追い越したと思ったらなかに乗っている人がふりかえって、何かをこちらに向けてねらっている。私はハッとして無意識に首相の体の前に私の体をもっていった。この車の正体は新聞社の車で、こちらをねらったのは写真機であったことは、まもなく判ったが、私は今思いだしてもぞっとするような気がする。しかし、当の本人は一向平気で、だれとでも気安く会い、またどこへでも気軽にでかけていくので、私たちはいささか閉口した。

岡田内閣は、昭和十一年一月二十日議会再開の劈頭、衆議院を解散し、その総選挙が二月二十日に行なわれた。その結果は、与党の民政党および昭和会の合計がほんの少しばかり多数となった。選挙は勝ったのである。二月二十五日、首相官邸においてささやかな祝賀会が開かれた。総理の義弟松尾伝蔵大佐はこの日に福井県から当選した福田耕秘書官の選挙応援から帰って、この祝宴に列し上機嫌であった。あの事件がその翌朝二十六日払暁におころうとは神ならぬ身のなんぴとも予想しなかった。

首相は無事か

さて、話は、二・二六事件に戻る。前に述べた官邸襲撃の事態が一応平静になったので、私は気をとりなおして、道をへだてた隣家の福田耕秘書官の官舎にひそかにはいった。お互いに言葉はない、涙もでなかった。いろいろと協議した結果、ともかく官邸にはいって岡田総理の遺骸に香華を供えようということになり、麴町憲兵分隊に電話してその斡旋を頼むとともにその場合の保護を依頼した。憲兵隊の返事は「若干の憲兵が首相官邸にいっているからそれと連絡をとってほしい」ということであった。

連絡をとるにも官邸のなかにいるのではとりようがない。仕方がないのできっといつかは外にでてくるだろうからそれをつかまえようということになった。そこで福田耕秘書官と二人で官舎の二階に陣どって、首相官邸を見張っているとやがて裏門から一人の憲兵がでてきた。やれうれしやと官舎の門にでて憲兵をよびとめて様子をきくと「岡田首相は殺されている」というので、麴町憲兵分隊との電話の交渉のことを話し、「なんとか遺骸だけでもみられるようにとりはからってほしい」とたのみこんだ。その憲兵はそれを承諾して、「あなたのほうからも官邸占領の指揮官に電話で交渉してください」といったので、私たちは電話で反乱軍と交渉した結果、やっと指揮官の第一歩兵連隊の栗原安秀中尉から、「秘書官二人に限り遺骸の検分をゆるす。案内者を差向けるから、その指図に従うように」という許可がおりた。ちょうど九時ごろのことである。私たちはなにはともあれ、岡田の名をはずかしめぬよう最後までおちついて事後の始末をしようと決心しあい、ありあわせの香炉と花立を用意して、案内者のくるのを待った。やがて一人の一等兵がやってきて、隊長の命によって、ご案内に参りましたという。私たち二人はその兵士に従って家をでた。

このとき私はまことに不思議な体験をしたのである。私が官邸に向うため、家をでかけるとき、妻（万亀）が玄関までおくってきた。なにぶんにもこういう時だから私自身の体にもなにがおこるか判らない。そこで「もし一時間たっても帰らないときは、私に異変があった場合だから、お母さんと子供たち——当時私のところには中風で身体の不自由の母と数え年五つの長男、二つの長女がいた――とをよろしく頼む」といった。妻は実にたのもしく「ご心配はいりません。必ずお引受けいたします、だけどお父さんはきっと生きていらっしゃいますよ」というではないか、私は一瞬愕然とした。しかし、かわいそうに、この私でさえどうしようもない気持でいるのだから、ましてや、ついきのうまで元気だった実の父親が殺されていることなどとても想像もできないだろう。

私も生きていてくれることを信じたいが、とても不可能だろうと思いながら、「そうだな、生きていてくだされぱいいが」と答えたのであった。家から首相官邸の裏門までは約三十メートルある。その間には多くの兵隊が雪のなかで寒そうに立っていたが、その顔はなんとなく不安気で殺気立った様子はむしろみえなかった。私たちは案内に立った一等兵に話しかけた。よくみるとその一等兵の服には、血痕があちこちについている。彼は、得意気に襲撃の模様を話した。赤穂浪士の吉良邸討入のときもこのような風であったろうと話した。この一等兵はあとでまた話題となるが、江東の浪曲師出身だったという。

官邸裏門前には機関銃が据えつけられていた。そして私たちはこの一等兵の話のように、官邸を襲撃したのは数百人の大部隊で、機関銃をもって官邸を射撃したという事実を確認した。あとで判ったことであるが、最初に出動した新選組は、官邸正門前で機関銃によって阻止された。そして、警察官は軍隊と戦うべきでないという考えから、そのまま引きかえしたということであったが、私たちはこの大部隊の軍隊の襲撃では、かねて計画した防衛手配では、手も足もでなかったのはあたりまえであると思うと、いいようのない無念さに胸がしめつけられるような心持で、裏門に到着した。平素ならば、警衛の警察官の敬礼をうけながら、胸をはってとおる門を、今日は小腰をかがめて、一等兵のあとについてはいりながら、さらに無念の情をましたのであった。

玄関をはいって、屋内にはいると、平素は整然としている客室内は軍靴にふみ荒され、器物が散乱し、拳銃さえ床の上に放置されてあった。そして、廊下のところどころに兵隊がいて、私たち二人をじろじろとにらむようにみまもっている。なかには新兵らしいまだ幼な顔ののこっているような兵士が、血ばしった目をして交っていたのが印象にのこっている。

私たちは、待ちうけていた一人の中尉と数人の剣付鉄砲の兵士にとりかこまれるようにして奥に進んだ。どの部屋も無惨に散乱している。手洗所のタイルの上に血痕があった。進んで、総理の平素の居間だった部屋にはいると、いつも壁間にかけてあった総理の肖像写真が畳の上にほうりだされている。見るとちょうど顔のところに銃弾があたったのか、ガラスに多くのヒビがはいっていた。中尉が、隣りの部屋を指さして、どうぞといった。そこは首相が平素寝室として使用していた部屋である。室内には首相の使用していたふとんの上に人が横たえられている気配である。

掛ぶとんが顔の上までかけてあって顔はみえない。「ああ、やっぱりだめだったか」と、覚悟していたつもりだったが、やはり限りない悲しみに沈みながら、その部屋にはいろうとした。そのとき、一人の兵隊が私の耳もとでささやいた。「死骸をみてもお驚きになりませんように」と。見ると憲兵の腕章をつけていた。私は死骸がよほどひどく傷つけられているのだなと思いながら、福田秘書官に続いて部屋にはいっていった。あとから考えてもこのときなぜそうしたのか自分でも判らないが、二人が部屋にはいると同時に、私は無意識に後ろについてきた兵士たちを次の部屋にのこして襖をしめてしまったのである。したがって部屋のなかには私と福田秘書官の二人だけになってしまう形になった。そしてこれまた不思議なことだが、あとにのこされた兵士たちはなにもいわずにそのまま次の部屋で待っていたのである。

さて、私たちはおもむろに遺体の側で礼拝し、顔までかかっていたふとんをもち上げてみた瞬間、はっと驚いて息をのんだ。思わずアッと小さな声を立てたかもしれない。岡田首相の遺体だとばかり思っていたのがなんと現実の死体は岡田首相ではなく、前夜福井から帰って官邸にねていた首相の義弟、松尾伝蔵陸軍大佐（岡田首相の妹の夫、その長男松尾新一大佐の妻は私の妹である）の遺骸である。私は一瞬わが目を疑ったが、やはり松尾大佐である。

福田秘書官の方をみると、やはりびっくりして死体をみつめている。岡田首相の死体ではないとすると、いったい首相はどうなっているのだろうか、やはり殺されてしまってどこかにころがされているのか、それとも妻ができがけにいったように、生きていてどこかにかくれているのだろうかと私の心は千々に乱れた。さいわいなことに、部屋のなかには福田秘書官と私の二人しかいない。おたがいの耳に口をよせあって、ともかくこの松尾大佐の死体をそのまま総理大臣の死体であるとして押しとおすことを打合せた。もう涙もなにもでないが、ここが芝居のみせどころだと思い、ハンカチでわざと目をおさえながら部屋をでると、とたんに待ちかまえていた中尉が「岡田閣下のご遺骸に相違ありませんね」と念をおしてきた。私たちは「それに相違ありません」と答えたものの、気になるのは岡田総理の安否である。いまはまだたしかめる術もない。どうしたものかと考えているうちに護衛の警察官は全員殺されてしまったらしいが、妻のない首相の身のまわりの世話をしていた、サク、絹という女中が二人のこっているかもしれないと思いあたった。そこで私は「この家のなかには女中が二人いたはずですが、どうなっていますか」ときいてみた。「女中さんならあちらの部屋におります」という将校の答えに「それではちょっとあいたいから、案内していただけないだろうか」とたのんでみると、案外たやすく案内してくれた。その部屋は台所に近い八畳であったが、その部屋にはいった私は部屋の異様な空気にはっとした。というのは入口の襖をあけると、すぐ右手にある一間の押入の前に二人が一枚ずつの襖を守るかのように背中にあてててすわっており、異様に緊張した表情でこちらをにらんでいたのである。二人の様子はまず普通ではない。

私はとっさに首相はこの押入のなかにいるのではないかと感じた。私たちのうしろには、兵士たちがじっと私たちを監視しているのである。うかつにものはいえない。まず私が「けがはなかったか」と口をきった。すると一人が小さい声で、「はい、おけがはありません」と答えるではないか。自分たちのことに「お」をつけるはずがない。この言葉で、「これはたしかに首相が無事でこのなかにいるのだな」と私は万事のみこめた。ほんとうにとび立つ思いであった。そうとわかれば長居は無用と考えた私は女中に「あとで迎えにくるからしっかりしていてくれ」といいながら、福田秘書官をのこして、足早やにその場を立ち去ると、ついてきた兵士たちは私といっしょに広間の方へと移動した。歩きながら私は、「総理の最期の状況をおきかせください」とはなしかけた。

中尉は「武人として実にご立派なご最期でした。私どもは心から敬意を表します」といったが、私自身としては、そんな話など耳にもはいらない。さて、これからどう措置すべきかと、ほんとうに当惑した心持であった。この間数秒、後にのこった福田秘書官は、女中から総理が押入のなかにいることを確認し、必ず救いだすからといいおいてきたのである。

防弾チョッキを着こんで

さて、問題は、如何にしてこの総理を救いだすかということである。首相官邸の周囲には数百人の兵隊が蟻のはいでるすき間もないほどにとりまいている。しかも官邸内では絶えず巡視兵がまわっている様子である。よほど慎重に事をはからねばまず成功はのぞめない状態である。私たちはひとまず秘書官官舎に引き上げて、対策を立てることにした。官舎に帰ると、けなげにも妻は、母と子供を応接間にいれ、内から鍵をかけさせた上、その扉の前でみんなを守るかのように一人でがんばっていた。私は妻にさっそく総理が生存していることを耳うちした。妻は「やっぱりそうでしたか」と緊張した面持ちであった。事件落着後、私は何度も妻に対してあのときどうして総理が生きているといったのかときいてみた。妻の答は「ただなんとなくそんな気がした」というのであった。私たちが実際にみきわめるまで、総理が生きているということはとうてい考えられない客観情勢だったし、妻もべつに情報を入手する可能性はまったくないのであるから、結局は親と子の間にある神秘的な霊感によるというほかはない。

私の官舎で福田秘書官と善後措置について協議した。そのころになると方々から電話がかかり、襲撃を受けたのは岡田首相ばかりでなく、内大臣斎藤実子爵、大蔵大臣高橋是清、侍従長鈴木貫太郎、教育総監渡辺錠太郎大将、牧野伸顕伯爵などであり、岡田首相は即死と見られていることが判った。そこへ宮内省から電話がかかってきた。私が電話口にでると、丁重に岡田首相の死去について弔詞を述べられ、ついては勅使をさしつかわされる思召しであるが、勅使を官邸において受けられるか、私邸において受けられるか、どちらがよいかという問合せである。既に高橋蔵相邸には勅使がいっているということである。私は如何に返事すべきかに迷いながら考えた。この電話は、あるいは叛乱軍によって盗聴されているかもしれない。してみると、総理生存というような重大なことを電話で報告することは危険千万なことである。そこで私は「ただいま、遺骸は官邸にございますが、官邸はまだ軍隊によって占領されていて、勅使をお受けするようなことはとても不可能だと思いますし、私邸のほうもよく連絡がとれませんので、これまた勅使をお受けする準備はできません。おそれ多いことでございますが、しばらくご猶予をおねがい申し上げたい」と返事した。

私は電話をきって福田秘書官にこのことを話し、一刻も早く総理生存の旨を、天皇陛下のお耳にいれておかねばならないが、電話で宮内大臣に報告することは危険だから、どうしても私たち二人のなかの一人が至急に参内して秘密裡に報告するよりほかはないと相談して、結局私が宮内省にゆき、福田秘書官はあとにのこって処置をとることになった。

そこで私は、もう一つのことを思いついた。私は役人出身だから、そんなことに気がついたのである。世間には岡田首相は即死ということになっている。明治憲法の建前では、内閣総理大臣は一刻も存在しない時間があってはいけない。だから総理が在職中に死ぬと、例えば、東京駅頭で原敬首相が暗殺されたときも、加藤友三郎首相が病死されたときにも、上席の閣僚に対して、「臨時兼任内閣総理大臣」という辞令がでているから、このままに

陸相官邸襲撃後、山王ホテルに入った叛乱軍

放置しておけば、上席の内務大臣後藤文夫氏に対して同じような辞令がでるのは当然である。しかし実際には首相は生きているのだから、このような辞令がでたのでは、あとで岡田首相が脱出してでてきても、総理大臣が他にできているのでもう総理としての立場はなくなってしまっていることになって、始末が悪い。どうしても総理大臣が事故のために職務がとれないという場合に相応する辞令がでなければ困るということである。私は、すぐに隣家の内閣官房総務課長の横溝光暉氏の官舎にひそかにいって、横溝さんにそのことを懇請した。そのとき私ははっきり総理生存ということは明言したかどうか覚えていないが、ものわかりのよい横溝さんは、あっさり呑みこんで、すぐ私の目の前で、既に宮内省にはいっていた担当の稲田内閣書記官（のち侍従長）に、この場合の辞令は、「内閣総理大臣臨時代理被仰付」という形式にするよう電話で指示してくれた。あとできいたのであるが、この辞令の形式については、内閣官房の係から異議がでたが、稲田さんはともかく総務課長の命令だからと押しきったという。そして、この辞令が公表されると、この方面の知識のある人たちから、内閣官房に、あの辞令の形式はまちがっているという抗議があったということである。しかし、この辞令の形式に疑問をもった人も、さすがに総理が生存しているということをよみとった人はなかったようだ。

私は、モーニングにきかえて参内の準備をした。チョッキの下に防弾チョッキを着こんだ。この時間ははっきり覚えていないがもう十時すぎであったろう。外套を着て、傘をさし、官邸正門の方にまわって門前の番兵に名刺をわたして指揮官にあいたいと申し入れた。しばらく門前に待っていると、門内に案内され正玄関に向って歩いた。正玄関の車寄せのところにどこからはこんだものか大火鉢にまっかに火がおこっており、そのまわりに椅子をもちだしてきて、数人の将校がすわっていた。不思議なことには、そのなかに一人背広服を着た人がいる。私はだれかと思ったが知らない人である。年のかっこうからみて北一輝とか西田税というような札つきの民間人ではない。きっと十一月事件のとき処分を受けて免官となっている村中大尉か磯部主計かと思った。あとで判ったのであるが、その人は日本経済新聞（その当時は、中外商業新報といった）の記者和田日出吉さん（女優木暮実千代さんの夫君）であった。和田さんは事件がおこると、早々に部隊の将校のなかの友人から誘われて官邸にはいったらしい。私たちが死体の検分にはいる前のことである。和田さんのあとでの話では、そのときは総理が揮毫したものが散乱していたというが、私たちのはいったときには、そんなものはみあたらなかったから兵隊たちが記念に持って行ったのかもしれない。私は左手に傘をさし、右手を外套のポケットに突っこんだまま立っていると、一人の中尉が立ってきて、栗原中尉だと名のった。みるからに颯爽とした青年将校で、まさに美少年のおもかげがある。私はこんな立派な軍人がどうしてそんな大それたまちがいをしでかしたのかと嘆くような心持であった。

私は「首相の葬式について打合せをしたいので、総理の私邸にゆきたいから、安全に包囲圏の外にだしてほしい」と申し入れた。

中尉は、そのことは電話ではできないのかとか、いまいそぐことはないのではないかなどなかなか承諾をしない。私は、この中尉はなにかを感づいているのではないかと、ひやひやしながら、どうしても婿の自分がいって、段取をつけてきたいと食いさがった。ふと気がつくと、いつのまにか、中尉のそばに下士官が立っていて、しかも拳銃を私に擬しているではないか、私はハッとしたが、不思議に恐怖は感じなかった。この拳銃が火をふいても、下に着こんでいる防弾チョッキで防げるかしらなどと、ちょっと他人ごとのような心持であって、自分の生死に直接関係があるという実感はなかった。私はこのとき身に寸鉄も帯びてなかった。ただ、高橋蔵相の秘書官をしていた日本銀行の岡野清豪氏（終戦後衆議院議員となり通商産業大臣になった人）から贈られた鉄扇を腰のポケットにさしていた。それはステンレススチールで骨ができており、長さ十五センチたらずのもので、成田山新勝寺の住職の揮毫になる字が書いてあった。私はフト気がついて、右手をポケットからだして下にさげた。

下士官は拳銃をしまった。アメリカのギャング映画でよくみるように右手をポケットにいれているのは、そこに兇器があるという意味だったなと気がついた。拳銃をつきつけられている間、私はやはり気になったのか、何度も銃口をみた。小さい穴だなあと思ったとたんにまるで大砲の口のように大きくみえたこともある。いま考えて私は微苦笑を禁じ得ない。

一刻も早く安全地域へ

栗原中尉は結局許可をだした。そして中尉は静かに「総理は武人として立派なご最期でした。自分らは私怨があってこんなことをしたのではなく、国家のためやむを得ないことでしたと遺族の方に伝えてください」と丁重にあいさつし、下士官にこの方にだれかをつけて警戒線をだして上げるようにと命じた。一人の新兵らしい兵隊をつけてくれたので、私はその兵隊とならんで警戒線をなんなくとおり、官邸わきの坂道をおりて溜池の電車どおりにでた。そこから兵隊は敬礼をして帰っていった。私はその道々、その兵隊にはなしかけた。いつ入営したか、どこの隊かときくと、昨年十二月に入営した近衛第三連隊という。君たちは今朝なにをしたか知っているかときくと、若い兵隊は、今日は実弾をもった演習をするというので、初めての経験なので張りきっていますと答える。私は「君たちは今朝、岡田総理大臣を殺したんだよ」というと、彼は顔色をかえて、何度も何度もほんとですか、ほんとですかと問いかえした。私は、かわいそうな気がしたのをいま思いだす（私が宮内省にはいってからこの話をすると、陸軍の人たちは、近衛連隊は、この行動にははいっていないはずだと強弁していたことを思いだす。そのときはそれほど混乱していたのであった)。送ってきた兵隊とわかれ、私は、虎の門附近まで歩いて、尾行されているかどうかをたしかめてからタクシーを拾い、宮城へ向った。その車のなかで私は敵中の総理はいまも無事だろうか、無事でいてほしいと神々に念じ、どうして総理を救出するかということばかり考えた。ずいぶん苦しかった。坂下門からはいろうとしてお濠端で、警戒の警察官に、氏名をなのったところ、丁重に、今日は平川門だけが開いておりますからそちらへどうぞというので、平川門外で車を捨てて、深い雪をふみしめて宮内省に向った。門に立っていた皇宮警手は顔みしりであったからすぐにとおしてくれた。さすがに雪はふまれていない。たいした距離ではないのだが、ずいぶん長いように感じられた。

私は宮内大臣の応接室にはいってほっとした。宮内大臣湯浅倉平さんはすぐにでてこられて、丁重に悔みをのべられた。私はそれをさえぎって、実情をつぶさに報告した。宮内大臣は一瞬非常に驚かれた様子であった。私の記憶ではそのとき宮相は何か手にもっておられたものをおとされたような気がするので、あるものに宮相は手にもった煙草をおとされたと書いたところ、人から湯浅さんは煙草をのまれなかったといわれたので、それは私の記憶のあやまりと思う。しかし、たいへんよろこばれて、すぐに上奏するといわれて、ご殿の方へ走るようにしてでてゆかれた。まもなく引きかえしてこられて、「岡田総理が生存している由を陛下に申し上げたら、陛下はそれはよかったと非常におよろこびになって、岡田を一刻も早く安全地域に救いだすようにと仰せられた」と、謹厳な口調で伝えられた。私は陛下のお言葉をありがたく承ったが、その一面こうなっては必ず無事に救出しなければならないと強い責任を感じて身のふるえる思いであった。私はこのまましばらく宮内大臣室にとどまり、湯浅宮相とお話しした。宮相もたいへん心配されて救出についてなにかよい方法はないかといわれるので、私は「一刻も早くと思いながらまったく考えあぐんでおります。実はこうしております間にも、官邸のほうでなにか異変がおこってはいないかと気が気ではありません」と申し上げ、宮内大臣の机の上の電話を拝借して、福田秘書官に連絡してみた。盗聴されていることを考えながら、上奏がすんだことを暗号的ないい方で報告し、そちらの状況はどうかときくと、福田秘書官も、暗号的なはなし振りであったが、その後官邸のほうにはかわった様子はないから、まず総理もあのままの状態でいるのだろうということが判った。福田秘書官は、女中が空腹だろうから、まもなく弁当をもっていってやろうと思うというので、私は官邸へいって様子をたしかめてくるつもりだなあと判断した。

内閣官房では、各大臣に対して至急参内するように要請していたので、私が宮内省にはいったときには、既に、数人の閣僚がきていた。軍のほうでも軍事参議官などの長老を召集したとみえて、真崎大将、荒木大将などの顔も見えていた。東溜の間などにそれぞれ参集していた。私はそのなかに、近衛師団長橋本中将の顔をみいだした。とたんに私は、中知っていたので、この橋本中将に事実をうちあけて、総理の遺骸をひきとることについて、正義感の強い、誠実な人であることを知っていたので、この橋本中将に事実をうちあけて、総理の遺骸をひきとることについて、警衛するという名目で、官邸の日本間のほう、すなわち、総理のかくれているほうに近衛師団の兵力をいれてもらい、うまく総理を救いだす方法はないものかと考えたので、そのことを湯浅宮相にお話ししてみた。しかし、宮相は沈痛な面もちで、「近衛師団長も独断では、措置がとれないでしょう。きっと上のほうに指揮を求めると思うが、あすこにいる将軍たち（と将軍たちの集まっている部屋の方を指さして）はいったい、どちらをむいているのかわからないから非常に危険ではないだろうか」といわれた。そういわれてみれば、そのとおりで、私はいまさらのように、軍部内に蜂起部隊に対する同情的な考え方をするものが多いということについて認識をあらたにし、うかつなことはできないと戒心したのであった。

私は、そこで、福田秘書官に電話して、しばらく宮中にとどまって様子をみることを告げた。閣僚もだんだんと集まってきたが、肝心の内務大臣後藤文夫氏の姿がみえない。内閣書記官長の白根竹介氏も、首相官邸の裏門前の官舎にいるはずであるが、事件発生後、まったく連絡がつかない。参集者殊に軍人の人数は、どんどんとふえる。なるほど、陸軍省も参謀本部も、部隊によって占領されているので、軍部の首脳部は、みなここに集まってきている。宮中の二、三の部屋は、まったく陸軍の本部となったようである。私はこの軍人のところに顔をだすと、多くの人は総理の悔みをいうが、なかには大きな声で、「岡田首相が軍のいうとおりにしないから、こういうことがおこるのだ、けしからんのは岡田首相だ」という者もある。杉山元(はじめ)大将が私に丁重にあいさつされた。

私は杉山大将は常識派であることを知っていたので、冗談のように「そのうち閣下のところにもやってきますよ」というと、大将は「僕は悪いことをしてないから大丈夫だよ」といわれた。この言葉は私にはちょっとひっかかったので、私はいささか気色ばんで「それなら岡田は悪いことをしたというわけですか」というと、大将は「いやそんな意味ではない」といわれた。私はちょっと悪いことをいったなと思ったことを覚えている。ここで私ははじめて蜂起部隊の「蹶起趣意書」というものを読んだ。軍人の多くは、この趣意書に同感の心持をもっていることも判った。なかには、なんとかしてこの連中の意志を達成せしめたいということを露骨に話す者もいる。川島陸軍大臣は困りきった顔付で、なんとも決断ができない様子であり、まったくたよりにならない形だし、古荘次官は脳溢血の予後を無理してでてきておられたが、これまたたよりなげであった。山下奉文、石原莞爾といった実力者が、でたりはいったり大声で議論をしている。真崎大将など、同情論者から、つき上げられてはいるけれども、さりとて、これを是認するというわけにもゆかないといったあんばいで、困りきっておられたようだった。私はこの有様をみて、国軍の幹部のたよりなさをまざまざと感じるとともに、しらずしらずの間に、ひそかに頭のなかで、各将軍や、幹部の色分けをし、その評価をしていたのだが、具体的にいうことは、差しさわりがあるといけないから、ここではふれない。私は最近、テレビで二・二六事件を取り扱った映画をみたが、そのなかで磯部主計が、処刑されるところで、大きな声で、「国民よ、軍部にだまされるな」と叫ぶ場面をみて、そぞろにこのときの光景を思いだして感慨無量なものがあった。

私は閣僚の集まっているところにいってみた。まだ後藤内相がきておられないので、正式の閣議はひらかれていないが、だれもが私に官邸の様子をきかれる。私は、ここでもまたうかつなことはいえないと思って、適当にうけこたえをしていたが、そこに、海軍大臣大角大将がこられた。私はいろいろと考えたが、大角海相に対して「海軍の先輩である総理大臣の遺骸を引取りたいと思いますので、海軍陸戦隊を官邸にいれて警戒していただきたいと思いますが」と、申し入れてみた。すると海相は「とんでもない。そんなことをして、陸海軍の戦争になったらどうする」といわれるので、私は決心して、「では、これから重大ことを申し上げますが、もしこのことをご承知くださらない場合は、私の申し上げたことは全部きかなかったものとして忘れていただきたいがよろしいですか」と予め念をおしてから、岡田の生存を知らせその救出のため、陸戦隊の出動をお願いすると、海相は非常に当惑された顔で「君、僕はこの話はきかなかったことにしておくよ」と向うへいってしまわれた。

私のそのときの心持はいま思いだしても、自然と眼頭があつくなる。たよりにするもの、すがるものは何もない。私の頭のなかには、とじこめられたなかから脱出した歴史上の事実や、物語りなどが、走馬灯のように点滅した。普仏戦争のとき、フランス大統領ガンベッタが風船にのってパリを脱出したという話があるが、それに似せてなにか方法はないものだろうかなどと昔の話や、読んだ書物のなかからいろいろと思い浮べてみるが、どうもみな現実には不可能なことばかりである。松尾大佐の遺骸を棺にいれて持ちだすとき、岡田をいっしょにいれてだす方法。これはできるのではないかと思ったが、しかしよく考えてみると、二人はいれるような大きな棺を作ることも疑われるし、納棺となれば軍隊も立会うであろうから、結局できない相談である。時間ばかりが刻々とすぎ、いつ岡田が発見され、殺されてしまうかもしれない。殺されてしまえばむしろよいが、もし死にまさるはずかしめをうけたらと考えると、いてもたってもいられない焦慮である。ほんとうに私は、あせりにあせった。

戒厳令発令

午後四時すぎ、そろそろくらくなるころ、筆頭閣僚たる後藤内相が参内して、正式に閣議が開かれた。閣僚の間には内相の参内の遅延をせめる声がきかれた。まもなく予定のとおり、後藤内相に対し、「内閣総理大臣臨時代理被仰付」という辞令がでた。私はほっと安心した。閣僚のだれもこの異式な辞令に気がついたものはなかったようだ。そして直ちに、後藤臨時首相の手によって、内閣の総辞職の辞表が捧呈された。私はここで、いったん官舎に帰ろうと思い、宮内省の自動車を拝借して、永田町に向ったが、官邸の周辺の道路のどの入口でも、警戒に立っている叛乱軍の兵隊に阻止され、なんとも仕方なく、再び宮内省にとってかえして、福田秘書官にその旨電話した。そのとき、福田秘書官は、きこえるかきこえないかほどの低声で「会ったよ」「もうしばらくがまんしてくださいといってきた」という。私はうれしいのか、親父がかわいそうだという心持かいまもわからないが、涙がでて困った。宮中はすっかり夜のとばりに包まれ、あまり明るくない電灯の下で閣僚たちは、三々五々、ひそひそ話をしている。私は大声で助けを求めたいという衝動をおさえかねた。そしてその夜半、とうとう私のもっとも信頼している司法大臣小原直氏と、総理とはもっとも親しい鉄道大臣内田信也氏の二人だけに、総理は生存していて官邸内の一室にかくれていることを打明けて、なんとかよい智恵をだしてくださいと懇願した。またこれからの閣議などそのつもりで指導してくださいと頼んだ。そして辞令の形式についても話した。二人ともことの意外に一瞬呆然とされた。「たいへんなことになったなあ」「しかしなんとか脱出せしめなくては」といわれるものの、私たちと同様に、よい案はない。内田さんはしばらくして、「大角に話したか」といわれるので、私は、実はしかじかとお話をした。内田さんは「大角もたよりにならんな」と感無量気につぶやかれた。

私は約一時間おきに一晩中、福田秘書官に電話連絡した。福田秘書官がそのたびに「官邸のほうでは物音一つしないから異変はないと思う」というのをきいてまず一安心というわけである。やがて電話が安全であるということがわかったので、二人は少し大胆になり意見を交換した。なにしろ官邸のなかは、軍人ばかりで背広を着ているものは一人もいない。他に頼ることができなければ、私たちだけの力で救出しなければならないのだが、それには官邸のなかに背広を着た人が相当数はいることができれば、それにまぎれて総理をだすことができるのではないかという話になった。そして、翌二十七日の早朝から、できるだけ多くの弔問客が官邸に出入ができるように取計らおうではないかということになった。私はそこで早速、陸軍大臣秘書官小松中佐を探しだして、偽りをいって悪いとは思いながら、次のようなことを声をはげましていってみた。

「なにしろ、占領部隊は、武士のなさけを知らない。われわれは、事件後いっさい官邸にはいることをゆるされず、死体に対して、香華を供えることができないばかりでなく、対面さえゆるされていない。死体がどうなっているのかもわからない、まして総理は海軍ではあるが軍人である。多くの友人や、遺族、親族もある、なんとか占領部隊に対して、武士のなさけとして、せめてもっとも親しい人たちだけでも官邸に弔問にゆけるように話をつけてくれないか」

小松中佐は、感動して、「そうであったか、それはすまないことであった。陸軍省にいる千葉少佐があの部隊の将校をよく知っているから、千葉少佐をして斡旋させよう」と約束してくれた。私は、「それなら福田秘書官が官舎にいるから、連絡してやってほしい」とたのんだ。そして一方岡田の私邸で采配をふるっている親戚の元鉄道省工務局長の加賀山学さん（元参議院議員加賀山之雄君の実兄）に、「明日は弔問のために官邸にいれてもらえるかもしれないから、弔問者をたくさん集めておいてほしい。まず男の年寄りを先にすることになると思うから、そのように取計らってほしい」と申し入れた。加賀山さんは「様子が少しも判らないが、いったいどうなっているのか」というので、「なにしろ官邸内のことは連絡が絶えているので、さっぱり判りません」と答えた。一方福田秘書官も同じようなことを考えて、電話で小松中佐に連絡懇請し、私邸のほうにも指図していたのである。私はつくづく思う。二人とも心まことに、総理の救出を念じていたので、別に打合せなくても、おのずから歩調があい、一方のすることは他方の意図に完全に一致することになったわけである。

福田秘書官は、香華をたむけるとか、弁当を運ぶとかで、何回か官邸にはいっている。私の妻も女中の弁当を持って官邸にはいって父親を激励したが、夕刻以後、官邸への出入は許されず、ただ気配のみによって総理はまだ安全であると推測するほかない状態であったので、二人の官舎では、福田秘書官も私の妻も、一晩中、聞耳を立てていたのである。

この夜の間の一番大きな問題は、戒厳令を布くかどうかということであった。内閣側にはそのまま軍部独裁体制に移行する恐れがあるというので反対論が多かったが、遂に午前三時戒厳令が発令された。

緊張した夜があけた。だれも一睡もしていない。宮中の陸軍の溜り場では、将軍たちが、でたりはいったり、議論の絶え間がない。しかし、一向に方針がきまらないようだ。閣僚は、それぞれ次官などを呼びよせてなにやら相談しているが、事柄はなにも進展していないようだ。福田秘書官との連絡によって、総理は安全でいるらしいということは判っているし、この日の朝憲兵が福田秘書官のところを訪れて、協力を約してくれたという朗報も得ていたけれども、いても立ってもいられない心持でいると、昼すこし前、小松中佐が急ぎ足でやってきて、友人親族の弔問をやっと許させたと伝えた。私は一言ありがとうといって、宮内省にお願いして、自動車をだしていただいて、官邸に急いだ。今度は無事に到達して、裏門からはいろうとするとここでもだまってとおしてくれる。屋内にはいってみると、十人ほどのみな顔見知りの人たちが、不安気に廊下にたたずんでいる。その人たちは、私の姿をみると、いま、焼香をすませたが、福田君がちょっと待ってくれといって、でていってしまったまま帰ってこない。どういうわけなのだろう、われわれはどうすればよいのかという。私は返事もそこそこに女中のいるところにとんでいって、「お父さんは」というと、女中の一人が小さな声で、いま、福田さんと憲兵といっしょに脱出されましたという。

私は万歳と叫びたくなった。しかし、そしらぬ顔で弔問者のいるところにもどり、福田秘書官はちょっと見当りませんからといいながら、福田秘書官の官舎に連れて帰った。門にいた兵隊は別に人員を数えるふうはなかったが、さて、みんなを自動車にのせて、私邸の方にかえそうとすると、のってきた自動車が一台なくなったという。私はいっさいが呑みこめたが、まあまあと、ともかく弔問のお客様たちにお引きとりを願った。みんなはどうも判らぬといった顔つきで帰ったので、私は自分の官舎にもどった、妻は、うれしそうに「お父さんは脱出された」という。

私たちは手をとり合ってよろこんだ。そこで、私はさてこれからどうしようかと考えた。妻のいうのには、この日の朝早く、書記官長はご家族といっしょに立ちのかれたという。私ももう官邸には用はないので、家族をまとめて立ちのこうかと思ったが、考えてみると、官邸のなかには、総理の遺骸と申したてている松尾大佐の遺骸がある以上、秘書官が一人もいなくなってしまったのでは形がつかない。これからも弔問者がくるかもしれない。よし、私はのこって官邸のなかの松尾大佐の遺骸の側に侍座しようと決心した。妻も私の決心に同意したので、私は、すぐに官邸のなかにはいり、遺骸の側に椅子をもってきてそこに座っていた。三十分くらい毎に下士官の指揮する巡察兵がまわってくる。そしてなかにはご苦労さんですと、あいさつするものもある。午後二時ごろ電話のベルが鳴った。そのような場合、電話のベルの音はあまり気味のよいものではない。おそる、おそるでてみると妻からである。「いま、福田さんから連絡があって、安全なところに到着したということです」といって、連絡先の電話番号を知らせてきたのだ。既に電話は盗聴されていないという確信をもっていたので、私は、すぐに宮内省に連絡し、宮内大臣に直接総理脱出成功ということだけを簡単に報告した。そのころ二人の女中は、私たちはどうしましょうかと相談にきたから、急にいなくなるのはおかしいから、しばらく自分の部屋のなかにいなさいと指図した。そして私は総理の私邸に電話をかけて、加賀山さんを呼び、葬式は官邸でするか、私邸でするかはまだきめられないが、ともかく今日は遺骸を引取ることにしたから、至急に棺をとどけてほしいと申し入れた。加賀山さんは「総理の遺骸を納めるのだから、できあいのものではまずい、一応相当のものを作るから、二、三時間はかかると思う」といわれるので、私は、できるだけ早くしてくださいとたのんだ。

ただ一人官邸に

このころになると、官邸の空気も、前日とまったく変って、殺伐な感じがなくなっていた。兵隊も、巡察兵が三十分おきぐらいにくるだけで、官邸の事務の小沢幸忠さんなど官邸勤務の人たちも顔をみせはじめ、私もやや心強くなった。いつだれがしたのか、多分兵隊たちがしたのだと思うが、家具やピストルが散乱していた部屋のなかも、少しかたづいた感じである。小沢さんなどの話で、私は、いよいよ軍の方針が決まって、この官邸を中心に戦争がおこりそうな気配があるということを知った。このことは別項で改めて書くが、天皇陛下が、軍の態度のあいまいなのに怒られて、ご自分のほうから、すみやかに叛乱軍を討伐せよと仰せられ、それでやっと軍の鎮圧方針が決まったわけであったのである。

私は妻に電話して、この附近は危険な状態になるおそれがあるらしいから、書記官、秘書官の官舎をはじめ、属官、運転手などの十数の附属官舎に連絡して、すべて家族をまとめて、できるだけ早く避難すべきことを命じた。自分の妻のことを手放しでほめるのはまったく気がひけて恐縮千万ではあるが、この場合の妻の措置ぶりの鮮かさには、私はいまも感心している。一時間ほどのあいだにほんとうに手際よく、各官舎の家族たちを、思い思いに避難させ、私の家でも、病母と二人の幼児をひきつれて親戚のもとに立ちのいたのである。余談になるが、当時私のところには、父の代からいる老女中のほかに、新しいレンという若い女中がいた。ちょうど事件のおきた日には、神奈川県の実家のほうにいたのだが、このレンが二十七日の朝、思いがけなく帰ってきた。妻の話をきくと、泣きながら走りこんできたという。どうして帰ってこられたかというと、道々、兵隊さんに迫水秘書官の家にゆきますと叫びつづけてきたところ、とおしてくれたといったそうである。そのころ、私はまだ宮内省にいたのであるが、こんな小さなできごとでも、そのときの沈みきった家のなかに、明るい空気が、はいったようだったという。この附近の家族の総引き上げといっしょに、私は、官邸の女中にかたく沈黙を守るべきことをさとして、妻の一行とともに退去させた。白根書記官長の家族はその日の朝早く退去してしまっているから、官邸の内外にいる者は、ほんとうに私一人きりという感じになった。そしてこれから私邸から柩がとどいて、総理ならぬ松尾大佐の遺骸を引取って官邸を去るまでの数時間は私にとって生涯の恐怖の記憶である。

いろいろのことが一段落したので、私は、松尾大佐の遺骸のかたわらにもどり侍座した。きのうの朝からの三十数時間の間のできごとがつぎつぎと頭のなかを去来する。ほんとうに万事うまくいったものである。まさに奇蹟という言葉以外、この場合に適合する言葉はない。総理も、ずいぶんと悩んだろうし、苦しくもあったろう。軍人なのだから、生死ということについても、私ども以上の強い観念があるに相違ない。それにしても、事柄がこうもうまくはこんだのは運がよかったともいうべく、また神のご慈悲ともいうべきかもしれないが、根本はやはり、総理の決して無理をしないという人柄にあり、また自分でどうしようもないときは、人まかせにできるという修養をつんでいたからだったのだ、といったような感慨がつぎからつぎにわいてくる。船が大しけにあったときには、機関をとめて漂流状態になるほうが、かえって安全だという話をきいたことがあるが、総理はその原理でやったのだなと思った。目を松尾大佐の遺骸に向けると、白布が顔の上にかけてあるが、事件の前夜の元気な姿が目に浮び、まったく夢としか思われない。事態はいったいどうなってゆくのか、ほんとうにここが戦争の場になるのか。この始末はいったいどうつくのかなどとも考えた。その後はだれ一人としてはいってこない。巡察兵がくるだけである。私はさみしくなった。一人ぽっちという感じである。だれも周辺には味方がいない。味方といえば、ものいわぬ松尾大佐の遺骸だけだ。そして、私はふと、これから、この総理の死体が偽物であるということが判ったらどういうことになるだろう。本物の総理は一応安全な場所にいるわけだが、当然至急に参内するであろうし、参内すれば、総理生存ということが、軍隊にもきこえるだろうし、そうなればあの死体はだれだということになり、偽物と判ったら、それまで偽りを申立ててきたこの自分はどうなるだろう。殺されるかもしれない。しかし、いまここで殺されては、こんな馬鹿気たことはないと、考えはすすんでゆく。紙の上に書くことは、どうしても筋道を立てることになるが、実際はこういうことが、ごちゃごちゃと頭のなかにでてくるのである。次の瞬間にはもうこの死体は偽物であることはきっとばれる。いつばれるだろうということになり、私は殺されるということが既定の事実のような気がしてきた。私はそこにすわっていられなくなった。早く逃げたほうがよい、自然に腰が椅子をはなれるようだった。私の生涯でこのときほど恐怖を感じたことはない。しかし、私は逃げなかったのである。いま思いだしても、このときの私は、自分は男だ、そんな女々しいことでどうなるかと自分自身をはげましたという記憶もないし、秘書官の任務として当然なのだからしっかりしておれと自分自身にいいきかせたという記憶もない。ただ激しい恐怖とたたかいながら、そこに腰かけていたのである。あとでこのときのことを考え、このことが、やはり、私が幼少のときから武士の家の伝統のなかで軍人の父から「さむらい」としての教育を受け、しつけを受けていたことと、きわめて、大きな関係があると信じている。

しばらくしてふと私は、実父の話を思いだした。子供のときなんどもきかされた話である。父の話というのはこうである。

「私（父親を指す）が子供のときは、鹿児島の『舎』（頼山陽のいわゆる健児の舎）で先輩からいろいろ教導を受けたが、ときどき試胆会がある。シベ立てといって、最初の者がご幣を少しはなれた墓地にいって立ててくる。次の者はそれを取ってきて、さらに次の者がそれを立てにゆくというしくみであった。途中でいろいろとおどかされるし、それはこわいものであった。このとき先輩は、人間がなぜこわいという気になるかというと、それは睾丸がちぢみ上っているからで、睾丸さえちぢみ上らなければ決してこわくはならない。だからこわいときは、睾丸をひっぱってのばせ。そうすればこわくはならないからと教えた。だからわたしたちは、シベ立てのときは、正直に睾丸をひっぱりながら歩いたものだ」

私はひそかにズボンのなかに手をいれて、まさぐってみた。ほんとうにまるでなくなっているようにちぢみ上っている。なるほどこれだなと思ってひっぱってのばしてみた。こうして極度の恐怖から一応は堪えうる恐怖にまで減退したことは事実である。このことはまさか、生理学解剖学的の問題ではなく、心理学上の問題だと思うが、昔の人はうまいことをいったものである。

だれかくればよいのにと思うのに、だれもこない、巡察兵だけはあいかわらずくる。ときどきはるかに遠いところでドアーのしまるような音などがすると、ビクッとするほどやはりこわいことはこわいのだ。そこへ海軍の軍服をきた平出中佐がやってきた。平出中佐(戦争中海軍の報道部長として盛名をはせた人)は、総理の軍事参議官当時の副官で、私もよく知っている人である。遺骸に礼拝されたのち、二人は手をとり合った。しずかに丁重に悔みの言葉を述べられるのだが、私は、地獄で仏とはこのことかとばかりほんとうにうれしかった。そこで私は、平出中佐に私はこわくて仕方がないからしばらくここにいてくださいと頼んだ。そして実はこの遺骸は松尾大佐のものであって、総理は生存して、ひるごろ脱出に成功したことを話した。平出中佐は、それはよかったと非常によろこんだ。味方をえた私は、二人でならんですわり、いろいろと総理の思い出話を聞かせてもらった。

私はあとになってから、いろいろと考えてみた。事件が発生してから総理の脱出まで、私自身ずいぶん危険な場面を通過している。直接拳銃をつきつけられたこともある。それだのに全然こわかったという感じを持った記憶はない。ところが、総理が脱出してしまったあと、松尾大佐の遺骸に侍座しているときは、なぜあのように極度の恐怖を覚えたのであろう。

友人のある者は、簡単に、それは初めはせっぱつまった立場で無我夢中で生命のことなど考える余裕がなかったが、あとになって生命のことを考える時間のゆとりができたからさ、という。またある友人は、いのちというものは、とても助からないと思うときはおしくはないが、万に一つでも助かるかもしれないと思うときは、おしくなるものさ、という。生命をすててもそこになんらかの価値を認められるときはおしくないが、犬死だなとか、生命をすてることに価値を認められないときにはおしくなり、恐怖心がおこるのでないかと思う。この話を後年ある軍人出身の友人にしたら、「俺たちも前進するときは生命はおしくないが、退却のときはほんとうにこわくなるよ」といっていた。

虎口を脱す

日の暮れかたに、待ちに待った棺が到着した。納棺するのにとても私一人の力ではできないと思ったので、平出中佐のほかに、大久保秘書官、横溝書記官、鈴木武君（総理の弟鈴木孝雄陸軍大将の長男）などに応援をもとめた。棺には総理の次男貞寛がついてきたが、私は「お父さんの死骸は非常に惨酷になっているからみないほうがよい」といって部屋の外にだした。私はまず、平出中佐と二人でふとんに敷布がわりにしいていた毛布で、死体を頭から足まですっかり包みこんでから、人々をよんで納棺した。納棺がおわると平出中佐が部隊の指揮官に連絡して、遺骸を私邸に引取りたいと申入れた。官邸内は急に騒しくなって、兵隊が集まっている様子である。私は「さてはさとられたか」と、内心非常に心配したが、これは総理の棺を見送るべく玄関前や道路に兵隊を整列せしめるためであったのである。栗原中尉以下丁重にあいさつを述べ、棺に対して敬礼し、次男貞寛ののった霊柩車は、号令の下、一斉に敬礼する部隊の間をしずかに走って、国会裏からドイツ大使館（いまの国会図書館）のところを左折して平河町の電車道に向った。私は自動車にのってそれに従ったが、まさに虎口を脱する心持であった。ふいにけたたましい爆音がきこえるので後ろをみると一台のオートバイが追ってくる。私は、疑心暗鬼、事がばれて追ってきたのかと思ったが、われわれの行列が、赤坂見附を右折して四谷見附に向うと、そのオートバイにのった兵士は、交叉点の中央に車をとめて、長く正しい挙手の礼をして見送っていた。かくて「総理の遺骸」は、淀橋角筈の私邸に無事に到着した。

以上で、襲撃から総理脱出までの私の直接関係した部分の話はおわるのであって、これからは、脱出後の宮中および私邸を舞台とするできごとにうつるのであるが、その前に、ここまでの部分について岡田総理自身、福田秘書官および憲兵たちの話を記しておかなければならない。

部隊が、官邸を襲撃したときから総理が脱出するまでの間の官邸内のできごとのうちで岡田総理しか登場しない部分については、総理の話によるほかはない。さいわいにも『岡田啓介回顧録』のなかに、いろいろの記述があるので、これを中心としてそのほか私たちが直接きいた話を取入れて、次にまとめてみる。したがってこの場合の「私」というのは岡田総理のことである。

松尾大佐の最期

午前五時ごろだったろう。非常ベルの音で目が覚めた。間髪を入れずに松尾が、そしてつづいて官邸日本間宿直の土井清松巡査（私と同郷福井県出身）と、村上嘉茂左エ門巡査部長が私の寝室に走ってきた。自分はまだ床のなかにいたが、みんなが「きました、きました」という。

「とうとうやってきたか、それでどれくらいだ」

「軍隊がいっぱいです」

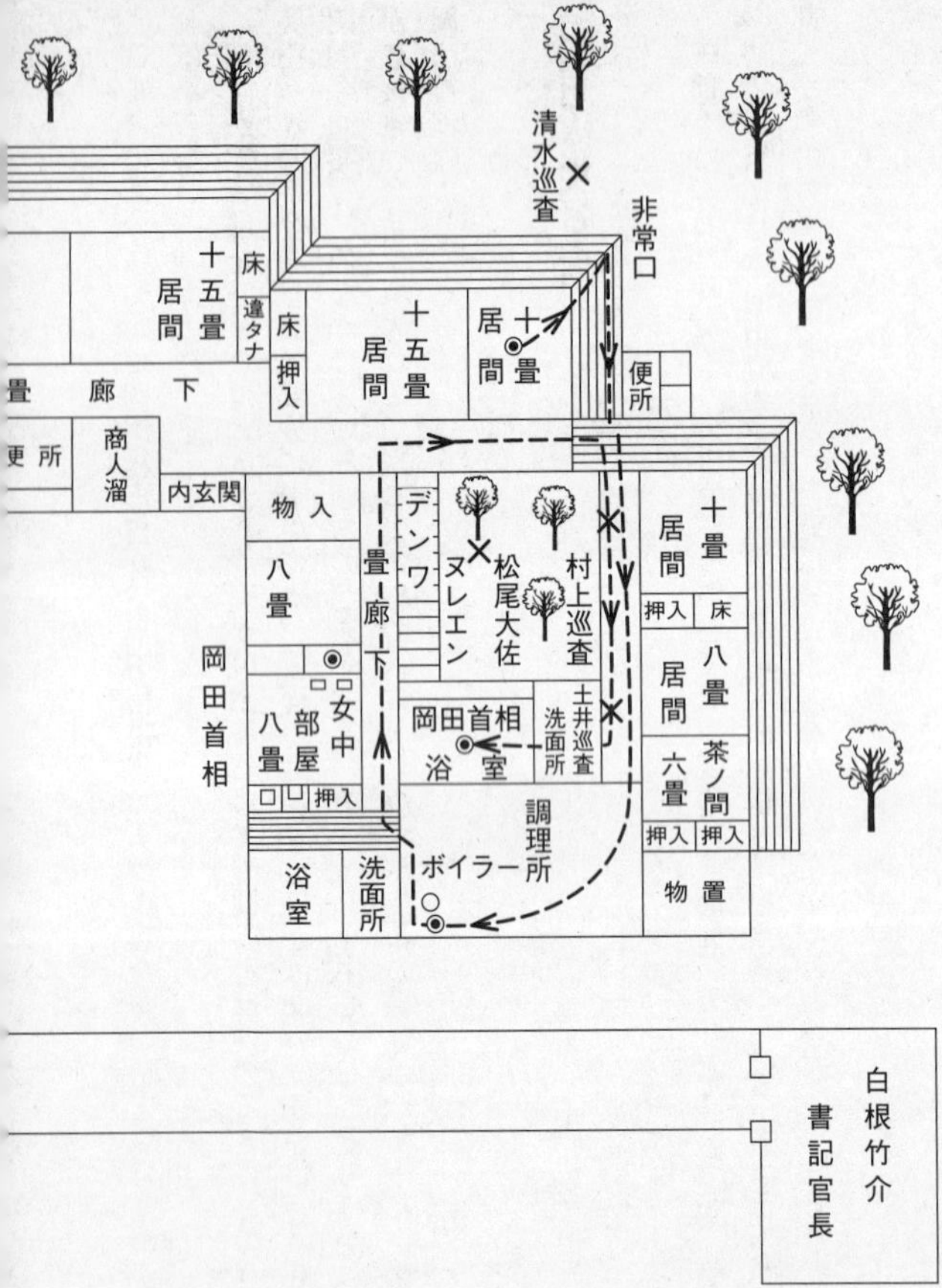

清水巡査
非常口
十五畳
居間
床
違タナ
床
押入
十五畳
居間
十畳
居間
便所
畳
廊下
便所
商人溜
内玄関
入物
八畳
畳廊下
デンワ
ヌレエン
松尾大佐
村上巡査
十畳
居間
押入
床
八畳
居間
岡田首相
女中部屋
八畳
押入
岡田首相
浴室
土井巡査
洗面所
六畳
茶ノ間
押入
押入
調理所
浴室
洗面所
ボイラー所
物置
白根竹介
書記官長

首相官邸日本間見取図

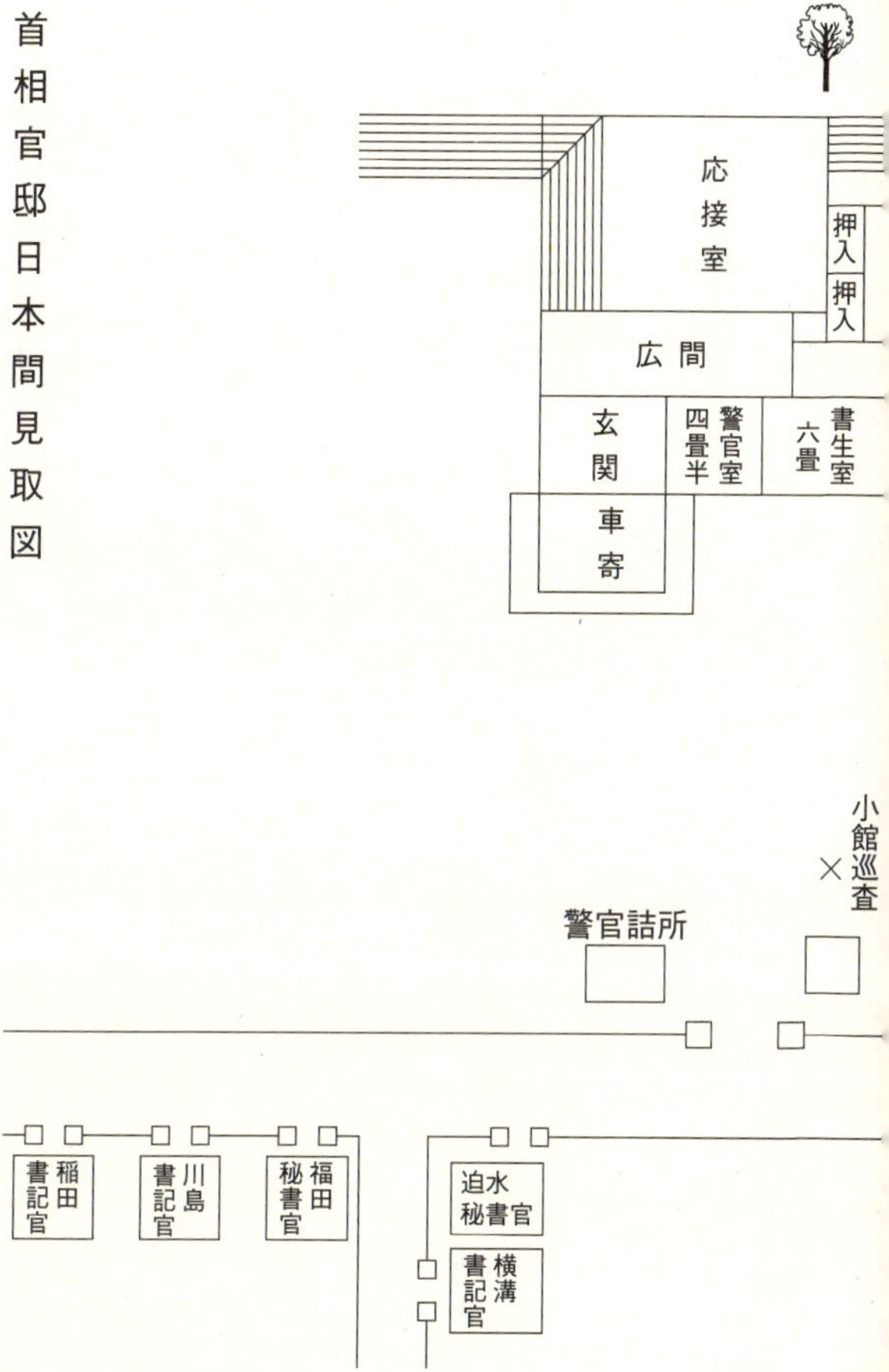
応接室
押入
押入
広間
玄関
警官室 四畳半
書生室 六畳
車寄
小館巡査
警官詰所
稲田書記官
川島書記官
福田秘書官
迫水秘書官
横溝書記官

「じゃあもう仕方がないじゃないか」
「そんなことをいっているときではありません」と、松尾が自分の手をひっぱるようにして、寝室の前の廊下の雨戸の非常口をあけた。とっさに松尾は庭の裏手の抜け道から自分を逃がそうと思ったらしい。この抜け道は、五・一五事件で犬養さんが殺されたのち、なにかの役に立つだろうというのでつくったもので、山王方面へ抜けているらしかった。非常口のところでは清水巡査が、私たちがその非常口からでてくると察してか、既に待機していた。松尾がまず一人でとびだした。同時にパンパンと銃声がおこった。雪あかりにすかしてみると、既に兵隊が散兵線をしいている。清水巡査はピストルで応戦したが、たちまち倒されてしまった。松尾はとても無理だと判断して、また家のなかへもどってきた。

庭にでるのはあきらめて、今度は廊下を風呂場の前をとおって台所の方へいってみた。台所には湯を沸かすのに使う大きな銅製のボイラーがある。四人はしばらくそのかげに立っていた。ここにくるまでの途中で松尾は判断よく、電気を全部消してきた。日本間の玄関や窓は、たいへん厳重な造りになっているし、また本館からの通路には鉄のシャッターが降りていたので、兵隊たちは、それをこわすのに手間どっていたようだ、やがて玄関の方から、一つ一つ電灯をつけながらやってきた。あちこち私たちをさがしているらしい。この消した電灯をつけながらくるので相手の動きがよく判る。私たちは、その方向とは逆の暗い廊下の方にでて、彼らの後ろにまわっていった。そしてぐるっと廊下を一まわりして、また元の風呂場の前にもどってきたとき、土井が私を風呂場に押しこんだ。風呂場は洗面所と浴室にわかれているが、洗面所の奥の浴室の方にはいった。うしろから松尾もつづいてきた。

土井が外から風呂場の戸を閉めると同時ぐらいに、廊下で撃ち合いがはじまった。村上が敵と撃ち合っているらしい。しかし、たちまち撃ち殺されたのか銃声はやんだ。つづいて土井が敵の隊長らしいのにとびかかったらしく、激しい物音と罵声がきこえてくる。しかしこれもすぐに静かになった。土井もやられてしまったらしい。

兵隊は、風呂場の戸をあけたがなかをみもせずにそのままどこかにいってしまった。松尾は私にそのままここにいるようにいいのこして風呂場をでていった。私は窓を細目にあけて、外をみた。この風呂場は大きすぎるので、ふだんは使わず、酒などの置場にあてていたので、酒のびんがごろごろしているので、急につき入れられた私は、ガラガラと音をさせて酒のびんを倒した。外が静かになったので、私は風呂場をでようとして動くと、この倒れたびんにふれて音がした。すると、土井が「までてきてはいけませんぞ」とうめくようにいう。二、三度くりかえしていたが、やがてその声もきこえなくなった。新婚早々の男だったかと思うと、残念でたまらない。私はそれで風呂場でじっとしていた。

しばらくすると、また兵隊の靴音がする。そして、「中庭にだれかいるぞ」という声がきこえた。風呂場の窓から中庭をみると、松尾が戸袋によりかかるようにして立っている。

その向うの寝室との間の廊下には五、六人の部下をつれた下士官がいたが、そのうちの一人が松尾をみつけたらしい。下士官は「撃て、撃て」とどなったが、兵隊たちはみなだまって、つったったままで、撃とうとしない。下士官は怒って「きさまら、すぐ満洲に行かなければならんのだぞ。満洲にゆけば、朝から晩までいくさをやるんだ、いまから人の一人や二人うち殺さんでどうするか」というようなことをどなっている。とうとうためらっていた兵隊たちも、窓ごしに松尾を撃った。松尾は「天皇陛下万歳」とはっきり唱えて、崩れるように雪のなかに倒れた。あとで松尾の体を調べてみると、十五、六発の弾がはいっていて、その上に数ヵ所も銃剣でえぐられた跡があったという。このように私のみている前で松尾は無残に殺されていったのである。

しかし、その最期はあくまで軍人として立派なものであった。松尾を撃った連中は、そのままどこかへいってしまったが、しばらくするとまた兵隊が現われた。その連中が中庭の松尾の死体をみつけたらしくおりてきて「ここにじいさんが死んでいるぞ、総理大臣じゃないか」などといい合っていたが、そののち死体をかつぎ上げ、さっきまで自分がねていたふとんの上に横たえたのが中庭ごしによくみえる。報告したものとみえて、かなりの人数が集まってきた。自分の寝室の隣りは居間になっていたが、そこに外務省でうつした夏の背広姿の写真が飾ってあった。それを銃剣でつき上げて下におろし、その写真と死体をみくらべている。この写真はあとで秘書官たちがはいってきたとき、畳の上に放りだされていたが、眉間のところのガラスにひどくひびわれがあったということだ。そのおかげでよく見極められなかったのだと思うが、兵隊たちは、何度もひきくらべて「これだ、これだ、岡田総理にちがいない」といって、私の死体だと断定してしまったらしい。彼らは官邸に私以外に松尾というもう一人じいさんがいるとは、まったく知らなかったのだろう。だから写真をみくらべても、老人は一人という先入観があったので簡単に断定してしまったのだろう。まもなくそれらの兵隊は一人もいなくなってしまった。自分は元来寝巻はうすぎがすきだったので、この日もうすぎのために寒くなってきたし、こんなかっこうでみつけられるのもいやだったので、この際着物を着がえておこうと思った。さいわいあたりに兵隊の影もないので風呂場の外へでた。

岡田首相の身代りとなった松尾大佐（手前）

風呂場の前では土井が倒れている。まったく人事不省である。まだ息はあるらしいが、まったく人事不省である。なんとかしてやりたいが、どうすることもできない。傷は背部から銃剣でつかれ、左肩を軍力で切られていた。土井は剣道四段、柔道二段の猛者である。たぶんその隊長を組み伏せたときに部下にうしろからやられたものだろう。村上は、洗面所の入口のところで椅子によりかかって膝打ちの姿勢で死んでいた。とっさに椅子をもちだして、楣にしたものであろう。私はこの二人の巡査に黙とうをささげてから、松尾の死体のおかれている寝室にはいっていった。あたりは土足でふみあらされ、ついさっきまで私のねていたふとんのなかに松尾の死体が横たえられている。感慨無量というか私は松尾の死体に額ずいた。そして、そのそばで寝巻をぬぎ、ふだん着に着がえて、羽織を着て袴をつけ、その紐をむすぼうとしたときであった。玄関の方からドヤドヤと足音がきこえてきた。私はすぐに廊下にでて暗い洗面所前の壁のところに立った。はいってきた兵隊は寝室にはいらず途中に立ちどまって「いまなにか変な者がいたぞ」という声がきこえてくる。「たしかに地方人（非軍人のことを指す軍隊用語）だ、じいさんだったぞ」「しかし、スーッと消えてしまったな。これは変だぞ」などといい合っていると思うと「気味がわるい、帰ろう、帰ろう」といって、そのままひきかえしてしまった。もしこのとき、彼らが丹念にあたりをさがしていたら、私はもちろん簡単にみつかっていたのである（註　この話に関連したことは別項で述べる――迫水）。

生きられるだけは生きよう

襲撃を受けたときに官邸にいた男子は、みな死んでしまった。戸外では、清水巡査が死んでいる（あとできくと、裏門前の小館喜代松巡査が襲撃早々殉職している）のに、私一人はカスリ傷一つ負わないで生きのこってしまった。そして写真とみくらべられてもまちがわれ、また姿をみられても幽霊と思われてみのがされ、まったく不思議千万なことであると思った。ちょっとおちついたので私は自然と今後のことを考えた。宮城の安否もわからず、また重臣についても異変があったのではないかと思うが、それもわからない。これだけの軍隊が動いている以上、五・一五事件とはくらべものにならない大事件だろう。この暴動を鎮定して跡始末をするのはやはり、自分の責任であると思い、また、今度こそ跡始末をしっかりやって軍の粛正をするよい機会だ、めったなことでは死ぬべきでない。先のことはわからないが、名乗りでるなどの軽率なことはしないで、生きられるだけは生きようと思った。

私はそこで台所を横ぎり、反対側の廊下の方に歩いてゆくと、秋本サク、府川絹という二人の女中にであった。二人は自分をみると、とびついてきて「まあ、ご無事でしたか、早くここにおはいりください」と女中部屋に押しこむようにしていれた。女中たちは、さわぎの間は部屋のなかにじっとしていたが、しずかになったので様子をみようとしてでてきたところであった。私は部屋のまん中につったってどうしようかと考えたが、どうするにしても、こみいったことはしてはいかん、簡単なほうがいいと思った。こうなれば、へたに動くよりもと思い、第一さむくていかん、ひとつねてやれと心に決めた。この女中部屋には一間の押入があって、押入の上の段からは、天井にあがれるようになっているから、ぜひそこにあがってくださいと女中たちがしきりにいうので、仕方なしに押入にあがって、どんなところかとのぞいてみると、なんともきたなくてとてもいられたものではない。「ここにはとてもいられないよ」というと、女中たちが、押入の下の段へ、ふとんを三枚しいて、ベッド状のものをつくってくれた。そこで押入にはいり、横になった。時間はよくわからないが、午前六時すぎだったろう。横になっていると、だんだんと智恵がでてきて、洗濯物みたいなものをわたしの周囲につみあげ、もし押入を開けられても簡単にはみつからないようにした。サクという女中は、気のきいた女で、自分が押入にはいると、すぐ松尾の寝室にいってそのねどこをかたづけてしまった。ねどこの数と人間の数とが合わないと、また面倒なことになるかもしれないと思ったからである。女中たちは万一私が兵隊にみつかったら、田舎から自分の父親がでてきて事件にぶつかったので、ここにかくしているのだと答えるつもりだったとあとで話していた。

私はサクに「ほどなく憲兵がくるかもしれないから、きたらしらせてくれ」といっておいた。一時間くらいたったころ、サクが憲兵がきたようだといったので、それではおいない軍隊も引き上げるだろうと思った。そのあと、どうして押入の外にでたのか覚えていないが、私がおきだして、部屋の中央に立っているときだった。急に足音がして人の近づく気配がする。きたなと思ったがいまさらどうにもならないので、そのまま動かずにいた。ガラリと唐紙が三寸ほどあく、みると日本間の守衛の長島であった。長島は私の顔をみるなりまた、ぴしゃりと唐紙をしめてしまった。長島の後ろには下士官が一人立っていた。当然自分をみなかったはずはない。とうとうみつけられたかなあと思ったが、別段そのあとさわぎのおこる様子もない。一方軍隊は一向に引き上げる気配がない。仕方なしにまた押入にもぐりこんだ。その後迫水と福田がきたらしいがそのときはうとうとしていたのかまったく記憶がない。

私は仕方がないので、ずっと押入のなかにいた。小用は空びんをもってこさせて用を足した。午後一時ごろに福田がきて対面した。あとできくと松尾の死体に新しく花を供えるという名目ではいってきたのだそうだ。「なんとかいたしますから、しばらくここにかくれていてください。外部の状況もできるだけ探知します。迫水は宮内省にいってます」など手短かに話した。私はすべてを彼らにまかせてじっとしていようと思った。そのうちにまただれかが部屋にはいってきて女中と問答しているようだったが、ガラリと唐紙があき兵隊だったが自分の顔をみるとまたぴしゃりと唐紙をしめてしまった。またみつかったか、いよいよやってくるかなと思っていたが、あたりはしんとして、人の動く様子もない。この兵隊があとできくと、篠田惣寿という憲兵上等兵であった。三時ごろにはふたたび福田が弁当をもってやってきた。高橋さんや斎藤さんも殺されたとしって、私はますます今後の責任を感じ、死ぬのはそのあとであると決めた。福田が帰ってから、しばらくしてまた兵隊が女中部屋にやってきた。そして女中に向って「この官邸に女はお前たち二人だけだ、もうすぐ日も暮れるし、そろそろ帰りなさい」といっている。女中たちは「総理のご遺骸がある間は、ここを離れるなと福田秘書官からいいつけられておりますから帰るわけにはいきません」とがんばる。「いや、その気持ちはもうじゅうぶんわかった。自動車で送ってあげるから帰りなさい」というような押問答があり、怒った兵隊が、サクの手をとってひきおこそうとしたらしく、そのときサクの体がふれたのか、唐紙がひらいてしまった。私は上等兵の姿をみた。自分はもうこれまでと立ちあがろうとしたとき、その上等兵はサッと唐紙をしめ、「わかった、わかった、総理の遺骸がある間はここにいなさい」といいのこして女中部屋からでていった。外で「憲兵さん、憲兵さん、ここに女中たちがいますから弁当の心配をしてやってください」と呼ぶ声がきこえた。自分は兵隊の大部分は味方であると思い、大いに意を強くしたのである。そのあともしばしば巡視兵がやってくる。将校は部屋のなかへははいらないが、兵隊がはいってきて、「異状はないか」ときく。女中が「ありません」と答えると唐紙の両端を少しあけ、中にあるものを一つ二つ放りだして、唐紙をしめ外の将校に「異状ありません」と報告する。なかに人間がいることはどう考えても判るはずである。その上一度ならず兵隊の手が身体にさわったこともある。私はいっそう確信をふかくした。ずっとあとになって、友人の土肥竹次郎君からきいた話だが土肥君の息子は日支事変のとき、中尉で戦地にいたが、たまたま、二・二六事件の話がでたとき、部下の兵隊の一人が、「私は二・二六事件に参加したが、総理が生きていることは知っていたが、いまさら殺すべきではないと思ったので、上官には報告しなかった」といっていたそうである。夜になって、まったく巡察兵もこなくなった。私はうとうとしたが、ときどきいびきをかいたらしい。そのときは、女中たちは、自分たちのつくりいびきで必死にごまかしたという話だ。

翌日の朝、襖がそっとひらき、憲兵が顔をのぞかせた。「閣下、憲兵です、救出にまいりました、もうしばらくご辛抱ください」といってくれた。これが憲兵曹長小坂慶助君であった。

岡田啓介大将の話は一応ここでおわり、話を福田秘書官と憲兵のことに移すことにする。

一挺の拳銃

福田耕さんは、岡田首相と同じ福井県の出身で彼が大学をでてまもなく、東京市電気局本所出張所長を務めていたとき、大正十二年の大震災があった。そのとき岡田啓介は海軍次官であったが、福田さんは従業員などの救助のため、同郷の先輩というわけで、海軍省に岡田次官を訪れて懇請したところ、岡田次官はその熱意にほだされて、のぞみどおり協力したことが縁となり、いつも岡田のところに出入し、岡田も目をかけていた。岡田内閣組閣のときは、日本電信株式会社（終戦後の国際電信電話株式会社の前身であり、福田さんは終戦後この会社の専務になった）の課長でいたのを、岡田が熱望して秘書官とした人である。事件直前の選挙で福井県から代議士に当選していた。まことに筋のとおった、親切な、正義感の強い人である。

事件がおこると私（以下迫水を指す）と道をへだてて向側の官舎に私と同じように目をさまし、私と同じように心配し、私と同じように警視庁に電話をかけ、私と同じように官邸にとんでゆこうとして阻止された。私が福田秘書官の官舎にひそかにはいっていったのは七時ごろであったろう。そして、かわるがわる何度か憲兵隊に電話をかけて、憲兵の協力を請うた。小坂慶助憲兵曹長の著書には、福田秘書官の電話の口調はだんだんとはげしくなり、喧嘩腰で「兵隊を取締るのが憲兵ではないか、すぐに官邸へ憲兵を派遣して、総理の安否をたしかめてほしい」と怒る声はふるえ、送話機にかみつくような勢でがなり立てていたが、どうにもならないので、できるだけ早く派遣しましょうとおざなりの答をしたが、あとでもっとていねいに親切にいえばよかったと思ったと書いてある。そして遂に私といっしょに官邸にはいって、総理の生存を確認するに至ったことは既に述べたとおりである。

私が宮内省にいったあと、福田さんは、総理の遺骸に香華を供えるといったり、女中の食事を持参するという名目の下に、官邸にはいり、その度に総理に会って、激励し、また情報を伝えた。陸軍大臣秘書官の小松中佐などに何度も電話して、軍隊の引き上げを斡旋するようたのんだりしたが、もちろん埒のあくものではなかった。夕刻になり、官邸へはいることは厳禁されてしまったので、ひたらす総理の無事を祈り、耳を立てて、官邸内の動きに注意し、かくべつの動きがないので、まずまず安心とはいっても総理の救出にあの手この手を考えながら焦慮の時間をすごした。宮内省にいる私とはしばしば電話で連絡をとった。そしてあすの朝からは弔問客の焼香を許してもらい、それにまぎれて救出する方法を講ずることに方針を決め、小松秘書官にたのんだり、角筈の私邸に電話してそれとなく準備をすすめつつ、一睡もせずに夜をあかした。

二十七日の朝、福田さんは、小松秘書官の名刺をもった陸軍省の千葉少佐の来訪をうけた。名刺には、なにか用のあるときは千葉少佐にたのんでくれと書いてあった。福田さんは、この千葉少佐に弔問客の焼香を許してくれるように、占領部隊と話をつけてほしいとたのみ、二人で官邸に栗原中尉を訪問して、やっとのことでその許しをうけたのである。そのあと福田さんは重要な人物の来訪をうけた。それは、小坂憲兵曹長であった。

福田さんは、はじめこの憲兵が敵か味方かわからないので、紅茶などをだして慎重に応対した。小坂曹長は、やがて「官邸のなかに老人が一人いますが知っていますか。いったいあの老人をどうするつもりですか」といった。福田さんはそれでもとぼけて、「老人ですって、なんですか」と答えたが、小坂は、はっきりと総理を救出することに協力すると申しいれた。福田さんは地獄で仏に会った心持で、いろいろと打合せ、小坂の誘いにしたがって官邸にはいり、そこの一室で青柳利之軍曹と小倉倉一伍長の二人に紹介されて、謀議をこらし、のちに述べるような方法について具体案をつくった。福田さんの話によると、小坂曹長が帰りぎわに、一挺の拳銃（それは小坂曹長が官邸内で拾った巡査用のものであった）をだして、「万一失敗したときは、これをお使いください」といったときは、なんともいえない心持だったといっている。

話はこれから、福田さんと憲兵によって、総理が脱出に成功するところになるのであるが、事件突発以後の憲兵たちの行動からはじめて、憲兵が協力するに至った経路を述べなければならない。さいわいに小坂曹長の著述にかかる『特高』があり、また小坂曹長からきいたことをとりまとめてみることにする。

憲兵の場合

憲兵隊側では、五・一五事件以来、軍隊内のクーデター的行動については、いろいろと警戒対策を講じ、情報の収集に努力していたことは事実である、殊に昭和十一年一月二十八日から、相沢三郎中佐の永田軍務局長殺害事件の軍法会議がひらかれて、今日でいうところの「法廷闘争」的立場で弁論が行なわれる一方、いろいろの怪文書が一般に散布され、諸情勢はまさに維新断行の機熟せりという空気をかもしだすための運動が活発となってきたので、その警戒をいっそう厳重にして、のちの二・二六事件の首謀者たる、村中、磯部、藤田、野中の各大尉、栗原中尉らのいわゆる「昭和維新」組の行動については内偵をすすめていたらしい。二・二六事件の実行計画の最終案は、二月十八日、二月二十二日の夜の同志の会合で決定されたものであり、当時麴町憲兵分隊では、二月十九日朝、二十五日ごろを期して重臣襲撃を決行するという情報を入手している。そこで東京憲兵隊は、地方よりの応援の私服憲兵を集め、軍首脳部の身辺護衛と、一部急進青年将校の張込尾行を行ない、警戒の態勢を強化した。しかし、当局としても、まさか軍隊が部隊として動くとは、まったく考えていなかったようである。

小坂曹長の著書によると、二月二十六日午前五時ごろ、首相官邸方向の時ならぬ銃声に、前日来陸軍大臣官邸に勤務中の青柳利之憲兵軍曹は、篠田惣寿外二名の上等兵を引率して首相官邸に駈けつけた。部隊は憲兵を目の敵にしているので、容易に官邸にはいることを許さなかったが、やっと二名だけ犠牲者の死体の処理をするという立場で、はいることを許された。そこで、青柳軍曹、篠田上等兵は官邸内にはいり、殉職警官の死体の始末をはじめ、重傷ながらまだ息のある土井巡査を牛込の第一陸軍病院におくったりした。しかし、行動を制限されてどうにもならず、軟禁されたような形で、むしろ脱出の機会をねらうような立場であった。それでも二人は手分けして、いろいろと官邸内の状況を偵察した。そして青柳は部隊の目をぬすんで、ひそかに麴町憲兵分隊の特高班長小坂慶助曹長に電話で報告した。このなかに、中外商業新報の和田という名前がでてきたので憲兵隊では、この和田なる人物を逮捕して取調べた事実もあるらしい。私が官邸正面玄関でみかけた和田日出吉さんなのである。

この間に午後二時ごろ彼らは重大な事実を発見した。すなわち、岡田総理が、女中部屋の押入のなかに生存しているということである。それは篠田上等兵が二人の女中を、このまま官邸内におくのは危険と考えて、これを避難させようと考えて女中部屋にゆき、いろいろとすすめるが、女中たちは押入の襖の前に向いあってすわり、泣くばかりで動こうとしない。そして片手で襖をおさえている様子なので、変だなと思って無理に襖をあけてみると、なかに岡田総理が和服姿ですわっているのを発見したのである。篠田上等兵はだまって襖をしめてそのまま立去り、やがて、麴町憲兵分隊へ帰り、このことを分隊長森健太郎少佐と、特高班長小坂曹長に内密に報告した。二人とも愕然としてその真偽を疑ったが、篠田上等兵は自分は何度も総理の顔をみて知っているから、まちがいはないと断言した。二人は篠田に対して、厳に極秘にすべきことを命じた。

この情報を得た森分隊長は、「これはうっかり本部へも報告できない。もし生存がまちがいででもあったら笑いものになるし、もし事実とすれば、憲兵将校のなかにも、あちらに味方をしているものもあるから、すぐに栗原や安藤に内通すると思う。そうなると、せっかく生きている総理を結果において殺すということになる」といったと、小坂曹長の著書にかいてある。私が湯浅宮内大臣に総理生存のことを伝えたとき、宮内大臣は将軍たちのいる方を指さして、あの人たちはどっちを向いているのかわからないといわれたのと同じで、当時の軍内部のことをよく物語っている。

分隊長と小坂曹長とは、生存している総理の救出方法について相談したが、多くの兵隊でとりまかれている官邸には、はいりこむことさえ困難で、まして総理を外に連れだすことはまったく不可能で、強いてやれば、この上犠牲を多くするだけだという常識論が、ややもすると支配的になりがちであった。二人はしばらくよく考えようということにした。しかし、小坂曹長はなんとかして救出したいと考えた。勅令の「憲兵服務規程」には、憲兵は人の生命財産に対する不法の侵害に対しては兵器を使用してもこれを守らなければならないと規定してあるし、天皇陛下のご親任になった一国の総理の危険を知って見殺しにできるかと、事の成否は別として、やれるだけはやってみようと決心した。そして、協力者として、青柳利之軍曹の外にもっとも信頼している小倉倉一伍長の二人を選定することを心に決め、二人が分隊に帰ってくるのを待って、このことを打明けた。もっとも困難な仕事であり、またほんとうに決死的な仕事であったが、両人はよろこび勇んで協力を引きうけ、二人は官邸に到達するためには、包囲線をどこで突破するのがよいのか偵察した。その結果は半蔵門から三宅坂にかけてはいるのが比較的可能性があると判断されたが、既に夜になっており、夜間は警戒厳重になって絶対無理と考えたので、翌早朝に行動することに決定した。寝につこうとしたが、一晩中、もし総理が軍隊に発見されて殺されたらどうしようかと焦慮したという。二十七日午前三時戒厳令が布かれ、事態はいっそう重大になった。

異状ありませんか

二十七日未明、用意を整えて、三人は分隊長に首相官邸にゆく旨を報告した。分隊長は「決して無理するな」といった。分隊長も、人命の救助は憲兵の重要な任務の一つであるということで、彼らの行動を承認したのである。彼らは半蔵門の歩哨はどうやら突破したが、三宅坂の歩哨線で追いかえされた。しかし、濠端から垣根をこえて、参謀本部から陸軍省（いまの憲政記念館、参議院議員会館の区域）に潜入、省内の憲兵詰所でそこにいた憲兵たちとあい、さらに省内をとおり抜けて、国会議事堂と、ドイツ大使館（いまの国会図書館）の角の歩哨線に達し、「いま岡田首相のところに勅使がこられるので、その警衛のため首相官邸にゆく」と嘘をついて、これを突破し、官邸にたどりついた。そして、栗原中尉に面会をもとめた。官邸正門横の警察詰所でしばらくまたされた。そのとき小坂曹長は巡査用の拳銃を拾ってポケットにしのばせた。しばらくして栗原中尉や他の将校と面会した。このころ彼らは我が事なれりといった按配で非常に機嫌がよく、したがって空気もそんなに険悪ではなかった。そんな関係もあったのか、最初は強く拒絶されたが、機知にとむ問答の末、総理の遺骸引取りのことを取計らうこととして、（一）下士官兵にみだりに話しかけぬこと、（二）外部との連絡を禁止する、（三）憲兵の行動は官邸内部とする、（四）その他は将校の許可を要するという条件の下に、官邸内にとどまることをゆるされた。三人の憲兵は、まず官邸へはいれたとよろこび官邸を偵察し、総理救出に対する判断資料を集めることに着手した。

小坂曹長は、はやる心をおさえて、日本間にゆき、問題の女中部屋に達し、あたりに人のないのをたしかめて、部屋にはいって襖をしめた。小坂曹長の著書には「二人の女中は顔色をかえて脅えた様子をしめしたが私は『憲兵だ、心配することはない』と小さいが力のこもった声でいい、すぐに女中をおしのけるようにして、軽く押入の襖をあけた。下段にふとんをしいて、和服に袴姿の岡田首相が、こちらを向いて端座していた。『閣下、憲兵です、救出にまいりました、もうしばらくご辛抱ください』と腰をかがめ声を殺していった。総理は軽くうなずいたが、生命をかけた二日間の籠城にやつれた容貌のなかにも、よろこびと感謝の色が満々としていた」と書かれている。押入の襖をもとどおりソッとしめて、二人の女中に「もう少しですから、がんばってください」というと、二人は、味方と認識して泣きぬれた顔をうれしげに下げた。小坂曹長が廊下にでると、とたんに軍曹以下三名の巡察にばったりであった。はっとして立ちすくむと、軍曹は「異状はありませんか」という。「別に変ったことはありません」と軽く答えると、巡察者はそのまま引きかえした。ホッと安堵の胸をなでおろした。小坂曹長はその著書で「異状はありませんか」の一言が総理の生存を知ってのことか、若い女中に対する好奇心なのか気になって不安がつのったと書いている。

三人の憲兵は、日本間の応接室に集まって、総理救出の方法を協議したが、いろいろの案をだしあったがどれもむずかしい。万一失敗すればせっかく生きのびた総理を殺し、自分たちも命を賭して救出にきた真意も逆に憲兵も叛乱軍の仲間だったという汚名を被る結果になる。気持ばかりあせって胸中は火のようであった。そのとき小坂曹長は、ふと、きのうの朝から何度も憲兵隊に電話をかけてきた福田秘書官のことを思いだし、これを仲間に引きいれると官邸の状況にはあかるいし、よい智恵があるかもしれない。万一失敗してもわれわれの真意は通ずると考えて、福田秘書官を訪問することに決めたのである。かくして、小坂曹長は福田を訪問した。そして、官邸内に引きいれ、青柳、小倉とともに協議した。福田秘書官から、今朝、陸軍省の千葉少佐を経て、栗原中尉に、近親者だけでも弔問を許してほしいと申しいれ了解をうけたということが伝えられたので、この弔問者にまぎれて総理を連れだすことに方針を定めた。そこで青柳軍曹が、栗原中尉にあって弔問者をいれてよいかと念をおすと、中尉はあらかじめ承知していた様子で、「十名内外ならよろしい。弔問者のことは憲兵にまかす」という承認をとりつけた。そのときの中尉との会見の模様で、青柳軍曹は、「形勢は彼らに不利になりつつある様子です。栗原中尉の態度も今朝からみると、だいぶ硬化しています。池田、林、対馬などの将校たちも、まっさおな顔色で、表情もけわしく、栗原中尉に何事か喰い下っていました。早く片付けてしまわないと、どうなるかわかりません」というので、四人はいっそう緊迫した心持で打合せをし、結局、弔問者を一団として松尾大佐の死体のある部屋の隣室に誘導して、廊下の襖をしめて外が見えぬようにし、つづいて総理を女中部屋からつれだし、弔問者の一人が、むごたらしい死体をみて、卒倒したから病院に自動車で運ぶという体を装い、福田秘書官とともに裏門を突破するという手筈をきめたのである。

いよいよ脱出

この計画の実行については、小坂曹長の著書『特高』から採録することをゆるしてもらうのが、もっとも真相を伝えることと思う（ここで「私」というのは小坂曹長を指す）。

実行に対する具体的な方法について、微にいり、細に亘る打合せの結果、四人の分担が次のように決まった。

小坂曹長――総理が、羽織、袴の和服姿ではまずいので、着がえのため女中と協力、総理に洋服と着がえてもらい、いつでもでられるように準備を整えておく。弔問者が遺骸のある部屋にはいった瞬間、総理を裏玄関につれだし、福田秘書官と協力して、「病人だ！　自動車をいれろ」とどなる。小倉伍長の手配による自動車に総理と福田秘書官を同乗させて裏門を突破せしめる。

福田秘書官――官舎に帰って淀橋の総理私邸に電話をし、待機中の近親者十名内外、特に六十歳前後の老人で男のみをすぐに官舎に呼びよせ、小坂の合図によって、官邸に誘導する。自動車一台を裏門脇に待機させて、運転手を必ず車のなかにおく。弔問者を裏玄関広間で青柳軍曹に引きつぎ、一行が部屋にはいったなら、襖をしめてすぐに女中部屋にきて、小坂に協力し、総理といっしょに自動車にのりこみ脱出する。

青柳軍曹——松尾大佐の死体のある部屋附近に待機し、死体護衛の兵隊を懐柔し、総理の着がえのための洋服類を運ぶという小坂の行動を容易ならしめ、福田秘書官が誘導してきた弔問者を玄関広間でうけつぎ、室内に誘導する。焼香のときは死体の側に近づけないように留意する。死顔は絶対にみせてはならない。焼香は一人ずつとして時を稼ぐ。

小倉伍長——表玄関の警戒本部にいって、巡察の時間を偵察したのち、裏門附近に位置して、衛兵司令、歩哨、控兵らを懐柔して掌中のものとしておく。小坂の「病人だ！自動車をいれろ！」のどなる声に応じて、裏門外に福田の準備してある自動車をすぐに裏玄関車寄せまで呼びいれる。

　どこが一つ狂っても、重大な結果を生む。緊張した空気が部屋いっぱいに溢れていた。

「福田さん。弔問者ですが、官舎につきましたらどんなことがあっても騒いだり、驚いたりしてはいけない。官邸内の行動はいっさい憲兵のいうとおりにふるまってもらいたいとあなたからじゅうぶんに注意しておいてください」

「承知しました」

「それから自動車の運転手ですが、もし病人か、けが人でもできると困るからということにして、裏門脇に待機するようによくいいふくめてください」

「承知しました」

身心ともにとけあって、一体となった打合せはおわった。決行に先立って、私は姿勢を正し、

「それではただいまから、総理の救出について一言したい。各自は自分の任務に向って ベストをつくして邁進する。私は裏門に位置する。意外の障害のおこった場合は、速やかに連絡をとること。以上」

と命令口調で達した。悲壮な決意を表に現わし、四人は立ち上って堅く手を握りあい、応接室をでた。

私も福田秘書官も、いま一番頭を悩していることは、最悪の場合、なにも知らない弔問者の老人連中を、渦中に巻きこみたくないということである。それを思うと、その責任の重大さを自覚せずにはいられない。矢は既に弦をはなれている。ぐずぐずしてはいられない。まず自分の任務の遂行である。周囲に気をくばりながら、女中部屋にはいった。二人の女中は私の姿を認め軽く頭を下げた。安心しきったという態度だった。

「閣下の着がえをしていただくのだが、洋服類はどこにあるのか？」

「ハイ！　寝室の隣の十五畳の左側の押入にございます」

「私がここへ運んできますから、おてつだいをして閣下に早く着がえていただいて、待っていてください」

と押入の総理にもきこえるようにいって、部屋をでた。

十五畳の座敷には、歩哨が着剣の小銃を小脇にもって、青柳軍曹と話をしていた。歩哨の目の前で押入から総理の洋服をだすわけにはいかない。青柳に歩哨の移動を目で合図した。青柳は、それと察してさかんに歩哨を移動させようと働きかけているが、歩哨は盤石の如く動こうとしない。業をにやした私は、

「青柳！　まもなく弔問者がくるから、その準備をしておいてくれ」

と助け舟をだした。

「そうですか、早速準備します」

というと歩哨に向い、

「そのとき歩哨の位置はこのへんにしてくれませんか」

と、歩哨を隣室にさそった。歩哨は青柳のさそうままに移動した。絶好の機会、すばやく押入をあけて、乱れ箱のなかにある洋服類全部をかかえてそのまま廊下にとびだした。女中部屋で、秋本サクさんに調べてもらうと、靴下、帽子、ネクタイ、靴、眼鏡がないという。またとってかえして、歩哨の目をかすめては目立たぬように一品ずつ、ちょうど燕が巣に餌を運ぶように何回となく往復し、ようやくその目的を達することができた。しかしあとで総理の話によると、靴は松尾大佐のもので、大きすぎて困ったということであった。私の第一の任務はだれにもみとがめられることもなく完全に成功した。

青柳軍曹と小倉伍長の工作の進捗状態はと、玄関の広間までくると、叛乱軍の軍曹を長とする三名の巡察兵にまたであった。次の巡察までに一時間の余裕がある。この間隙を利用できると思った。玄関の廊下に青柳をよびだし、総理の準備は既におわった旨を伝えた。

玄関の外にでてみると、小倉伍長が私の姿をみて走りよってきた。

「巡察はいまいったばかりですから、一時間は大丈夫です。裏門の司令以下の懐柔工作は上々です。いつでもさしつかえありません！」

と、自信たっぷりという態度で報告した。いまはただ福田秘書官の誘導する弔問者を迎えるばかりである。まさに時は迫った。私はどこが狂っても、「九仞の功を一簣にかく」この危険な計画の遂行に当って、もう一度手おちがないかと心をおちつけて、反芻してみた。大丈夫だと確信しているものの、心の不安は拭いさることはできなかった。

福田秘書官の弔問者の手配はどうなっているか、官舎にいって連絡をとらなければならない。小倉伍長といっしょに衛兵の前に立った。

「ただいまから、総理の弔問者を官邸にいれますから承知してください。栗原中尉どのの許可はうけてあります。私が迎えにいってきます！」

「承知しました！」

「弔問者は憲兵が案内します！」

と、小倉が一本釘を刺した。裏門をでてみると、秘書官官舎の前に、黒塗りの自動車が二台とまっていた。「きているな！」と、思った。

官舎の玄関に立って、書生に来意をつげると、すぐに秘書官が顔をだした。救出の準備完了は以心伝心というか、暗黙のうちにうなずきあっただけで通じた。

「弔問者は十二名です。ご用意がよろしければすぐにまいります！」

「すぐで結構です。私もごいっしょにご案内いたしましょう！」

と、一足さきに玄関をでて表に待っていると、秘書官を先頭に十二名の弔問者が、ゾロゾロと玄関からでてきた。いずれも六十歳前後の老人ばかりである。よくこれまで揃ったものだと感心した。背広、モーニング、和服とさまざまであったが、さすがに一国の総理の近親者だけあって、いずれも人品骨柄ともに賤しからぬ人たちばかりである（ただ一人総理の次男貞寛がまざっていた）。私の姿をみて叛乱軍の一味と感ちがいでもしているのか、みんな不安そうな表情で、なかには激しい憎悪に満ちた眼で私をにらんでいる者もいた。もくもくとして福田秘書官に引率され、裏門の歩哨線まできた。

「弔問者十二名とおります」

と、私がいった。厳重な警戒がいっそう緊迫の度をましたかのようである。歩哨の員数点検をうけた一行は、一団となって車寄せから玄関にはいった。青柳軍曹が既に玄関広間にでて秘書官から弔問者をうけつぎ、

「弔問の方は、これから私の指示にしたがって行動してください！」

と、小さいが力強い声でいった。瞬間私は身をひるがえして、女中部屋へ駈足でいった。息づまるような緊迫感が胸をしめつける。

「閣下！　でましょう！」

あっけにとられている二人の女中をおしのけるようにして、押入の襖をいっぱいにあけ、総理の手をとって、力いっぱい引きだすようにして、座敷にだした。総理は既にモーニングにオーバー姿であった。座敷に立った総理は二日間のきゅうくつな端座に、よろめくように私によりかかってきた。総理の右脇下から左肩を入れてかかえた。廊下にで府川さんが総理に帽子を、秋本さんが黒いマスクをそれぞれにつけてくれた。女中て裏玄関にいそぐ途中で、息をはずませてきた福田秘書官が、とびつくように総理の左脇に肩をいれ、ちょうど重病人を二人でかかえるようにして、玄関広間にでた。

生か？　死か？　名状しがたい数秒だった。

「小倉伍長！　急病人だ！　車をいれろッ！　屍体などみるからだ！　車！」

大声でどなりながら、車寄せにでた。突然の大声に何事かと司令はじめ三、四名の控兵がとびだしてきて、こちらをみているのにはギョッとした。

「小倉ッ、早く車を入れろッ！」

わずか一、二秒のことであったが、自動車のくるのがおそいように感じられた。フォード三五年型の自動車は、あっけにとられてながめている警戒兵の前をとおって、車寄せに横づけとなった。秘書官がドアをあけた。総理の身体をおしこめるようにして、なかにいれて、福田秘書官がすぐのりこんだ。車は音もなく警戒兵注視のまっただ中を、裏門を無事に突破して、その姿を消した。

総理救出の偉大なる奇蹟は遂に成った。その瞬間涙がとめどもなくでてきてしかたがなかった。興奮の連続で張りつめた気持も一度にゆるみ心の焦点を失って呆然として車寄せにしばらくそのままで立っていた。

私（迫水を指す）が、宮内省からいそいで首相官邸に帰ってきたのはこの直後である。そのときはもう三人の憲兵はいなかった。目的を達した以上、危険な場所に長居は無用と早々に引き上げていったのである。東条内閣以後、憲兵といえば、鬼のように思う人が多くなったが、ほんとうの日本の憲兵は、このように正義の味方であったのである。総理は脱出のときは、モーニングを着ていたが、それには銃弾による穴がほうぼうにあいていた。あとでしらべると、寝室の洋服ダンスの横から銃弾があたっていて、なかにつるしてあった洋服は、一つのこらず銃弾がとおり抜けていた。

官邸裏門を無事に脱出した総理の自動車は、秘書官官舎の裏の坂道をおりて、溜池の電車通りにでた。この車は、福井県出身で、尾崎行雄さんの女婿にあたる佐々木久二さんの車であった。『岡田啓介回顧録』には、次のように書いてある。

車は官邸から溜池の電車通りにでて、その間一ヵ所だけ歩哨の立っているところにさしかかったが、どうやらとがめられることもなく走り抜けた。福田がしきりと「右へいけ、こんどは左へいけ」と運転手に指図している。そのうち麻布三連隊の前へでてしまった。いうまでもなく叛乱軍のでてきた連隊だ。福田が、これはいかんと急に乃木坂へ折れて走るうちに、今度は、高橋是清さんの家の前にさしかかった。車中で叛乱の状況をきき、高橋さんがなくなられたことを知ったときは、なんともいえない気持だったけれど、こうして無事脱出の道すがら、非命に倒れた方の家の前をとおり、しかもご遺骸があそこにあるかと思うと、哀惜の念というか、複雑な感情をおさえることができなかった。ただどうすることもできず、頭を下げて、黙禱しながらゆきすぎた。私（以下岡田大将をさす）のためにあれほど骨を折った高橋さんに対し、申しわけない気持だった。

やがて、明治神宮外苑前にたどりついて、もう大丈夫ということになった。この上は一刻も早く参内しなければならない。いまの場合の私のとるべき道はその一つしかない。福田にこれからどこへゆくのだ、ときけば、一時安全なところへおちつかなければなりませんという。それはいかん、ともかくすぐ参内しなければならないから車をまわせ、といったところ福田は……むかしでいえば忠義一徹、ここまでこうしてやっとの思いで脱出させたのだから、いまは安全をはかるのが第一だと考えたらしい。

福田は、いま、参内することはできません。拓務大臣の児玉秀雄さんも、司法大臣の小原直さんも、一ぺんでは宮内省へはいれなかった。小原さんは叛乱軍にさえぎられて、神田の錦町署にある警視庁の移転先にすらゆけなかったくらいだという。私がいま参内しようとして叛乱軍にさえぎられた場合、どういうことになるか、想像にかたくありません、と車をまわすことを承知しない。私を思ってくれる心はありがたいが、といって参内もできずに、どこかへ身をかくさなければならないということは、なんとも残念でしようがなかった。

さらに福田は「参内するとなれば、まず身体を清めてからでないといけません」という。そうもあろうかと思っているうちに、自動車は、私の思いもよらないところについていた。本郷の蓬萊町二三番地にあった東本願寺派の真浄寺というお寺である。

寺田慧眼という人が住職だった。福田が大学をでて世帯をもったときその寺の貸家に住んでいた関係からその後もいろいろと世話になり、慧眼師を尊敬していたということで、事情を打ちあけてたのめる人物だとみこんでいたのだろう。

門をはいって庫裡までゆきつくのに一町ほどもある大きな寺で、その門は法主がみえるとき以外は、杭で通行止めしてある。かねて福田が打ちあわせておいたとみえて、杭はとってあった。寺では、私がまる一昼夜も官邸に閉じこめられていて、食事もろくにとっていないだろうと気をきかせて、あたたかいお粥のごちそうにあずかった。酒のついていたのがなによりのしあわせ、こうしてどうにかおちついた気分になったのは午後一時すぎだったと思う。

憲兵のほうでは、おちついた先を知らせてくれ、といったそうだが、福田はそれも知らせておかなかったらしい。家にも知らせなかったようだ。ずいぶん用心ぶかい男だよ。その寺にいたのは夕方までだ。車をとめたままにしておくと、人に不審をおこさせるおそれがあるといって、私はまた福田に案内されて自動車にのり、今度は車の持主である淀橋区下落合の佐々木さんの家へいった。車が官邸で行方不明になり怒っていた佐々木さんは、車といっしょに死んだと思っていた私が現われたのでびっくりしたが、参内までのわたしの滞在を快く引きうけてくれた。

棺の主

さて私（迫水を指す）が、松尾大佐の遺骸を角筈の私邸に引きとって帰ると、おおぜいの弔問客がいた。既に何本かの花輪が門内から門前に立っている。私はなんともいえない心持であったが、ほかに仕方もないので、そのまま岡田啓介の葬儀の行事の進行を許さざ

岡田首相私邸に運ばれた松尾大佐の遺体

るを得なかった。菩提寺の住職がきて、私に「総理大臣でございますから、戒名は院殿大居士にしたいと思いますが」と許しを請う。仕方がないので、それで結構ですと答えると、棺の上に位牌がたてられた。いつのまにか、黒リボンのついた大将の大きな写真が、棺の上に飾られている。私はその少し前に総理が佐々木邸にいるという福田秘書官からの連絡をうけていたので、松尾大佐の遺骸を引きとって帰ったことを報告した。そのとき福田秘書官は非常に心配して、その遺骸が、松尾のものであることが知れると、またどんなことがおこるかわからないから、くれぐれも気をつけてくれと念を押された。そこで私は親類のものに、いずれ、警察から検屍官がくるから、それまでは絶対に棺の蓋をあけてはいけないと、かたくいいわたして、後事を加賀山学さんに託して飛びだすようにして、閣僚たちのいる宮内省に向った。まず宮内大臣に面会して、正式に、生存脱出し、安全なところにいることを報告した。宮内大臣は、先刻の電話で、このことを既に陛下に申し上げてあるが、陛下はたいへんお喜びになった、とありがたいお言葉をいただき、引きかえして各閣僚に参集を願い、このことを報告した。大部分の閣僚は、総理は即死したものと信じていたから、非常に衝撃を受け、ほんとうかと念を押す人が多かった。そこで私は、一刻も早く参内させたいと申し出た。私としては、閣僚のなかに異議のあるものは一人もいないと思っていたのに、まったく意外にも、総理は参内すべきではないという意見が現われたのである。総理が生存して事故があったので「臨時代理」ができたが、事故が解決した以上、当然参内して、総理大臣の職務を行なうべきで、「臨時代理」はそのまま消滅すべきであるという意見に対して、これだけの大事件を引きおこした以上、そして死んだとして陛下のお耳にもはいっている以上、生存していたからといって参内すべきでなく、そのまま辞表を捧呈して、謹慎すべきであるという意見である。私は、昨朝、既に岡田生存のことは陛下に申し上げてあり、そのためにも辞令も生存を前提とする形式でだされており、脱出についても陛下は非常にお喜びになったと、宮内大臣から承っている旨を申し述べて、早々に参内を承認せられたいと再々申し述べたが、後藤内相はどうしても承知しない。私は白根内閣書記官長に応援をもとめたがどうもはっきりしない。この間何度か福田秘書官から電話で参内の督促がくる。私は苦しまぎれに、こんなことになるのなら、官邸脱出のときそのまま参内してしまえばよかったですねなどといってしまったことを、あとになって後悔した。福田秘書官は内田鉄道大臣にも電話をかけたりしたが、埒があかない。そのうちに吉田内閣調査局長官（前内閣書記官長）が、私に「迫水君、いま総理が参内して、もしそのことが叛乱軍にわかったら、叛乱軍を刺激し、総理を追って銃口が宮中に向ってきたらどうする。畏れ多いことではないか。だから少くとも今夜は参内すべきではない」といわれた。私は内心そんなことがあるものかと思ったが、そういわれても大丈夫という保証もないし、また万一そうなってもと思い、電話で秘書官に連絡して、今晩の参内はみあわせてほしいと総理にお願いした。かくて総理は心ならずも佐々木邸に悶々の一夜をすごした。

　私は深夜、岡田邸に帰り、葬儀の指図をした。ともかく異常の大事件であるから家内の空気は悲しさよりも、おもくるしさにみちている。まだたれも棺のなかの遺骸が松尾のものであることは知っていない。松尾大佐はどうしたろうという声は当然でてくる。私はやはり殺されましたとはいったが、そのご遺骸はどうなったときくものもある。混乱しているので、まだよく所在が判りませんと答えるよりほかはなかった。苦しいことである。夜も更けて、二十八日の午前三時ごろ、夕刻から棺の前にもくもくとして座っている松尾大佐夫人、稔穂（としほ）さん（私は松尾のおばさんとよび岡田総理の妹である）をみていて、胸がつまってきた。このおばさんは、はじめから一言も自分の夫である松尾大佐のことをきかない。私は恐らく、心配でたまらないのに私がなにもいわないのはなにかわけがあると思って、きかないでいるのだろうと思い、また、眼前にある棺のなかは松尾大佐の遺骸であるのにと思うと、ほんとうにせつなくなってきた。私はとうとうせっぱつまった気持になって、ほんとうの親族、すなわち総理の子供（長男貞外茂は揚子江の軍艦堅田に乗艦しておって不在）三人、総理の妹二人、長男の嫁とその父親の佐藤鉄太郎海軍中将および松尾大佐の子供三人（長男新一は山海関の部隊にあって不在）を奥の一室に集めて、手短かに、総理は生存し、約三十時間の籠城の上、ついに無事脱出に成功して、目下はある安全な所にいること、および松尾大佐が身がわりになって、棺の内には大佐の遺骸がはいっている旨を打ちあけた。そのときの一座の空気を、私は生涯忘れることはできないであろう。松尾のおばさんは言葉少く、「久常さん（私のこと）がおられるのでよいようにしてくださると思って私は決して心配しませんでした。主人もお役に立ったとすれば結構なことです。しかし、主人はなにかさしでがましいことをしたのではないでしょうか。もしそうなら申しわけのないことです」といわれた。私はあのときの松尾のおばさんの態度を思うと、さすがに福井藩のさむらいの娘であったと思う。この松尾大佐身がわりのことについては『岡田啓介回顧録』には次のように書いてある。

松尾は私（岡田大将を指す）の妹の婿で、なんというのか非常に親切な男だった。その親切には、少し一人ぎめのところがあって私がしずかにしていたいときでも、なにかと立ちまわって世話をやくというような性質だった。私が首相を引きうけたについても、これは義兄の一世一代の仕事だから、どうしても自分がいって面倒をみてやらねばならんという気持で、総理大臣秘書を買ってでたと思われる。陸軍大佐で当時六十一歳だった。どうしても、私のそばで役に立ちたいというものだから「内閣嘱託」という辞令をだした。給料はたしか無給だった。それでも喜んで官邸にねとまりしていた。

事件直前の選挙では、秘書官をしていた福田耕が福井県で立候補したので、松尾はその応援演説にいった。福井で

「おれは岡田大将に似ているだろう。このごろはひげの刈り方まで似せているんだ」

といっていたそうだが、いつもいっしょに暮している私からみれば、似ているもなにもあったものではない。まるで別人だ。しいていえば、二人とも年寄りであるということが似ているくらいのものだった。頭は私は五分刈りだったが、松尾はだいぶはげ上って、裾のほうだけ五分刈りにしてあった。松尾をわたしとまちがえたのは、松尾というもう一人のじじいが、官邸にいるとは、さすがの叛乱軍も思いおよばなかったためかもしれない。松尾が福田の応援演説から帰ってきたのは、二月二十五日だったが、それから一昼夜もたたないうちにこの世を去ってしまったわけだ。余談だが、松尾の息子に新一と

いうのがいる。麻布三連隊の中隊長だった。事件の前年の十二月の異動で北支駐屯軍の山海関の大隊副官に転じたが、新一の部下だった中隊は、叛乱に参加している。新一はのちに、

「もし、あのとき、うちのおやじが、われこそは岡田啓介なりと名乗っててて、みがわりになったのであったら、こんな申しわけのないことはない」

といっていたそうだが、おやじがよけいな世話をやいたために、私にだいじな際の進退をあやまらせたのではないかという心配が、息子の胸に去来していたと思う。私としては松尾のやってくれたことに対しては、ありがたかった、という気持があるだけだ。

総理の参内

二十八日早朝、私（迫水を指す）は、今日こそ総理を参内させなくてはと考えて、宮内省に向った。途中で、総理参内のときの護衛について打ちあわせようと思って、軍隊に占領されて以来警視庁幹部が臨時に移転している神田錦町警察署によって、小栗一雄警視総監にあった。

幹部一同の様子をみると、みんなしょげかえっていて、まったくたよりにならないあり

さまである。私は小栗総監一人に対して、内々事情を打ちあけて、総理参内の際の護衛をたのんでみた。総監は困りきった表情で、この事態ではとてもわれわれは責任はもてない。むしろ、憲兵隊にたのまれたほうがよいと思うと答えた。宮内省にいってみると総理参内についての後藤内相などの考えはかわっていない。そして吉田内閣調査局長官が、総理のところにいってよく話をしてくるということになっていた。私はこのことを福田秘書官に連絡し、同時に、小栗総監との話合いのことも連絡した。吉田長官は、やがて、総理が辞表を提出されたといって、それをもって帰り、よくご諒解を願ったと閣僚に報告した。しかし、福田秘書官は、何回か電話してきて、総理が参内できるようにとりはからえといってくる。私はもちろん必死になって賛成の方々の応援をえつつ、後藤内相にお話ししたが、なかなか埒があかない。午後二時ごろまた福田秘書官からの電話である。私がでると総理とかわるからといって、総理自身がでてきた。そのときの総理の声の調子は、いまだに私の耳の奥にのこっているような気がする。総理は沈痛な声で「今朝、吉田がやってきて、辞表を提出して参内は思いとどまるようにというので、私は不本意ながら一応辞表を託した。しかし、今日の夕刻までに参内して、陛下にお詫できないなら、自分としても生きていた甲斐もないから重大な決意をしなければならない」というのである。私も総理の気持がよく判るし、総理の気性からいっても、たいへんなことになると思ったので、ちょっと待ってくださいといって、内閣最長老の町田商相に「首相がどうしても参内したいといっていますのできてもらいますよ」というと、もともと参内に賛成であった町田商相は「うん、いいだろう」と承知してくださった。これで私は、他の大臣には相談せず独断で、参内せられて然るべき旨を返事した。そして急いで広幡侍従次長に「岡田がいま参内いたします」と報告した。広幡侍従次長も「それは結構だ」といわれた。しばらくして本庄侍従武官長が「総理が生きていて、参内されるという話はほんとうですか」とききにきた。私が「ほんとうです」と答えると本庄侍従武官長は急いで侍従武官室の方へ立去ったが、まもなく広幡侍従次長が私をよび「侍従武官室では参内をみあわせるようにといってるんだが」といわれる。私は、まだ総理に連絡すれば間に合うと思ったが、とっさに「もうでてしまったのですが」と返事をした。すると次長は「それじゃ仕方がない」といわれて、ただちに参入口たる平川門の警手詰所に手配してくださった。いま考えてみると広幡次長は時間の関係上私の嘘をみぬいていられた上の腹芸だったと思う。

福田秘書官は、時の憲兵司令官岩佐録郎中将に警衛のことをお願いした。中将はそのころ中気のため半身がよくきかず療養中であったが、「一死をもって護衛の任に当ります」と、これを引きうけ「こういうことになったのは私の責任です。今日は身をもってお伴いたします」と憲兵司令官の札をはった車に総理をのせ、みずから助手席にのって宮中まで同行してくださった。この岩佐中将については、事件がおこったと知ったとき「申しわけない」といって泣かれ、自分がいって叛乱軍を説得すると病床から無理におき上り、半蔵門までいかれたが、叛乱軍の警戒線に無体にもとめられ、「これが天皇陛下の軍隊か」と涙を流して残念がったが危険を感じた副官がむりやりに連れ帰ったという話をきいている。私は若干の閣僚に総理が参内する旨をつげて、宮内省の玄関で待ちうけていると、やがて総理をのせた車がついた。四時半ごろであったろうか。すぐ閣僚方のおられる部屋へいって、みんなにあいさつした。そのときの部屋の空気はなんとなく異様なものであった。岡田が生きていてほんとうによかったと喜んでくださる人もあれば、なんで生きているのかという表情をしている人もある。ちょうど天皇陛下はお食事中であるというので、総理はしばらく待機した。

私はそのときほど総理の深刻な表情をみたことはない。やがて連絡があって、拝謁のためご殿の方に向った。私はうしろに従ったが、うす暗いご殿の長い廊下を歩く総理のうしろ姿をみて感慨無量涙がでてきた。廊下に立っている舎人(とねり)のなかには恐怖の表情をして、逃げ去る者や、その場にうずくまってしまった者もある。総理の幽霊がでたとでも思ったのか。しばらくして拝謁のお部屋から、なにかホッとしたような表情で総理がでてきて、無言のまま宮内省へ帰り、閣僚に陛下にお目にかかり、お詫を申し上げると、「何分の命があるまで、その職をとるように」とのご沙汰であった旨を伝えた。そして福田秘書官や私に、「陛下はよかったといわれてたいへんお喜びになった。自分は申し上げる言葉もなく、ただ涙がでて仕方がなかった」と語ったのである。さて、その「職務をとるように」

というご沙汰について既に後藤内相が首相臨時代理となっているので、その職務は後藤臨時代理がとるべきだという議論がでてきた。またこれに対して、総理の事故が解消して出仕は可能になったのだから当然岡田啓介がその職務をとるべきで、臨時代理は免ぜらるべきだという意見もある。総理は拝謁の際、「これから謹慎いたします」と言上したが、その点について「陛下の特別なお言葉はなかったから自分は明日から出仕しないで謹慎したい」といったが、結局、念のためご沙汰のおもむきを広幡次長にたしかめていただくことになった。その結果、陛下のご沙汰は、岡田は総理大臣であるから、岡田に政務をみよとのことである旨が説示されて、ここに後藤臨時代理の職はとかれたのである。

総理がご前を退下してまもなく、広幡次長が私を呼ばれて「陛下が、岡田はたいへん恐縮して興奮しているから周囲の者がよく注意して考えちがいなことをさせないようにと特におおせられたから、じゅうぶん注意するように」というご注意があった。

そしてさらにつけ加えて、「私はそのとき陛下に、心ききたる婿の迫水がついておりますからよく申付けますと、申し上げておいたから、君は責任をもたなければいけないよ」といわれた。そのときの身のひきしまるような感激はいまも忘れることができない。きけば岡田が参内することを申し上げた折にも、陛下は「危険なきよう参内せしめよ」と仰せられたそうである。まことにありがたいことである。

総理は生きていた

　岡田が生存して参内したということは、まもなく宮内省内にひろがり、宮内省内にいる陸海軍人にも伝わり、なかにはあいさつにくる人もある。そして、総理はその夜は宮内省のなかで他の閣僚とともに、上着とズボンだけをぬいだ姿で、仮ベッドの上に眠ったのである。果してほんとうに眠ったであろうか。私は総理の就寝をみて、さらに角筈の私邸に帰った。

　私邸のなかは、やはりたいへんな人数である。門の前には数多くの花輪がならんでいる。私が家に帰ると待ちかまえていたように、総理と海軍兵学校同期の将軍たちを中心に海軍将官たちが、私を一室に拉致して、口々に言葉も鋭く私をせめるのである。

「総理の葬式はどうするつもりか、少しもすすまないではないか」

「官邸でやりたいと思っていますが、なにしろ官邸はまだ占領されていますので、いたし方ありません」

「それならなぜ遺骸を引取ってきたのか、武士たる者が、城をあけわたすとは何事か、たとえ総理は死んでも、君はその遺骸を守って官邸を死守すべきだった。それに君は何用か知らないが宮内省などに行って無責任も甚しい」

「われわれにはがまんができないから、明日はこの遺骸を引取って、水交社で海軍のわれわれの手で葬式を進めるから、そのつもりでおれ」

「それは困ります。どうぞしばらく待ってください」

といった問答をくりかえした。私は、私の実父と小学校が同級であり、岡田大将と兵学校が同期であって、私たち夫婦の結婚の仲人であった竹下勇海軍大将から「お前のお父さんは立派な軍人だった。その子供だから、お前もしっかりしていると思ったので、結婚の仲人もした。ところがこの大事件にあって、腰抜けみたいに、葬式のとりしきりもできないような、なさけない奴だったか。岡田もそんな奴に娘をくれて地下で泣いているだろう。お前のお父さんも泣いているぞ。しっかりしろ」といわれたのはこたえた。

私はただひたすらに「もうしばらく待ってください、必ず立派にやりますから」とお願いするよりほかはなかった。

私が一番困ったのは、親戚や、弔問者のなかの医者が検屍はまだこないが、死体の始末をしておかないと死体が腐ってくるから、棺をあけて処置しようといいだしたことである。私は頑強に拒否して、その当時使われはじめたドライアイスをたくさん取りよせて、棺の外から冷やすことにして、やっと納得してもらった。既に三日間一睡もしない私は、許しを得てしばしまどろんだ。

鎮圧軍が入った首相官邸前庭

二十九日午前八時ごろ、宮内省におもむいた。総理は、ややおちついた様子であったので安心した。総理生存のことは万一のことを考えて、叛乱軍が帰隊した後まで発表しないことに決定していた。事態は陸軍の方針が定まったので、叛乱軍は、逐次その勢を失い、解決のきざしがみえはじめたようだ。午前十一時ごろ角筈の私邸に帰ってみると、新聞記者が叛乱軍は帰隊しはじめたという。私は、人を遠ざけて、宮内省に電話し、福田秘書官と打合わせ、総理生存の発表を、午後四時ごろに宮内省と私邸と同時に行なうことを打合わせたのち、ひそかに奥の小室にこもって、発表の文案を作った。総理が生存し、既に二十八日に参内していること、および棺内の遺骸は松尾大佐のものであることを簡単にしたためた。

ラジオは叛乱がまったくおわったことを伝えていた。午後三時五十分ごろ、もう一度電話で、福田秘書官と最後の打ち合わせをしたところ、都合によって四時四十分にせよとのことであったので定刻の少し前に、私は緊張して、重大発表があるからといって、弔問客に玄関の内外に集まってもらった。定刻、かねて用意した発表文をよんだ。そのときの有様を私は決して忘れない。聞く人は、わが耳を疑うが如く、名状しがたい空気であった。強いていえば、呆然自失というのか。やがて、だれかが万歳と叫んだ。その声にたちまちみんなが和した。私はわけもなく涙がでた。人々は急に動きだした。あるいは走って近所にふれ歩くものがある。たいへんな混雑である。私は、棺のおいてある部屋にかえった。棺の上の岡田総理の写真はたちまちかたづけられ、位牌はおろされていた。

先日、福井から上京しながら、手持無沙汰のような形をしていた松尾家の菩提寺の和尚は、にわかにかいがいしく立ち働き、新しい位牌がおかれ、松尾大佐の写真が飾られ、ここに松尾大佐の葬儀がはじまった。まもなく棺がひらかれ、海軍省医務局長加藤軍医中将の指揮の下に、松尾大佐の死体に対する処置がすまされた。一段落したあと、私は、人々にとりかこまれて、どうして助かったのかとしつこくたずねられた。殊に軍人たちは、岡田に卑怯未練のふるまいがあったのではないかと心配そうに私にきいた。私はくわしい事情はただ今は申し上げられませんが、決して卑怯未練なことではありませんと答えた。首相の次男貞寛は、私のそばによってきて、「実は事件のあった日の夕方官舎の姉さん（私の妻）から、この電話は、公衆電話からかけているのだといって、松尾のおじさんは殺されたが、お父さんは生存しておられるから、あなただけに知らせておく。外の人には決していってはいけない、といわれたので、私は知っていました。しかし遺骸の弔問にゆき、またその引取りのときにいったが遺骸はみせてもらえず、ひょっとしたら、あのあとお父さんがみつかって、殺されてしまい、この遺骸は、ほんとうのお父さんのではないかと気が気ではありませんでした。いまやっとホッとしました」と、ささやいたことを印象ぶかく覚えている。この発表と同時に、宮内省でも新聞記者に発表したが、さすがに新聞記者だけあって、発表文をよみおわらないうちに、みんな電話口にかけつけ部屋には一人もいなくなっていたという。このときにいた新聞記者は、いまも長い記者生活のうちで、あんなに驚いたことはまったくほかにはなかったといっている。ラジオのニュース、号外、さらに翌日の新聞によって、全国民はこの奇蹟を知り、重大事件に打ちひしがれた国内の空気に、大きな救いを与えた。

総理は二十九日夜は、ひきつづき宮内省に宿泊し、翌三月一日、臨時に首相官邸と定められた農林大臣邸（今の第一衆議院議員会館のあるところにあった）に移り、三月三日、高橋家と、斎藤家を弔問したのち、身代りとなった義弟松尾大佐の葬儀に列するため、角筈の私邸に帰った。『岡田啓介回顧録』には、このときの心持を「松尾の遺骸と改めて対面するのは感慨ふかいものだった。すまんとも思う。ありがたいとも思う。いいようのない気持でひたすら松尾の冥福を祈った」と語っている。

三月五日、外務大臣広田弘毅氏に組閣の大命が下り、同九日、広田内閣が成立したので、いっさいの引継ぎをおわり、その後は、角筈の古い家に、ひたすら謹慎の日を送ったのである。

叛軍の将校に敬礼する奴があるか！

二・二六事件は、二月十八日、二十二日の両日に、栗原中尉のところで十一月事件で免官になった村中元大尉、磯部元一等主計を交えて安藤大尉、河野大尉、栗原中尉らの手によってつくられた計画によって行なわれたのである。その計画の内容を左に摘記する。

一、蹶起の日時
　昭和十一年二月二十六日　午前五時

二、兵力　歩兵第一連隊、第三連隊、近衛歩兵第三連隊の各一部、合計千四百余名

三、襲撃目標と、その指揮者

1、首相官邸＝首相殺害

指揮官　栗原安秀中尉外三名

兵力　三百名

2、蔵相私邸＝高橋是清蔵相殺害

指揮官　中橋基明中尉外一名

兵力　百二十名

3、内府私邸＝斎藤実内大臣殺害

指揮官　坂井直中尉、高橋太郎少尉外二名

兵力　二百名

4、渡辺私邸＝渡辺錠太郎教育総監殺害

指揮官　高橋太郎少尉外一名

兵力　三十名

（高橋少尉は内府殺害後直ちに自動車にて渡辺邸に至り任務を遂行すべし）

5、侍従長官邸＝鈴木貫太郎侍従長殺害

指揮官　安藤輝三大尉

兵力　百五十名

6、牧野宿舎湯河原＝牧野伸顕伯殺害

指揮官　河野寿大尉
兵力　二名
民間同志　渋川善助外五名

7、陸相官邸＝陸軍上層部と折衝のため占拠
指揮官　丹生誠忠中尉外二名
兵力　百七十名
軍上層部折衝者　香田清貞大尉、村中孝次大尉、磯部浅一一等主計

8、警視庁＝機能停止のため占拠
指揮官　野中四郎大尉外三名
兵力　五百名

なおこのほかに計画では、豊橋陸軍教導学校の対馬、竹島の両中尉が塩田、板垣、井上の三中尉らを誘い、兵力百余名をもって元老西園寺公望を殺害する手筈であったが、板垣中尉が兵力の使用に絶対反対したため、二十五日これを取止め、対馬、竹島中尉は上京して叛乱軍に合流した。また朝日新聞社襲撃は、官邸襲撃終了後、栗原中尉が独断で決行したものである。

二月二十六日払暁、各々責任の青年将校は、自己の率いる部隊に非常召集をかけて、各

目標に向った。

青年将校のなかにはその際兵士たちに蹶起の趣旨を告げた者もあったが、ただ夜襲の演習と称して、兵士を出発させた者が多かった。この兵士たちは目的地に向う間に、しだいにその意図を知り、かねて予期したこととうなずく者、驚愕の目をみはる者と、さまざまであったが、ほとんどの者が上官の命令として、だまって従った。しかしなかには様子がおかしいと気づき、暗闇にまぎれて兵舎に帰った者もあるという。

こうして叛乱軍はだいたいその目的を達し、各部隊はその後、山王方面に集結し、首相官邸、陸軍省、陸相官邸、参謀本部、国会議事堂（昭和十一年十一月完成）等を含む永田町一帯を占拠、掌握してしまった。

陸相官邸を襲った一隊のうち、軍上層部との折衝を担当した香田清貞大尉は午前五時すぎ、官邸内に居住していた川島陸相に面会を強要、蹶起趣意書をよみ上げ、外に要望事項としておおむね次のようなことを要求した。

一、昭和維新を断行すること。
一、速やかに、国体明徴の上に立つ政府を樹立すること。
一、即時、戒厳令を布くこと。
一、軍みずから革新の実をあげ、宇垣朝鮮総督、南次郎大将、小磯、建川両中将を罷免すること。
一、ソ連を威圧するため、荒木大将を関東軍司令官に任命すること。
一、陸相はただちに参内し、われわれの意を天聴に達すること。

陸相は、そこで軍事参議官真崎大将、古荘陸軍次官、山下奉文軍事調査部長をその場に呼び、彼らにこれ以上の直接行動はさしひかえるようにと説得したところ、香田大尉は既に計画した目標を達したからこれ以上の過激行動はとらないことを約束した。そして陸相は午前十時ごろ参内した。そして、憲兵司令部の階上を臨時に陸軍省とした。

率直にいって、この事件がおこったとき、軍の首脳部の感触は、「怪しからぬことを仕でかした」と怒り、これを鎮圧するという立場の者は少なく、むしろ「壮挙」という感じでその意図をなんらかの形で達成せしめたいという感じをもった者が多かったといっても決して誇張ではないと思う。

現に私は、事件当日午前中に、宮中にはいり、陸軍大臣をはじめ、陸軍省幹部、参謀本部幹部部や、軍事参議官がたむろしているところに出入して、深刻にそのことを感じたのである。なかにはこの挙を自分たちの今後のために利用しようと考えた人もあったといっても過言ではない。

陸軍の首脳部は、最初から、皇軍相撃つという不祥事を絶対にさけ、出動した部隊をなんとか無事に原隊に帰したいと念願した。

このことは、私もまったくそうあるべきだと考える。しかし、出動した軍隊に対する基本的の評価が、上述のとおりであるから、「叱って追いかえす」のではなく、「趣旨はよく判ったから、もう早くかえれ」という立場をとることになったのである。このことは事件突発以後、山下奉文少将が起草し、軍事参議官らが協議して、二十六日午後三時発せられた最初の陸軍大臣告示からもよくわかる。告示は次のような内容のものである。

一、蹶起の趣旨は天聴に達したり
二、諸子の行動は、国体顕現の至情に基づくものと認む
三、国体の真姿顕現の現況については恐懼に堪えず
四、各軍事参議官一致して右の趣旨に邁進することを申合わせたり
五、この以外は大御心に待つ

この告示は、同日午後山下少将から、香田、村中、磯部に対してよみきかされた説得文と同じものである。この告示をみて、青年将校たちは、我が事成れりと喜んだのも無理はない。彼らは、事態は自分たちの思いのとおりになると考え、自分たちを「叛徒」などとは毛頭考えずにいたのである。そして事局収拾について、主として真崎大将にのぞみを嘱

した。このことは、北一輝、西田税ら外部の指導者の意向も大いに力があったと思うが、青年将校たちが日ごろ、真崎大将は、もっともよき彼らの理解者であると信じていたからであろう。小坂憲兵曹長の著書『特高』には、二十六日夕刻、香田、村中、磯部が、軍事参議官に面会のため、臨時陸軍省たる憲兵司令部にのりこんできたときの有様を次のように書いているが、そのときの彼らの立場をもっともよく物語っていると思う。

なに！　叛軍の指揮官が憲兵司令部にのりこんでくる？　そんなばかなことがあるのかと、自分の耳を疑った。これだけの大事件をひきおこした元凶が、取締りの総元締たる憲兵司令部に玄関から堂々とのりこんでくる。本来なら血眼になって捜しまわり、逮捕に狂奔するのに？　これも派閥対立の現われか、と思うと四六時、統帥の確立、軍紀の振作、団結の強化と頭にたたきこまれたいままでが、なんとなくばかばかしくなってきた。貧農出身の一兵卒の犯罪なら、空腹にたえかねて、酒保でぬすみ食いした小事件でも、軍規の名の下に情容赦もなく軍法会議に送りこんだ。

これが一度将校の犯罪となるとそうでない。姦通、万引、強姦のような事件でも軍の威信を失墜するという名目で、うやむやに葬り去る現状を、直接事件処理にたずさわるわれわれとしては心ひそかに憤りを感じていた。この悪弊がつもり重って、今次の大事件を引きおこしたのではないか。この手ぬるい指導者の態度に対し、憤りがふつふつと沸いてきた。やがて叛軍の指揮官三名をのせた自動車が、司令部玄関についた。香田、村中、磯部の三大尉が軍装姿も勇しく車からおり立った。玄関に立哨中の補助憲兵二名が着剣した銃を捧げて敬礼しているなかを、悠々と司令部の階段を上っていった。窓からこの光景を眺めていた下士官が、

「ばか野郎！　叛軍の将校に敬礼する奴があるか！　あれは皇軍ではないぞ！」と大声でどなった。うまいことをいったと溜飲が少し下った。

香田、村中、磯部の三大尉と軍事参議官の荒木、真崎大将らの会見はなんらうるところもなく約三十分でおわり、また表玄関から悠々と引き上げていった。進んでとびこんできたこの獲物を手を拱いてみおくっている。このときくらい憲兵として屈辱を感じ、情ない思いをしたことは、いまだかつてなかった。

断乎、叛徒の鎮圧を期す

事件発生に伴い、陸軍では警備体制を整えるため午後三時、第一師団管下に戦時警備令を発令した。そして、東京警備司令官香椎浩平中将は、いわゆる蹶起部隊をそのまま警備司令官の隷下に編入することとし、この部隊に対し、歩兵第一連隊長小藤大佐の指揮下に

あって、現在占拠している地域を警備すべき旨の命令を伝達した。叛乱軍をそのまま、現に占拠している地域を警備する官軍としたのである。このことは、命令によって蹶起部隊を撤退せしむる方便として考えられたのかもしれないが、いかにも小細工すぎて、青年将校をしていよいよ情勢好転と狂喜せしめた。

二十六日夕刻、後藤内相が参内して「内閣総理大臣臨時代理」となり閣議がひらかれるようになって、川島陸相は戒厳令の施行を主張した。政府側は、戒厳令下、すべての行政権を軍の掌中に収め、一挙に軍部管理の内閣でもつくられる恐れなしとしない。今度の事件は、まったく軍隊内部の叛乱で、一般民衆との関係するところではない。軍隊内部の叛乱は、軍規命令によって鎮定すべきではないかというのが、多くの閣僚の意見である。陸相は、戒厳令の施行は青年将校の希望であるからと、どこまでも彼らの機嫌をとり結び原隊帰還を勧説しようという立場をとり、また必ず外部から扇動した者があるに相違ないから、戒厳令を布いて、通信その他の秘密を当局においておさえる必要があると称し、軍の首脳部も強要する態度をとるので、政府も遂に屈して、閣議決定をなし、深夜、陛下親臨の下に枢密院本会議がひらかれ、二十七日午前三時正式に発令された。戒厳司令官には香椎中将が任命された。このことは、一層、青年将校を喜ばせた。既述したように、総理脱出のため、小坂曹長などの憲兵が、二十七日朝、栗原中尉などに会ったとき彼らが非常に上機嫌であったことも無理はない。

天皇陛下は、事件突発後から、たいへんご心配になり、同時にたいへんお怒りになったらしく、軍の首脳部に対し、一刻も早く鎮圧するよう望まれたのである。二十七日になると、本庄侍従武官長に対し、彼らの行動は許すべからざるものであるとのご意向をお示しになったが、軍の収拾策は上述のような状態であり、これは、決して陛下のご意思に副うものではなかったので、だんだんと、強いお言葉がでてきた。この軍の煮えきらない態度は地方の各部隊に大きな影響をあたえ、なかには、動揺の色をます者も現われてきた。

この「陛下の御思召がよくない」ということは、しだいに軍首脳部にも、また青年将校の側にも浸透していった。青年将校側は、たよりにする真崎大将に当面の収拾を一任しようと考えて、大将との会見を求めてきたので、真崎大将は、阿部、西両大将を伴って、陸軍大臣邸に至り、彼らの代表と会見した。このときの真崎大将の話は、事件突発当時に陸相とともに彼らと会見したときとは異り、彼らをたしなめ撤退を勧告したという。そして遂に、陛下は、香椎戒厳司令官に対し、「もし戒厳司令部で鎮圧できぬなら、自分みずから叛乱軍を説得にでかけてもよい」と仰せられたということである。「叛乱」という言葉は、陛下が初めて仰せられたのであるということは、後年、私が鈴木終戦内閣の書記官長となったとき、何度も鈴木総理から伺った。

戒厳司令部では、上奏して、いわゆる蹶起部隊の精神は、これを嘉納するという陛下のお言葉をいただき、これを示して無血鎮定しようと考え、上奏案までつくっていたといわれるが、陛下のご意見があきらかになったので、ついに二十八日午前五時八分「戒厳司令官は三宅坂附近を占拠しある将校以下をして速やかに現態勢を撤し各所属部隊長の隷下に復帰せしむべし」という「奉勅命令」がだされた。奉勅命令とは、参謀総長（時の参謀総長は閑院宮載仁（ことひと）親王）が、勅令を奉じてだす命令であって、すなわち、天皇陛下のご命令である。ここに情勢は急変した。叛乱軍内部では、事の水泡に帰したのを嘆きながら、勅命ならば絶対服従すべきとする者と、この命令は、陛下の真の大御心ではない、一部軍首脳部の弾圧であると主張する者があったが、勢のおもむくところ、硬化して、二十八日夕刻から戦闘態勢にはいってしまった。同夜十時三十分の戒厳司令部発表は「一昨日二十六日騒擾をおこした部隊に対し、戒厳司令官隷下の部隊は、陛下の大命を拝して行動しつつある」旨を伝えた。ここで「蹶起」が「騒擾」となり、皇軍相対し、戦闘を予想する情勢があきらかとなった。既に奉勅命令発令以後、関東各地の連隊は続々入京し、占拠地域を包囲する体制を整えはじめた。当時宇都宮第十四師団長末松中将は、私の父の妹の配偶者（総理とは義兄弟）であったが、二十八日の夜、その司令部に私を呼びつけ、「あしたは戦争になるかもしれないが、岡田のお父さんの死体は既に引取っているか、首相官邸附近のお前の官舎にはだれもいないだろうね」ときかれたことを覚えている。この間に、海軍側も連合艦隊を東京湾に集結し、また一部陸戦隊を揚陸せしめ、海軍省その他海軍関係の部署の警戒にあたった。戒厳司令部では、叛乱軍が、斎藤、鈴木、岡田と海軍の長老に多く危害を加えているので、海軍側の行動についてはずいぶん気を使ったときいている。

　ずっと後年になって、私はある海軍将校から「あのとき、自分らの乗っていた艦の主砲の照準を国会議事堂の塔屋に固定していた。一発打ち放したら、あの塔が、ふっとぶだろうと思うと、やってみたい衝動にかられたよ」という話をきいたことがある。まことに物騒千万な話である。

　二十九日午前六時の戒厳司令部の発表では「断乎、帝都麹町附近において騒擾をおこしたる叛徒の鎮圧を期す」といい、遂に叛徒という言葉を使った。すなわち、勅命に抗した以上、叛乱軍に対しやむなく武力をもって事態の強行解決を図ることを発表したのである。新聞その他の報道機関は停止されていたので、ラジオ一本にすがりつく市民は、次から次に発表される交通の禁止、予定戦闘地域の公示、一部地区の避難命令に耳を傾け、全国民は急迫した事態の推移を、緊張と恐怖のなかに見守ったのである。

　しかし、戒厳司令部は、最後まで皇軍相撃の惨事を避けようと全力をあげた。まず占拠地帯には、「謹ンデ勅命ニ従ヒ、武器ヲ捨テ、我方ニ来レ、惑ハズスグ来レ」と大書した白紙を戦車に貼りつけて示す一方、次のような説得ビラを飛行機を使うなどして叛乱軍のなかにまいた。

下士官兵ニ告グ

一、今カラデモ遅クナイカラ原隊へ帰レ
二、抵抗スルモノハ全部逆賊デアルカラ射殺スル
三、オ前達ノ父母兄弟ハ国賊トナルノデ皆泣イテオルゾ
二月二十九日　　　　　　　　　　戒厳司令部

また田村町の飛行会館からは高々とアドバルーンが掲げられ、「勅命下る、軍旗に手向ふな」の大文字が青空に浮んだ。

占拠地帯の各所には大拡声器が備えつけられ、ラジオによる説得も続けられた。有名な「兵に告ぐ」が放送されたのもこのときである。

兵に告ぐ。遂に勅命が発せられたのである。既に天皇陛下のご命令が発せられたのである。お前たちは上官の命令を正しいものと信じて絶対服従をして誠心誠意活動してきたのであろうが、既に天皇陛下のご命令によってお前たちは原隊に復帰せよと仰せられたのである。この上、お前たちがあくまでも抵抗したならばそれは勅命に反抗することとなり、逆賊とならなければならない。正しいことをしていると信じていたのが、それが、まちがっておったと知ったならば、徒らにいままでのゆきがかりや、義理上からいつまでも反抗的態度をとって天皇陛下に逆き奉り、逆賊としての汚名を永久にうけるよ

うなことがあってはならない。今からでも決して遅くはないから直に抵抗を止めて軍旗の下に復帰するようにせよ。そうしたらいままでの罪も許されるのである。お前たちの父兄はもちろんのこと、国民全体もこれを心から祈っているのである。速かに現在の位置を捨てて帰ってこい。

戒厳司令官　香椎浩平

この声涙（せいるい）ともに下（くだ）るNHK中村アナウンサーの名放送はさすがの兵たちも肺腑をつかれたものがあったであろう。事態は好転の兆をみせ、午前十時すこし前、参謀本部附近で、機関銃を有する下士官兵三十名が帰順したのを最初として続々と帰順する者があらわれ、正午ごろには、首相官邸および山王ホテルにあるごく小部隊を除き、叛乱部隊の下士官兵のほとんど全員が帰順し、午後三時ごろのラジオ・ニュースは「叛乱部隊は午後二時ごろをもってその全部の帰順をおわり、ここにまったく鎮定をみるに至れり」という戒厳司令部の発表を放送した。

事件はおわった。そして午後四時すぎ、岡田総理の生存が発表された。青年将校たちは、部隊とはなれて、全部陸軍大臣官邸に集合した後、命令によって各々武装を解除した。当局ではみんなが自決を欲するならば、それを可能ならしむるように配慮して、そのように措置したが、野中大尉一人が自決したのみで、他は軍法会議の公判を通じ、事件の真相を明らかにし、目的の達成を期する決心を申し合わせていた。彼らに対しては事件の直後免官の処分がなされていたが、軍法会議の判決は七月七日に行なわれて死刑以下それぞれの処分が行なわれた。関係者すべての処分が決定したのは、事件後一年余を経た昭和十二年八月である。真崎大将も軍法会議の取調べをうけたが、無罪となった。

生死をこえて

私は、ここで二・二六事件についての話をおわりたいと思うが、その時のことをふりかえって、このほかにいろいろのことが断片的に思いだされてくる。このまま私の頭のなかにしまっておいても、もったいないような気がするので、少し記しておきたい。

叛乱軍のなかで、陸軍省、陸軍大臣官邸を襲撃した部隊の指揮官は、丹生誠忠中尉であった。これは私の母の妹の子、すなわち私にとっては従弟にあたる。従弟のなかでもその父親は岡田総理とも親しい陸軍大佐であった。親ゆずりの性質のよい、立派な青年だった。私たちはもちろん彼が叛乱軍に投じていようとは夢にも思わなかった。二月二十六日午後、私が宮内省にいっているとき、彼は官舎に電話をかけてきて、妻の万亀を呼びだして、「万亀子さん、ずいぶん驚いたでしょう。しかし、もうこれ以上なにもおこりませんから安心してください。お父さんには、ほんとうに申訳ないと思っています」といってきた。妻は「あなたいまどこにいるの」ときくと、「陸軍省にいる」とのことだった。そのころはまさか丹生が叛乱軍の一味とは思いもかけないし、陸軍省が占領されていることも想像さえしなかったので、妻は彼をこちらの味方と思い、早く官邸を占領している兵隊たちを追払ってほしいといったそうである。丹生は、「久常さんやあなたやお伯母さんにはなんら危害を加えることはないから大丈夫ですよ」といって電話がきれた。このときのことをいまでも妻は、「あのときもし、私がお父さんは生きていらっしゃるのだから、なんとか助けだしてよといったら、どうなっていたかと思うと、思うだけでもぞっとしてしまう」という。相手は近い親類だし味方とばかり思っているときなのだから、この話をしなかったということのほうが、むしろ不思議である。岡田総理救出は、あとではちょっと説明のつかない奇蹟の連続によるものであるが、その一コマである。この丹生中尉は、その年の正月、私の官舎に年始にきた。そのとき官邸におじさん（岡田総理のこと）がいらっしゃるならお目にかかってゆくというので、官邸の方にやって総理にあわせた。総理は機嫌よくあった。そのあと官邸をみたいというので、官邸の人が案内してまわり、総理の居住区たる日本間から総理の事務所のある本館への通路などをみてまわった事実がある。事件後これは彼が官邸のなかを偵察にきたのだといわれたが、そのときはもちろん想像もしていなかった。しかし、さすがに事件当日は彼は官邸をさけて陸軍省を担当したのは、その心持が判るような気がする。

二月二十八日岡田総理がやっとの思いで参内した日の夜おそく、総理は私に「丹生が叛乱軍のなかにいるんだな」というので、私が「どうも申訳のないことです」と答えると、「懲戒免官が発令されてしまっては仕方ないな」と哀しげにいったときの総理の人情味を印象ふかく覚えている。

同じ年の七月、丹生の死刑がきまったのち、

陸相官邸襲撃を指揮した丹生中尉(左)

彼からぜひ会いたいと連絡があったので、私は代々木の陸軍刑務所に面会にいった。彼はすっかり覚悟もできていたようで、頼もしい姿であったが、「岡田のおじさんが生きておられたことをずっとあとできいて、私はホッとしました。冥途への道の障りが一つ減った感じです。どうぞ長生きしてくださるように伝えてください」といった。
私は許されるなら彼に抱きつきたい衝動を感じた。そのとき丹生は、栗原中尉にも会っていってくださいというので私は会った。栗原中尉は私に「迫水秘書官、私はあなたにほんとうに見事にだまされました。このことをあなたに申し上げたいと思っていました。はじめ総理生存のことをきいたときには、あなたのことを思いだしてある感じを禁じ得ませ

んでしたが、いまでは罪が一つでも少なかったことを喜んでいます」といった。私は恩怨をこえた、人間としての複雑な感慨に打たれつつ刑務所の門をでた。世間ではこの丹生中尉の関係上、岡田首相が事件をあらかじめ知っていたのではないかと考える向きもあるようであるが、その事実はまったくない。

事件が一段落をつげて平穏になってから、たしか三月一日だったと思うが、私は総理大臣室や、秘書官室を整理したいと考えて、首相官邸にはいった。憲兵が数人同道してくれた。正玄関からはいってみると、美しかった敷物は泥にまみれてみるかげもない。あたりは一面に散乱している。秘書官室はあまりひどくは荒れていなかった。隣りの総理大臣室にはいろうとすると鍵がかかっている。そこで正面の入口にまわってみたがやはり鍵がかかっている。さらに隣りの応接室や閣議室の入口にも鍵がかかっていてはいれない。同行の憲兵たちのひそひそ話し合っているのをきくと、叛乱軍関係者のなかで、まだ行方の判らないものがあるらしく、その人たちがこの部屋のなかにいるのではないかということらしい。急に憲兵たちも、ものものしい様子になって、相談の結果、正面の入口をこわしてはいろうということになり、まず、数人が扉に体当りすると、比較的簡単に扉があいた。だれもいなかった。総理の机の引出しを丹念にしらべたが、別段捜索した気配もなく紛失したものもないようである。室内をみまわしてみると、周囲の飾り戸棚にも異状はない。ここで彼室の一隅に小人数の会議用の円卓があるのだが、その周囲の椅子は乱れていて、ここで彼らが会議をしたことを物語っている。ふと気がつくと、平素、飾棚のなかに飾ってあった小さな裸婦の立像が、ぽつんと円卓の上におかれているのをみつけた。ほかの飾りのものには手も触れた形勢はない。裸婦の像を真中に、国事を論じ合った青年将校の姿を頭のなかにえがいて、私はほほえんだ。

私は次に、一等兵坪井敬次君のことを話さなければならない。事件に関する軍法会議が進行中のある日、私は呼びだしをうけて、沖検察官のところに出頭した。検察官は私に対して、事件当日の官邸内の状況をおききしたいと思うので、本来は岡田大将ご自身に伺うべきだが、一まず、あなたが大将からきいておられるところを述べていただきたいというので、私は大将からきいたとおりを詳細にはなした。調書ができてから、検察官は私に一人会ってほしい人があるといって当番兵になにかいいつけた。まもなく階級章のない軍服をきた兵隊があらわれた。顔をみるとたしかに見覚えがあるので、ちょっと考えると、それが、事件当日の朝、福田秘書官と私が、官邸に総理死体の検分のために最初にはいったとき迎えにきて案内した一等兵であることはすぐに思いついた。あのとき、この兵隊の軍服には血がついていたし、秘書官官舎から首相官邸裏門にはいる途中、得意気に襲撃の模様を語り、赤穂浪士の吉良邸討入のようでしたと物語ったことを思いだした。検察官は、私に対しこの人は坪井元一等兵ですと紹介し、その人に向って、「お前はこの方を知っているか」ときくと、彼は「知っております。総理大臣の秘書官です」と答えた。そこで検察官は「お前が官邸で幽霊をみたという話をこの方にして差し上げろ」といった。これに応じて彼は次のようなことを語ったのである。

「私は（坪井一等兵を指す）実は、あの死体が岡田首相のものであることを疑っていましたので、何度も栗原中尉などの幹部に意見を申し上げましたが、幹部はどうしてもこれをとり上げないので、私は自分でもう一度たしかめてこようと思って、三人の戦友と語らって日本間にはいっていきました。死体のある部屋に近づくと、そこに一人の和服姿の人が立っているのがみえたので、だれかと叫ぶとそのとたん老人の姿は消えてしまいました。私はそこで、戦友にそのことを質すと、一人はたしかに人がいたが天井の方に消えてしまったといい、あとの二人はなにもみなかったといいます。四人で話合ったが、どうも薄気味悪く、首相の幽霊がでたのかもしれないということになって、そのまま、早々に附近を捜索することもせず引き上げてしまいました」

検察官は、私の方に向いてほほえみ、私は総理の話とまったく符合するので、非常に満足した心持であった。この坪井君は、いまどうしているか、後の大東亜戦争などに出征したかもしれないと思う。

危難を免かれて生存した岡田大将の心境は複雑なものだったと思う。逆賊の刃にかからずに奇蹟的に生存したことはほんとうにめでたいと喜ぶ者もあり、大勢の先輩や護衛者が死んだのに、なんの顔（かんばせ）があって生きのこったのかと非難する者もあり、軍人のくせに自決する道を知らなかったのか、卑怯未練であると蔭口をきく者もある。蹶起した者があれではかわいそうだという者もあった。なかで、もっともわれわれを憤激させたのは、当夜大将は官邸にはおらず、赤坂の妾宅にいたので助かったのを秘書官連中が、奇蹟的な脱出という話をうまくつくり上げたのだというデマである。真崎大将の令弟元海軍少将真崎勝次氏の如きは執拗にこの説を主張し、終戦後の昭和三十年ごろになってからも雑誌にこのことを記述し、自分はたしかにその証拠をもっているといったことがある。私は直ちにたしか毎日新聞と思うが反駁文を投稿したおぼえがある。事件直後、総理がまだ臨時首相官邸たる農林大臣官邸にいたころ、この種のデマに怒った福田秘書官は、事の真相を細かに綴って新聞に発表してデマを一掃しようと考え、原稿をつくって、総理にみせた。総理はその原稿を一読して、これを細くひきちぎってそばの火鉢の火中にくべてしまった。そして静かに「よせ、弁解というものは、かかる際になすべきではない。判るときがくればおのずから判るのだ」といったことは、福田秘書官がいまも感激をもって語るところである。岡田総理が自決するようなことがあっては困るということはみんな考えた。脱出直後、天皇陛下からも広幡侍従次長を経てお言葉を賜わっている。西園寺公爵も、旧藩主松平康昌侯をして、そんなことのないようにいわしめようとされた。このときのことを、松平侯は『岡田啓介伝』の著者有竹君に「農林大臣官舎で岡田さんに会った。岡田さんは、私がなにもいわないのに、私のきた意味が判った。そしていろいろ考えましたが、もう大丈夫です。ご安心くださいというので、私はなにもいわずに帰った」と語っている。「いろいろ考えましたが大丈夫です」というのが、ほんとうに当時の大将の心境であろう。当時、ある日私は大将といろいろと雑談をしていたとき、なにかの話の合間に「またなにか国のお役に立つことがあるだろうよ」とポツンといったことをいまも鮮かに覚えている。当時の心境について、『岡田啓介回顧録』には次のような記載がある。

そんなわけで、私が生きていることがわかると、こんどは、これからどうやって生活するのか、昔の落人のように蔵のなかにでも閉じこもって、一生日陰で暮すのかとまじめな顔で心配してくれるものもいた。そういう考え方にもあのころの人心があらわれていると思う。

しかし、私は暴徒のために倒されなかったことはよかったといまでも考える。そのため人の批評など意に介するに当らない。ただこの事件のために、斎藤さんや高橋さんまで犠牲になったことは、いつまでも私の胸を痛ませた。松尾と四人の警察官の位牌はいまも家の仏壇におさめてあるが、毎年忌日にはお墓まいりをすることを、ならわしとしている。それがせめてものわたしの務めと思って……。

この生死を超越した大悟は、岡田大将にとって人間完成の一大転機となった。いつもそばにいる私たちの目にも、それが判った。私はたびたび、このごろお父さんはほんとうに立派になったなあとつくづく感じたことがある。そして、その故に岡田大将の内面に金剛力のようなものが培われたのだと思う。後年終戦時に大将の発揮した偉大な力の源泉はここにある。

しかし、当時の生活はさみしく、ほとんど外出もせず、角筈の陋屋にこもり、門を閉ざして謹慎の日を送った。広くもない庭を朝夕ながめ、木が芽だち、小鳥が舞い、木の葉が散り、雪のふるのを眺めていた。秋もふかいある日、私は数え年五つの長男をつれて遊びにいった。大将はこの孫に向って「木のなかで一番怠けものを知っているか」という。私も話に入った。「なまけものは朝おそく起き、夜早くねるのだが、木のなかで葉を一番おそくだし、そして一番先に葉の散ってしまうのはなにか知っているか」というのである。私たちはもちろん答えられない。すると大将は、「それはサルスベリだよ」といった。

年があけて昭和十二年四月二十九日の天長節に、はからずも、「特に前官の礼遇を賜う」という、天皇陛下のご沙汰を拝した。大将は、真に歓喜し、感泣した。まさに大将の生活にとっては、一陽来復である。門を開いた。そして、国家のためお役に立つべく、再び世の中に歩みでたのである。

二・二六事件は、日本の針路を不幸な方角に持ってゆく一つの道標となってしまった。岡田大将は、官邸の押入にこもっているとき、この事件の事後処理を正当に措置することによって、軍の横暴をおさえ、その姿を正しくする絶好の機会と考え、そのことが、大将をしてできるだけ、生きて脱出しよう、華々しく名のってでるようなかるはずみなことはしまいと決心させた大きな動機の一つであったが、この事件後の軍の動きは、むしろこの願望とは逆に、このような若い人々が無鉄砲な行動をする危険を陰に利用して、いよいよその圧力をまし、横暴を甚しくするに至った。詔を承けては必ず謹しむとして、天皇に対する絶対服従を口に唱えながら、軍の意向こそ、天皇の真意であり、天皇がこれと異るご意思をお持ちになるのは、政治家その他の側近の悪者が、天皇の叡智をおおいかくしているものであるから、これをお諫めして、改めていただくことこそ真の忠義であるという独善的な立場に立つに至った。そして、ついに日本を大東亜戦争の悲劇に追い込んだ。

私は、若い、視野のせまい、未熟な人たちを扇動することが如何に罪ふかく、如何に危険なことであるかを思うとともに、この若い力を自己の野心のために利用せんとするものを極度ににくむ。先年、いわゆる安保騒動のとき、私はひそかに二・二六事件を思いだした。

火を噴かない機関銃の下に

岡田内閣の総辞職によって、私は、ふたたび大蔵省にかえって、理財局国庫課事務官（いまでいう課長補佐）の席を与えられた。そのときから約十年の間に日本の政治は一筋道に軍部独裁の実質を押し強め、遂に戦争に突入し、日本の社会生活のいっさいは逐次強化される統制の重圧下にあえぎ、結局鈴木内閣の手によって敗戦のうちに戦争は終結し、軍部は、完全に姿を消してしまったのである。この期間、私は、昭和十六年十一月開戦の直前、企画院第一部第一課長に転出するまで、大蔵省理財局事務官、ついで理財局金融課長、企画課長として、経済統制の第一線にあって、その中心的役割をつとめた。世人が、他の数人の同僚とともに私のことを革新官僚と呼んだのはこのころのことである。その当時は、名前は支那事変といいながら、実質は立派な戦時であり、しかも、のちに大東亜戦争と称せられた対米英の大戦争の発生を予定しつつあった時代であって、その間の統制経済の移りかわりは、軍部独裁政治の進展に照応するものであるから、私は、機会があったらこのことについて筆をとりたいと思うが、いまは省略する。

企画院課長の職にあること満一年、昭和十七年十一月に時の蔵相賀屋興宣さんに迎えられて、そのとき創設された大蔵省総務局長に就任した。この職務は、いわば大蔵次官の補佐とでもいうべきもので、省務全般についての統括を任とした。この職にあることまた満一年、当時の内閣書記官長星野直樹さんに望まれて、内閣参事官に任ぜられた。この内閣参事官は、今日の内閣参事官とはまったく異なり、当時商工省と合体して軍需省となることによって発展解消した企画院の所掌事務のうち、政府部内の総合調整という仕事をするために、内閣書記官長直属の職として設けられたものである。三人の勅任参事官と十人ほどの奏任参事官がいたが、この奏任参事官には各省の俊秀をあてていた。東条内閣から小磯内閣にかけてのことである。

内閣参事官当時のことである。ある日総理官邸の食堂で東条首相などと昼食をともにしたとき、東条総理が突然私に向って、「迫水、君は毎朝ひげをそるか」と問われた。私は、みずから紳士をもって任じていたから、はなはだ失礼な質問と思いながら、すなおに「ハイ毎朝そります」と答えた。総理は、重ねて「そのときは鏡を見るか」といわれたので、私は、さてはそり残しているところがあるのかなと思い、あごや頬を手で撫でてみながら、「ハイ鏡を見てそります」と答えた。ところが総理はさらに語をついで、「僕はひげをそるとき鏡は見ない。君の顔は君の顔だから、君が一番よく知っている筈ではないか。それを、一々鏡の助けを借りなければ、ひげがそれないとはなさけない奴だ」といわれるので、私は驚いて、改めて総理の顔を見ると、きれいにひげがそれており、口ひげなど左右びっこになってはいない。なるほど大変な技術だ、よほど修錬したものだろうと思った。戦争がすんで、私は追放生活の無聊に苦んでいたころのある朝、ふとこのことを思いだして、試しにやってみようと思って、鏡に背を向けて、ひげをそってみた。第一ひげの所在は手さぐりでさがし当てなければならない。もみ上げのところをそるときなど、左右をそろえるのはまったくの「かん」によるほかはない。ちょっとした吹出物にひっかけて血が出る。結局さんざんの目にあった。そしてふと思った。東条さんは、政治を、戦争を、手さぐりと「かん」でやられたのではなかったろうか。自分のことは自分が一番よく知っているというのは自惚の一種である。人生やはりなにか鏡のようなものによっていつも反省が必要なのではないだろうか。

昭和十九年十一月、小磯内閣ではこの内閣参事官の職制を廃して、その代りに内閣綜合計画局を設けることになったので、私は、大蔵省にかえって、石渡蔵相の下で、銀行保険局長になった。在任すること五ヵ月にして、鈴木内閣が成立して、私は内閣書記官長に転出した。

私は次に終戦のときのことを語ろうとするものであるが、それに先立って、鈴木内閣が成立するまでの日本政治の移りかわりを簡単に記しておく必要があると思う。

昭和十一年三月九日成立した広田弘毅内閣は、組閣に際し、軍は、国防の強化、国体の明徴、国民生活の安定（殊に農村対策）、外交の刷新の四条件を提示してこれを承認せしめ、寺内寿一大将を陸相に推し、さらに閣僚の人選にくちばしをいれて、予定者のうち数人を忌避して人選のやり直しをさせたほどであった。外相に予定されていた吉田茂さん（終戦後自由党総裁として首相となる）も忌避された一人である。したがって成立した内閣の物の考え方は、いちじるしく、軍に迎合的であった。私は、当時大蔵省理財局国庫課の事務官であったが、あいつは自由主義者だというので、仕事は与えられず、会議にはいっさい呼ばれず、ただ本を読んで毎日を過さざるをえなかったほどである。

二・二六事件を契機として、軍の政治干渉を排し、政治を本来の道に戻せるかもしれないというのが当時の心ある国民のひそかな念願であった。既に述べたように、岡田大将が二・二六事件のとき、押入に籠城しながら、できるだけ生きようと決心したのも、一つにはこの点にあったことは大将も話しているところである。ところが、その願望は画餅に帰し、軍は、二・二六事件のとき火を噴いた機関銃の威力をチラつかせながら、いっそう政治に干渉し始めたのであった。

寺内陸相は、世論にもかかえりみ、粛軍を実行することを声明して、二・二六事件の関係者に対し、これを反国体的と断定して従来の事件にその比をみない厳罰を科し、また部内の人事については、いわゆる皇道派を一掃して、統制派が完全に主導権を握った。部内の統制が確立し、軍が一体となると、軍の力は一層強化せられた。そして、軍本来の軍事に専念することではなく、その力を政治への圧迫に向けはじめた。すなわち、軍部は粛軍を実行する条件として、政府に対して、戦時体制の確立、庶政一新の要求をつきつけて、政府にこれを承認せしめた。首相官邸はまさに火を噴かない機関銃の下に置かれたのである。そして、ついに、陸海軍大臣現役武官制の復活に成功した。陸海軍大臣たる資格は、初めは現役大中将にかぎっていたが、大正二年山本権兵衛内閣のとき、立憲政治尊重の趣旨によって、苦心してこれを予後備役（よこうびえき）および退役（たいえき）の大中将にまで拡大したのであった。実際には、一度もその例はなかったが、内閣は、それによって、軍部の同意なく陸海軍大臣を選任しうる立場を持っていたわけである。これをふたたび、現役大中将に限定することに改め、その上、陸軍大臣の選任は陸軍三長官（陸軍大臣、参謀総長、教育総監）の同意を要する内規を定めた。この結果、内閣の生命は、完全に陸軍の手中に握られることになった。内閣のやり方が気にいらなければ、陸軍大臣を辞職せしめ後任を出さなければ、内閣はつぶれざるをえない。組閣の大命が降下したものが気にいらなければ、その内閣に陸軍大臣を送らなければ、組閣はできないのである。広田内閣以後の内閣は多く陸軍につぶされた。宇垣一成大将は、組閣の大命を拝しながら、遂に組閣ができなかった。

広田内閣の蔵相は馬場鍈一氏であったが、いわゆる馬場財政は軍備拡充財政であった。従来の公債漸減方針は一擲され、増税が行なわれ、低金利政策がとられた。国民生活安定のための経費は抑えられざるをえなくなり、物価は騰貴し、インフレーションの傾向は顕著になった。当時、一時の満洲ブームが、頭打ちとなっていたので、財界の中にも目前の利害から、このいわゆる積極政策に共鳴するものが現われた。政府はこの情勢に対処するためにも、どうしても経済統制の措置をとらざるをえない立場になった。かくて、我が国は、しだいに統制経済の時代に入ったのである。馬場蔵相就任と同時に賀屋興宣さん（後に大蔵大臣、戦後は法務大臣）は、主計局長から追われて、理財局長になっておられたが、この人が経済統制に手をつけた初めての人であり、私は賀屋さんのお見出しにあずかってその中心的役割をつとめることになった。

九月には、陸海軍両大臣の名によって、政府に行政機構改革意見書を提出し、中央行政機構、地方行政機構はもちろん議会制度にまで言及した。その心持は、議会を無力ならしめ、国家総力戦に都合のよい行政機関を整えようとしたにほかならない。

十一月には日独防共協定が成立し、十二月には、ワシントン海軍軍縮条約が満期失効して、日本の体制は、急速に戦時的に傾いた。

昭和十二年一月二十日第七十帝国議会の審議がはじまった。さすが政党は、三十億四千万円という未曾有の膨大予算を前にして、一面、国民生活の不安の増大を懸念し、他面、日支国交の全面的行詰り、日独防共協定締結による日ソ間の関係悪化をはじめとする外交関係全般の不円滑を憂い、加えて議会制度改革に関する軍部の意図に反発して、劈頭から、軍部攻撃の火を放った。有名な浜田国松氏の演説はこのときのことである。しかし、その結果、閣内において、政党出身大臣と陸軍大臣との間で議会解散について紛議を生じ、広田内閣は一月二十三日あっけなく崩壊してしまった。政党はこの機会に立直るかとも思われたが、それは結局、最後のあがき的なものとして終ってしまった。それほど、軍部の力は既に強大となり、政党は無力となっていたのである。

後継内閣組織の大命は宇垣一成大将に下ったが、陸軍はついに陸軍大臣を送らず、ために組閣が不可能となり、二月二日、林銑十郎内閣が成立した。この内閣は帝国議会が議事を終了して閉会する日に国会を解散した(当時食い逃げ解散といわれた)が、総選挙後、政友、民政両党の反撃にあい五月三十一日に総辞職し、六月四日に第一次近衛内閣が成立して賀屋興宣さんが蔵相に就任した。林内閣のとき、のちに綜合国策の中心機関となった(実をいうと、軍部が一般行政に容喙する拠点になったというほうが適切である)企画院の前身たる企画庁が設置された。これは、広田内閣当時軍部の提出した行政機構改革意見の一部である。

近衛内閣は、平均年齢五十四歳という若い閣僚を集め、各方面から人材を採用した関係もあって、世人は相当の期待をもって迎えた。成立後間もなく、北支蘆溝橋の一発の銃声によって北支事変がおこり、政府および軍の不拡大、局地解決の声明にもかかわらず、八月十三日、上海における日支軍の衝突となり、ついにいわゆる日支事変と称する全面的戦争に入ってしまった。その以後も、政府も軍も、口を開けば不拡大方針を声を大にして叫びながら、事実は、拡大の一途をたどり、一面内地では国民精神総動員の体制を整備し、防空演習を開始し、十一月にはついに大本営を設置して挙国戦時体制へと移行しはじめた。しかして近衛首相は昭和十三年一月、御前会議において支那事変処理方針を決定し、有名な「爾後『国民政府を相手にせず』、帝国政府と真に提携するに足る新興支那政権の成立発展を期待」する旨の声明を発表し、事態は、抜き差しならぬ泥沼に入ってしまった。三月には、国家総動員法が成立した。

賀屋蔵相は、就任に先立って、(一)生産力拡充、(二)国際収支の均衡、(三)物資需給の調整をもって経済政策の三原則とすることを首相に承認せしめていたので、就任以後、この三原則にそう具体的施策を実施して、インフレーションの防止に精力的な活動をした。私はもっぱら、その下働きをしたのである。昭和十三年七月には、私が起草した臨時資金調整法が成立し、わが国経済が法律的統制下に置かれる第一歩を踏み出した。それ以後、雨後の筍の如く統制法令ができた。まさにドイツと競争のようであった。私は率直にいって、日本の経済統制はうまくいったと思っている。

今日物価は戦前の五百倍といいまた千倍というが、この物価騰貴(インフレーション)は戦争末期の一年、物資の不足が極度になった時期にはじまり、その大部分は終戦後におこったものである。ある人は、私に、「君たちが智恵を出して経済統制をうまくやったから、日本経済は案外長持ちして戦争も長くつづけられたのだ。もっとへたにやれば、日本経済はもっと早く参ってしまったろうから、戦争も早く終らざるをえなかったろう」といったことがある。私の思い出の一つは、軍が私に対し、統制違反については、共産主義国のソ連はもちろん、ドイツでさえ、最高は死刑まで科することができるようになっているのだから、日本でも死刑を科しうるように改正せよと強要したが、元来死刑廃止論者の私は、遂に、この主張をしりぞけとおしたことである。

近衛内閣は、支那事変が結局武力的には解決する見込が立たないので、「蔣介石を相手にせず」といった方針を変更する必要を感じ、中間で内閣の改造をして、東亜新秩序建設要綱を発表するなど、いろいろの工作を試みたが、意の如く進捗せず、その間、ソ連との間にも、武力的紛争(張鼓峰事件)があったりして、だんだん閣内に対立がおこったが、ついに日独伊軍事同盟の推進をめぐって、閣内の対立は救うべからざるにいたって、昭和十四年一月に総辞職をした。近衛公は軍の力にのせられながら、いろいろの方面の力をよせあつめて、その間になんとかまとまりをつけていこうとしたものといえるが、結局軍にのせられてゆくままになったというのが、当時の西園寺公爵の批判である。しかし、この間に、後年の各般の戦時体制の芽はすべて完備されたといってよい。

近衛内閣当時、私には忘れえぬ思い出がある。それは、昭和十三年十一月九日の新聞に、突如として、陸軍省情報部長佐藤賢了少将の名によって、前線将士は毎日生命をかけて戦っているときに、銃後の資本家が戦争による産業の好調を楽しみ、多額の配当をむさぼっているのは怪しからぬ、よろしく国家総動員法第十一条を発動して、配当を制限すべしといった趣旨の声明が掲載されたことである。この記事には、当時の軍の実力を考えて、財界は重大な衝撃を受けた。株式市場は立会を中止した。時の蔵相はその年五月、賀屋さんと交代した三井の大番頭出身の財界の最長老池田成彬さんであったが、池田蔵相は私を呼びつけて、陸軍省にいって取消してもらってこいと、無理な注文を付けられた。私も決心して陸軍省へのり込み、いきなり時の陸軍次官東条英機さん（後の首相）に面会を求めた。東条さんは、経理局長を立会わせて、私から説明を受けてくれた。私は、経済の運用に直接重大なショックを与えるような問題について、政治上の実力ある軍が、大蔵省と無連絡に発言することの非なることを説明した。私が直接東条さんに口をきいた最初である。この問題は、結局、増配の規正について大蔵省が行政的に善処することとして、軍は事実上これを取消すような声明をして、落着してことなきをえた。若き日の私のちょっとした自慢話である。

第一次近衛内閣退陣後、約一年半の間に、平沼内閣、阿部内閣、米内内閣と三代の内閣が成立し、また崩壊した。この期間中において、昭和十四年五月から九月までノモンハン事件がおこって、日本軍はソ連軍に手ひどく痛めつけられ、また八月には突如独ソ間に不可侵条約が締結され、平沼内閣はこのために交渉中の日独軍事同盟は意義を失ったとして「複雑怪奇」という名文句を残して退陣した。翌九月にはドイツ軍のポーランド侵入によって、ドイツ対英仏の戦争がはじまり（独ソ戦は、昭和十六年六月にはじまり、米独間の戦争は同年十二月十一日にはじまる）昭和十五年一月には日米通商航海条約が失効するなど世界情勢は急激に変転した。いずれの内閣も、支那事変の解決、国際関係の改善、インフレーションの防止につとめたが、いずれもなんら成果をみないに等しく、日本の社会は、かえっていよいよ戦時色を濃くしていった。この間、陸軍は、終始反米英的立場をとり、日独伊三国軍事同盟の締結を執ように推進したが、いずれの内閣も、閣内において海軍を中心とした反対者があって進捗せず、業をにやした陸軍は、陸軍大臣からその辞職を強要することによって、阿部、米内両内閣をつぶしてしまった。ことに、米内内閣は親米英的であるとして、陸軍は終始非協力的であった。

昭和十五年七月、第二次近衛内閣が成立した。そのときの空気を、私ははっきり覚えている。どういう経路でそうなったものか私は知らないが、六月二十四日、枢密院議長近衛文麿公は、議長を辞任して、声明を発し「新体制運動」の音頭取りとなるべき立場を明かにしたのであった。「新体制」というのは要するに日本ファッシズム確立の別名と理解しても傾向的には大きな間違いではない。

私は、いま、そぞろに当時を追想して、深い感慨を覚えるものである。一番印象に残るのは当時の軍を中心とする「危機感」の宣伝である。危機感の宣伝は、早く二・二六事件の前からはじまっている。当時はいわゆる「三六危機」と称し、一九三六年（昭和十一年）ワシントン海軍軍縮条約が満期になるのでその以後の各国の軍備競争によって、我が国も対応策を講じなければ危機に追い込まれるという趣旨のものであり、その以後においては我が国が積極的に対策を講じなければ、A（アメリカのA）、B（ブリテンのBすなわち英）、C（チャイナのC）、D（ダッチのDすなわちオランダ）の包囲が完成して手も足も出なくなるという趣旨のもとにABCD包囲の危機というものが宣伝せられた。無数の印刷物が現われたばかりでなく、新聞雑誌にもその傾向の記事が多く載せられた。私は、現段階でもし軍部があったら、必ず、昭和四十五年（日米安保条約満期の年）の危機ということが、もっともっと声を大にして叫ばれているだろうと思う。本質的に危機といえば私は現在のほうがそのころよりももっと危機であると思う。この危機を突破するについて、軍部をはじめ多くの指導層の目にあざやかにうつったものは、欧州新秩序、世界新秩序をとなえ、輝かしく脚光を浴びたドイツのナチスであり、イタリーのファッショの一見すばらしい業績である。そして、その力の根源は一党独裁の国内政治の一元化にあると判断されたので、我が国においてもこの体制を作らなければならないというのが「新体制」の動機であったと思う。国民の間に声望があった近衛公が音頭をとり、絶対の実力を有した軍部が後押しをするにいたっては、これに迎合する者も多く、各政党は相ついで解党を決定した。私は、過般フランスのドゴール大統領が中共承認の挙にでたとき、日本にも、この「バスに乗り遅れるな」といった空気がでてきたのをみて、そぞろに、このころのことを思いだした。

要するに当時は、簡単にいえば「ヒットラーバスに乗り遅れるな」といった気持が支配的で、それがそのまま日本の歩みとなって実行されてしまったのである。私は、近衛公爵の真意が果してどんなものであったかは知る由もないが、第二次近衛内閣成立以後の日本の歩み方は、昭和十五年九月日独伊三国軍事同盟の締結を出発点として、完全に反米英の路線にのってしまって、対米英の戦争に突き進んでいった。結局、広田内閣以後六代の内閣は、いわば中間内閣で、戦争を避け、対米英の関係を調整しようという心持はあったが、火を噴かないながら機関銃の制圧下にあった首相官邸の住人はいかんともなしえずに、ついにこの段階にきてしまったのである。

第二次近衛内閣は、中間で松岡外相をやめさせる手段として、いったん総辞職、大命再降下して第三次近衛内閣が成立、昭和十六年十月辞任して、東条内閣となり、ついに、昭和十六年十二月八日、大詔渙発せられて大東亜戦争に突入したのであった。この開戦が、現天皇陛下のご意思に反するものであったことは各般の証拠に照らして明らかであるが、現に私が内閣参事官在任当時、食卓の席上東条首相からいかにして陛下を開戦の方向に導いたかの苦心談をたびたび聞かされたものである。

私はいま、ここで戦争中のことについて書いておきたいことは数かぎりなくあるが、紙面の都合もあるから割愛するほかはないけれども、次の三つの事柄は、私として忘れえない思い出であるから記しておきたい。

昭和十六年の六月のころである。当時大蔵省理財局金融課長であった私は、一般の空気が、日を追うて戦争必至となってきつつあるのをみて、不安でたまらなかった。それは岡田啓介大将の影響も少なからずあったことも事実である。私は、すでに日米関係は、相互の信頼がなくなり非常に険悪になっていたが、もし米国がもっと日本を理解するようになれば、必ず好転するものと考えた。ちょうどそのころ、共和党の候補者としてルーズベルトと大統領選挙を争ったウェンデル・ウィルキーがソ連を旅行して、『ワン・ワールド（一つの世界）』という著書を公にして、そのために米国民のソ連に対する理解が非常に進んだことを知ったので、私はこのウィルキーを日本に招聘し、日本を見てもらい正しく日本を米国に紹介してもらうことにしてはどうかと考えた。そこで私は、商工省の美濃部洋次君と相談して当時の財界の中心的組織であった日本経済連盟の会長であり、財界の最長老であった郷誠之助男爵に意見を申し上げると非常に賛成され、財界で招聘してもよいといわれる。そこで、早速私の親友、米国人のマックスウェル・クライマンを米国に帰して、手づるを求めてウィルキーに頼ませると、弁護士の業務を二ヵ月間放棄することとなるので、十万ドルの補償をしてくれれば、喜んで行くとの返事を得た。当時の為替相場で、四十万円程の金である（今日の貨幣価値でいえば、一億円以上である）。私も随分ひどい条件と思ったが、時の大蔵大臣河田烈さんにご報告すると、すこぶる賛成で、その金は政府でなんとかしてもよいといわれたが、一度松岡外相に話をする必要があろうということになった。松岡外相に相談されると、大蔵省は余計なことをするな、外国との関係は、自分の所管である。今時分ウィルキーを呼ぶことは絶対反対だといわれたので河田蔵相も困って私にあきらめるようにという指示があった。しかし、私はあきらめられないので、たまたま私の中学時代の友人長谷川進一君(のちジャパンタイムズ重役)が、松岡外相の秘書官であったのを頼って、千駄ケ谷の自邸に外相を訪問して直訴してみたが、非常な剣幕で叱られ、とりつく島もなく、ついにあきらめたのであった。マックスウェル・クライマンはこれを非常に遺憾とし、少しでも、ルーズベルト大統領の対日認識に影響を与えようとルーズベルトの親友のオライアン将軍を日本に寄越した。日本経済連盟では沢田節蔵さん(外務省の先輩、のちに鈴木内閣のとき内閣顧問)を接待委員長として、日本を視察せしめた。この人のルーズベルトに対する報告の内容は、相当日本の事情を理解したものであったが、なにぶんにも小者で、私たちの望みを達するにはほど遠かった。

次は、大東亜戦争開戦当日のことである。昭和十六年十二月八日午前四時ごろ、当時私は企画院第一部第一課長であったが、時の蔵相賀屋興宣さんの電話によって、大蔵大臣官邸に出頭した。賀屋さんは沈痛そのものの顔付で、「全力をつくしてみたが残念ながら、戦争を阻止できなかった。いまごろは真珠湾を攻撃しているはずである。私は開戦に反対であったが、開戦となってしまっては、勝つべく全力をささげるほかはない。そこで心配なのは、今朝の株式相場だ。国民は内心開戦に反対で、戦争の前途に危惧を持っているのであろうから、ひょっとすると今朝の株式相場は低落するかもしれない。それでは開戦の初期から国民の士気にも関係すると思うから、なんとか今朝の寄付相場は前日の引け相場よりも少しでも高くしておきたい。ついては、君に全権をまかせるから、今朝早く取引所にいって、しかるべく善処してほしい」と命ぜられた。私はちょっと途方にくれた感じであったが、夜が明け、午前七時すぎ取引所に乗込んで、取引所の専務理事坂薫、取引員組合長藍沢弥八、副組合長上田辰卯の諸氏の参集を求めて、賀屋蔵相の意向を伝えた。

そのころには、ラジオや新聞の号外で、日本が米国と戦争状態に入ったことが簡単に発表されていた。集まった人たちは、いよいよはじまりましたな、大丈夫でしょうかといったあんばいである。この人たちが協議して、そのころの株式相場の象徴的なものとなっていた「新東」を買ってみることに決定した。寄付の立会がはじまった。私は招ぜられて高台に上って、これらの人たちといっしょに様子をみていた。さっぱり判らないが、気配は安いという。藍沢さんが、いろいろ指図しているが、なんでも新東四万株の買注文をだしたとき、やっと前日の引け相場より二、三十銭高くなったというので、柝を打って、寄付相場が決まった。控室にひきあげて、私はほっとした。

壁間のザラバ相場の表示を見ると下げ足がひどい。私は、そこに国民の受ける感じを読みとって、「やっぱり」と思った。私が藍沢さんにこのしまつは、政府がするでしょうから、あとでご相談しますというと、藍沢さんは胸をたたいて、「永年株で飯を食わせていただいているのですから、国家へのご奉公、政府はご心配くださらないように大蔵大臣にお伝えください」という。そのうちに真珠湾の大戦果が発表されると、ザラバ取引の相場の表示はほんとうに見ているうちに鰻上りに上った。たしかその日と翌日で合計四十円棒上げとなったと記憶している。

もう一つ記しておきたいことは、岡田啓介大将が主導した東条内閣引きおろしの工作を手伝ったことである。岡田大将は、はじめから戦争に反対であった。米内内閣の実現に骨を折ったのも、陸軍の戦争への一筋道の進路をできることなら阻止しようという彼の悲願にでたものであった。海軍がはじめ日独伊軍事同盟に反対した意向を表している間は、大いに海軍の良識に期待していたが、及川海相以後、逐次陸軍のペースにまきこまれた海軍を見て切歯扼腕していた。東条内閣となり戦争必至となったのちも重臣会議などでは戦争反対の意見を述べた。

戦争がしだいにわが方の不利となってくるといっそう一日も早く終戦をと考え、それには、開戦に踏み切った東条内閣を退陣せしめることが、先決問題だと考えた。昭和十八年の夏のある日、岡田大将のところで例によって海軍軍令部の対米作戦主任の長男岡田貞外茂中佐、陸軍参謀本部の作戦課の中心的存在であった瀬島龍三中佐、それに大蔵省総務局長であった私の四人で会食しながら、戦争の前途についていろいろ話し合っているうちに、大将から私に木戸内大臣に会って、東条内閣は退陣すべきであるという意見をいってこい会った。

という話がでた。そこで私は親友の美濃部洋次君をかたらって、有馬頼寧伯に、木戸内大臣にあわせてくださいとお願いした。有馬伯は、それでは、私の家で食事をいっしょにすることにしましょうと引受けてくださった、ある日の昼食のとき荻窪の有馬邸で、四人が会った。

私は、率直に「岡田も申しているのですが、東条内閣が継続するかぎり、戦争の終結ということは考えられませんから、そろそろ交代したほうがよいのではないでしょうか」といってみた。木戸内大臣は、「このごろだいぶそういう声があるが、東条総理も一生懸命やっているし、特に失敗という点もまだないから、唐突にやめさせるわけにはいかない」といわれたのち、「しかし世論がそういうことになってくれば、私も考えなければならない」といわれた。それからあと次のような問答があった。

「世論とおおせられても、新聞はじめ言論は統制されていまして、とうてい、東条内閣を公然と批判するようなことはできません。議会もすっかり去勢されて、単純に政府への協力機関になっていますから、議会の論議の中で、内閣の批判はできない仕組になっています。とても世論などというものを発見する途はないと思います」

「迫水君、世論のあるところを発見するのはそれだけではないよ。例えば、重臣（当時は総理大臣の経験者を指す）の一致した意見が、東条内閣は退陣すべしということになれば、それは立派に世論の存するところを示すものといってよい」

私はこのことを岡田大将に報告した。岡田大将は、しばらく経ってから、私に、これまで、重臣は東条総理から招集されて集まって、いろいろ報告を受けたが、今度は一つ、重臣のほうから東条総理を招待して、いろいろ意見をいう機会をつくりたいと思うから設営を頼むと命ぜられた。私は、星野内閣書記官長のところに、重臣連名の招待状を持って、この旨を伝達した結果、九月に華族会館（今の霞が関ビル）で第一回の会合が開かれた。最初は、東条総理一人だけにきてほしいと申入れ、総理も承諾していたが、いよいよその当日になって、総理は賀屋蔵相、企画院総裁鈴木貞一陸軍中将などを帯同して出席したので、重臣側も、あまり忌憚のない話はできなかったらしいが、その後毎月一回交互に招待しあうこととなった。昭和十九年一月の会合のとき、初めて東条総理一人で出席したときは、重臣側から、思い切った意見が出たということであった。その空気はおのずから議会に反映して、そのときの会期における議会では、東条総理の演説に対して拍手がとみに少なくなり、いわゆる消極的ながら世論のようなものが現われはじめた。議会が終了したのち、岡田大将に対して、東条総理からの会見申込みがあって、反内閣的言動を慎まれたいという申出もあり、秘書官の赤松大佐の話では、東条総理は、そのとき憲兵隊をして岡田大将を逮捕させるような勢であったが、自分が諫止したとのことである。戦局が急速に非となってゆくのに伴い岡田大将の考えはだんだん深刻になって、東条内閣を退陣せしめるには、まず海軍大臣島田繁太郎大将をやめさせるのがよいと考え出してからは、私も、岡田大将のどこにこんな行動力があったかとびっくりするほどであった。岡田大将の考えでは、海軍大臣と軍令部総長を兼任しているのをやめさせ、海軍大臣に米内大将、軍令部総長に末次大将を就任せしめようというものであって、それには、従来とかく反発しあっていた両大将をして手を握らせる必要があるとし、とうとう藤山愛一郎さん（のち衆議院議員）の白金のお宅を拝借して、三者の会談が成功裡に行なわれた。この会談は、岡田大将側は私、米内大将側は海軍省軍務局の矢牧章大佐、末次大将側は石川信吾少将が連絡にあたり、三人は憲兵隊の目をかすめてしばしば山王ホテルなどで会合を重ねて準備したのであった。この動きには、しまいには伏見宮様、鈴木貫太郎大将も参加し、遂に七月に至って島田海相は退陣し野村直邦大将とかわった。その機会に東条首相は内閣の改造を企図して、重臣より入閣せしめ、重臣側との関係を調整しようと試みた。

この情報を入手した岡田大将は、直ちに近衛、若槻、平沼、広田、米内各重臣と連絡をとり、重臣側は一人も入閣しないという申合せをすると同時に、当時内閣参事官となっていた私に対して、国務大臣軍需次官岸信介さん（のち自民党総裁、首相）のところに使いに行けといわれた。その口上は、「今回内閣の改造があるようだが、おそらく、あなたは辞表の提出を求められるかもしれないが、東条内閣がこれ以上存続するときは終戦の機会を失し、日本国のためこの上の不幸はないと思うから、この機会に東条内閣を退陣せしめたいと思う。ついては辞表の提出を求められても、これを拒否してほしい」というのであった。私は、四谷駅近くにあった軍需大臣官邸に岸さんを訪問して、この口上を述べた。当時の内閣は今のように各大臣を、総理が任命するのでなく、個々に天皇陛下のご親任によるものであったから、総理が、閣僚に辞表提出を求めてもこれを拒否するときは、その要求を撤回するか、閣内不統一として総辞職するかいずれかの道をとるほかなかったのである。私はさらに岡田大将の命によって、内田信也農相、重光葵外相にも同様の口上をもって使者に立った。三人の閣僚はいずれも、東条内閣を退陣せしめることはこの際同感であるとして承諾された。岸さんは私に表口には憲兵がいるから、裏からそっと帰れといわれて、私は裏口から出て、タクシーを拾って帰った。気味のよいものではなかった。

七月十七日深夜、岸さんから辞表の提出を求められたが、東条首相と直接話し合ってからにするといって断った旨岡田大将に連絡があった。翌十八日、午前十時ごろから、阿部大将を除く重臣は、平沼男爵邸に集まった。そして、「この重大な時局は、東条内閣の改造によっては救いえないと考える」旨の意見に一致し、これを文書にして、岡田大将が、木戸内大臣を訪問して、天皇陛下に執奏を請うた。かくて東条内閣は、その日に総辞職したのである。

後継内閣組織の大命は、小磯陸軍大将、米内海軍大将の両名列立にて降下した。小磯大将が首相、米内大将が特に現役に復せられて海相となって、内閣は成立した。欧州においてはドイツの敗色いよいよ濃厚となり、日本も東京に大空襲を受ける事態となり、ついで沖縄に米軍の上陸をみて形勢いよいよ逼迫したとき突如として小磯内閣は総辞職をして、ここに重臣待望の鈴木貫太郎内閣が成立したのであった。

昭和十九年十二月二十六日、岡田大将の長男貞外茂中佐は軍令部から打ち合わせのためマニラに飛んだ帰途、飛行機の墜落により戦死した。この報に岡田大将が自宅の茶の間で、駈けつけた私に対しただ一言「貞が死んだよ」といったときのさびしそうな顔は、今も私の眼底にのこっている。

第二部　終戦への苦悩

若烹小鮮

昭和二十年四月五日の夜、海軍大将、枢密院議長鈴木貫太郎男爵に小磯内閣の後継として、内閣組織の大命が下った。その翌朝十時ごろ私は平常のとおり出勤して、大蔵省銀行保険局長室にいると、岡田啓介大将から電話がかかった。「私はいま、鈴木大将の組閣本部にきているのだが、だれも内閣組織の手伝いができる者が周囲にいないから、君はすぐここにきて手伝いをしてほしい」というのである。私は内心すこぶるためらったが、岳父の非常に強い要請についに負けて、時の大蔵大臣津島寿一さんの許しをうけて、小石川丸山町の鈴木大将自邸の組閣本部にはいって、組閣のお手伝いをはじめた。その間何度か空襲のサイレンが鳴り、そのたびに、鈴木さんは人々にせき立てられながら、おとなしく隣家の千葉三郎さん（のち衆議院議員）のところの防空壕にはいった。組閣は比較的順調に進行し、七日に親任式を行ない、鈴木内閣が成立した。すなわち終戦内閣である。私は、そのまま内閣書記官長（いまの内閣官房長官）になるようにとのお話によって、年若く微力如何（いかに）かと思ったが、岡田大将が自分は鈴木首相にぜひ戦争をやめてもらわねばならないと思っていて、これには大いに手伝うつもりでいるが、お前は自分の身代りとなって内閣の中にあって鈴木首相を助けるようにと、強く要望するので、決心して就任した。爾来（じらい）八月十五日総辞職するまで四ヵ月あまり、この内閣は、大東亜戦争の終結のためにあらん限りの力をつくすことになったのである。

鈴木大将に大命が下ったのは、当時のいわゆる重臣、すなわち総理大臣の前歴を有する者（若槻礼次郎、岡田啓介、広田弘毅、近衛文麿、平沼騏一郎、米内光政、阿部信行、東条英機の八名）が、内大臣木戸幸一さんが勅命を奉じて諮問したのに応じて、東条大将を除いて一致して推薦したのによる。重臣たちが、鈴木大将を推薦したのは、戦局の推移にかえりみて、今度の内閣は和戦いずれにせよ（重臣の多くは内心戦争の終結を望みながら）最後の決断をする立場にあるから、真に無私奉公の精神をもち、しかも至大の勇気のある人を必要とするという見地に立ったものである。鈴木大将という人はまことに打ってつけの人であった。しかし、鈴木大将は、政治に関与す

鈴木貫太郎首相

る意志を毛頭もたずに終始してきた人であるから、この推挙にはひどく当惑して、初めはこれを固辞した。この間の消息は、当時の侍従長、藤田尚徳海軍大将の手記(『太平』五号)に明らかである。

木戸内大臣が、後継首相候補者として、鈴木枢密院議長然るべしと奏上して、鈴木閣下をお召しになりました。時はもう夜であったと思います。陛下はご学問所に出御になり、小生一人のみ侍立しておりました。やがて、鈴木さんは、かしこまってご前にでました。陛下は、

「卿に組閣を命ずる」

とだけ、玉音朗らかに仰せられました。ここでちょっと注釈をいれますが、一般の場合には、

「卿に組閣を命ずる。組閣の上は憲法の条款を恪守するように、外交関係においては慎重に考慮し、無理押しをせぬように、国内の経済上に大変動のおこるような急突なる財政政策を採らぬように」

との三つの条件を付せられるのですが、この鈴木さんに対しては、ただただ頼みきるとの思召しのように拝見せられました。このとき、鈴木さんは、あの丸い背をいっそう丸くして深くおじぎをされて、謹んでお答えをせられました。その要旨は次のようなも

のでありました。

「聖旨まことに畏れ多く承りました。ただこのことはなにとぞ拝辞の御許しをお願い致したく存じます。昼間の重臣会議でも、頻りにこのことを承りましたが、鈴木は固辞したところでございます。鈴木は一介の武臣、従来政界になんの交渉もなく、またなんらの政見も持っておりません。鈴木は軍人は政治に関与せざることの明治天皇の聖諭をそのまま奉じて、今日までのモットーとして参りました。聖旨に背き奉ることの畏れ多きは深く自覚致しますが、なにとぞこの一事は拝辞のお許しを願い奉ります」と真に心の底から血を吐くの想いであられたと思う。陛下はにっこりとして仰せられた。

「鈴木がそういうであろうことは、私も想像しておった。鈴木の心境もよく判る。しかし、この国家危急の重大時機に際して、もう他に人はない。頼むからどうか枉げて承知してもらいたい」

鈴木さんは深くうなだれて「篤と考えさせていただきます」と退下せられた。

ただ一人侍立してこの君臣の打てば響くような真の心の触れあった場面を拝見して、陛下と鈴木さんとの応答のお言葉を耳にした私は、人間として最大の感激に打たれた。私の一生涯忘れることのできない荘厳なる一幕であった。

鈴木大将は、結局決心して大命をおうけしたのであるが、その組閣は、まず陸軍大臣として阿南惟幾大将、海軍大臣として米内光政大将を定めることに成功した。この組閣進行中、総理からは一言も戦争の終結ということについてはお話はなかった。しかし、総理は当時の心境を『終戦の表情』という小冊子（総理の口述を基として作文した原稿を総理が校閲したもの）に次のように述べておられる。

老齢七十九、余としてはもちろん首相などになる意志は毛頭なかった。重臣層から最難局の総理になれとの内示があったとき、余は言下にその任にあらずと辞退の意を表明しておいた。にもかかわらず、組閣の大命は余に下ったのである。政治についてはまったくの素人であり、従来陛下の側近において長らく奉仕してまいっただけであって、自己の政治的手腕など考えてみたこともなければ、またそんな野心はまったく持たなかった余としては、正直のところ組閣をするにしても、ちょっと見当がつきかねた。ただ余としては、いったん大命を拝受した上からは、誠心誠意、裸一貫となって、この難局を処理してゆこうと深く決意したのである。しかも余の決意の中心となったものは、長年の侍従長奉仕、枢密院議長奉仕の間に、陛下の思召し（おぼしめ）が奈辺にあるかを身をもって感得したところを政治上の原理として発露させていこうと決意した点である。それは一言にしていえば、すみやかに大局の決した戦争を終結して、国民大衆に無用の苦しみを与えることなく、また彼我ともに、これ以上の犠牲をだすことなきよう、和の機を摑むべしとの思召しと拝された。もちろんこの思召しを直接陛下が口にされたのではないことは、いうまでもないことであるが、それは陛下に対する余の以心伝心として、みずから確信したところである。だが、この内なる確信は、当時としては深く秘めてだれにも語りうべくもなく、余のもっとも苦悩するところであった。

私は、もちろん、総理のこの心事をひそかに心得ていたので、閣僚の人選も、観念的な考え方にゆとりのない人をさけるように配慮しながら、総理のお話に応じてそれぞれ二、三人ずつの候補者を提示するように心がけた。組閣後の施政も、大将は、その愛誦する老子の言葉「治大国者若烹小鮮」(大きな国を治めることは、小さな魚を煮るのに似ている。とろ火で無理をしないでやらないと形がくずれてしまう。あせってあまり箸でつついたりなどしてはいけないという意味)をまったくそのままに実行されたのである。

私の内閣書記官長就任については、一部では私が、いわゆる革新官僚と称せられ、軍人との交遊も多く、戦争に協力した者であるという点から、また一部では逆に統制経済の中心的存在であった関係上、赤い思想の持主だとして、難色があったようだが、私は信念を持って総理のお手伝いをする決心であった。

もちろん、将来の自分の立場などを考える心持もなかった。私の古い米国人の友人で本書にも前に登場しているマックスウェル・クライマンが終戦後まもなく陸軍大尉として来日したとき「自分が印度のカルカッタにいたとき、日本で鈴木新内閣が成立して、鈴木大将が総理で、君が内閣書記官長となったことを知ったので、ニューヨークにいた元駐日大使館参事官だったドウマン氏の許に手紙を書いて、『必ず戦争は半年内におわる。それに対して自分は賭けてもよい』といってやった」といっていたのをきいて、私はかえって米国人のなかに知己を得た感じであった。

組閣の過程における閣僚人選の経緯については、いろいろ面白いこともあるが、ここで取上げるべきではないと思うから省略して、ただ組閣当時のことを二、三記しておくことにする。

総理は、かつて総理が侍従長のとき、侍従武官として、いっしょに奉仕した関係でよく知っている阿南惟幾大将を陸軍大臣としたい考えで、そのことを前陸相の杉山大将を訪問して懇請されたが、陸軍側ではそのとき、(一)あくまで戦争を完遂すること、(二)陸海軍を一体化すること(この意味はすでに海軍は軍艦をほとんど失って、実質上無力になっているから、むしろ陸軍の従属物的に取扱ってほしいという意味である)、(三)本土決戦必勝のための陸軍の企図する諸政策を具体的に躊躇なく実行すること、という三条件を提示したのを、あっさり呑んできてしまわれたときには、私はちょっと驚いた。これでは戦争一本槍に同意したわけである。陸軍側としては、鈴木総理に終戦の臭があるというので、非協力の口実を探しだすため、無理を承知で条件をだしたつもりだろうが、総理は「若烹小鮮」

という信念のもとに、呑んでしまわれたものと考える。もう一つ私が困ったことは、東郷茂徳氏の外務大臣就任の承諾を取りつけることであった。簡単にいえば東郷さんは鈴木総理が、すみやかに終戦の方向をとるということを言明しないかぎり、入閣しないというのである。鈴木総理は思慮深く、そのようなことを言明しないので、遂に七日の親任式のときは間に合わず、外務大臣は一時総理の兼任として鈴木内閣を成立せしめた。東郷さんはその後再度総理と会見して、結局「総理が外交方針は私に任せるといったから納得する」といって九日に親任式が行なわれた。組閣直後恒例によって発表すべき、総理大臣談話の案も、私は、「国民よわが屍を越えてゆけ」という激しい言葉を中心とした戦争一本槍の感じの強いものを用意して、「少し調子が高すぎると思いますが」と総理の訂正を期待しつつ提出したが、これまた、あっさり「結構です」と署名されたのであった。したがって、鈴木内閣成立の当初は、国民のだれ一人も、鈴木総理が終戦の機を摑むことを至上の使命と考えておられたと感じとった者はいなかった。しかし、もし最初から鈴木総理が、終戦への兆候をみせられたら、陸軍は、いち早く内閣をつぶしていたであろうから、日本が果してあの最終の時期に終戦しえたかどうか、したがって戦後の復興が今日の如くすみやかに行なわれえたかどうか判らない。まことに鈴木総理の深い思慮であったと思う。

戦勢日に非なり

鈴木内閣成立以後の戦況は、まさに日に非なりという状態であった。四月十三日には東京に対して、三月九日の空襲に数倍する大規模の空襲が行なわれて、大きな被害をだし、国民はいよいよ戦争が自分たちの身辺に迫ってきたことを切実に感じた。一方欧州においては、ドイツは、敗戦につぐ敗戦にて、立直る見込ほとんどなく、その崩壊は、もはや時間の問題と思われる状態となっていた。四月二十日の最高戦争指導会議では「ドイツ屈服後の場合における措置要綱」を議定し、日本は、結局日ならずしてただひとり孤立して世界を相手に戦うことを覚悟せざるをえない形であった。

この間に、わずかに、私たちの希望をつないだものは、沖縄における戦闘が、やや有望にみえたことである。米軍が沖縄に上陸したのは四月一日であったが、もともと敵軍の沖縄上陸は予想していたところであり、軍部ではここを決戦場とするか、あるいはここの防衛よりも本土決戦に重点をおくかには議論があったが、海軍は沖縄をもって最後の決戦場とする考えの下に、のこっていた兵力を結集して果敢な攻撃を加えたので、相当な戦果があがり、沖縄奪還の機をつかみうることも夢ではないように感じられた。政府も軍部も一時生色を取りもどし、沖縄奪還を成功せしめ、その機会をとらえて、戦争終結のための活発な外交手段を展開しようと考えた。私は戦後になって当時米軍の沖縄作戦に従事した米国新聞記者の報道をみたが、それには、「日本の航空機の攻撃は昼も夜も絶えたことがない。慶良間（沖縄の地名）の錨地は損傷艦船で埋めつくされ、太平洋至るところ、びっこをひく艦船の列が東へ東へと進むのが見られた」と書いてある。私はそのころ、陸軍の人が「ソ連の新聞は、米軍が南洋の島々や硫黄島に上陸するとすぐに、この島々は米国の手に帰したと報道するのが例であったが、沖縄の場合は、米軍の苦戦を報じ、成功するかどうか見通しは立たないという趣旨のことを書いているところをみても、今度は、こちらにじゅうぶんの歩があると思う」と、うれしそうに話したことをはっきり覚えている。鈴木総理も、たしかに、沖縄戦局の好転に最後の望みをかけられて、四月二十六日、ラジオを通じて、沖縄にいる将兵および現地官民に呼びかけられ、その健闘を感謝し、激励された。しかし、我が方も海軍の誇る軍艦大和を失うなど、重大な損害をうけ、海軍は事実上なくなってしまった。九州基地からの特攻隊の進撃に呼応して、現地守備軍も、奮起して、五月四日全兵力を投入して、総攻撃を企てたが残念ながら成功せず、爾後は陣地による持久戦にうつり、しだいに戦線を縮小していったがなんとかして沖縄を確保し、敵を撃ちはらおうとして、陸海軍とも救援の戦いをつづけた。中でも、私は壮烈な義烈空挺部隊のことを思うといまも目頭があつくなる。五月二十三日夜、鹿児島県鹿屋の飛行場を発進した決死部隊は、敵の脅威のなかに沖縄の北および中の飛行場に強行着陸して、そこを占領して、数日間そこを使用不能ならしめた。まさに鬼神を泣かしめる決死の壮挙である。計画では、この飛行場が使用不能である間に、後続部隊を空送して、敵の戦線の背後に第二線をつくり、これを挾撃することになっており、私たちは、必死にその成功を祈ったが、天候の具合が悪かったため、ついに計画どおりにゆかず、この空挺部隊は玉砕してしまった。

その後は敵の攻撃とみに強く、六月十四日、海軍の地上部隊が玉砕し、六月二十三日、陸軍部隊の司令官牛島満中将が自決して、沖縄作戦は終結した。上陸以来実に八十三日である。現地住民もこぞって奮戦し、「ひめゆりの塔」によって顕彰されている女子学生部隊の話もこの間のことである。私はその際発表された内閣告諭および総理の国民に告げる放送原稿を作成したときの絶望的な感じをいまも忘れることはできない。かくて鈴木総理がひそかに期待しておられた局面転換の機会もついに失われ、日本全土は、完全に米空軍の制圧下にはいってしまうことになった。

五月七日ついにベルリンが陥落し、これによって、欧州における戦争は終りを告げた。日本が英米に対して宣戦を布告し大東亜戦争が始まったのは、欧州における独伊対英仏ソの戦争に米国が参加する前であったが、日本がこの宣戦布告をするについては、日独伊三国軍事同盟条約によって、独伊の力を大いに期待していたことは事実である。しかるに、イタリーは、早く昭和十八年九月、ムッソリーニのファッショ政権が倒れ、バドリオ政権が成立して、連合国に対して無条件降伏し、逆にドイツに向って宣戦布告をして、まず脱落したのであったが、いままた、ドイツが屈服し、日本は完全に孤立し、世界を相手にして戦う立場となり、良識ある者は、その前途の運命を予見せざるをえないことになったのである。しかも、ソ連は、ベルリン陥落後、その軍隊を復員することなく、西欧にある軍隊を、どしどしソ満国境に集結する形勢を示した。これは、同年二月のヤルタ会談において(この会議が行なわれたことは、もちろん私たちも知っていたが)、ソ連のスターリンが、米国大統領ルーズベルトより大東亜戦争参加を要請され、ベルリン陥落後三ヵ月以内に参戦することを約していたのによるものであった。当時、日本の政府、軍部ともヤルタ会談の内容については、なんら情報を獲得していなかったが、ソ連の意図は容易に推定されるところであって、しかも諜報によって、このソ連軍の国境集結は九月末までには完了し、それ以後は、何時でも満洲に侵攻しうる態勢を整備しうるものと判断されたのである。

これよりさき、鈴木総理は、組閣後早々私に対して真実の国力がどのくらいあるのかについて、じゅうぶん調査すべき旨の命令を下された。戦争について最終的判断を下すには、まず国力、別の言葉を使えば、戦争遂行能力を正しく判定することが先決問題であるというお考えであったと思う。私は、このような調査をするためには、内閣綜合計画局の機能を働かせるほかはなく、そして、秘密一点張りの軍部をしてじゅうぶん調査に協力させるためには、この内閣綜合計画局の長官を軍部も信頼する軍人をもってあてることが望ましいと考えたので、総理に上申して、私が企画院第一部第一課長時代、第一部長として尊敬していた陸軍中将秋永月三氏を任命していただいた。秋永中将は、この総理のご命令にしたがい、計画局、外務省、大蔵省、軍需省、陸軍および海軍からそうそうたる有能な官僚および将校を簡抜して、一つの秘密的な委員会を作り、国力の現状とともに国際情勢に関する判断とをまとめる作業に着手した。私自身も全力をあげて協力したこともちろんである。この調査の結果、日本の生産の実態は、発表されている諸種の統計よりもはるかに悪いものであることが明らかになった。いまここに各種の数字を的確に示すだけの資料がないが、私の記憶では、鉄の生産量は月産十万トンに満たず予定量の三分の一程度にすらおよばず、飛行機生産の如きは予定数の半分程度である。外洋を航海しうる船舶は、どんどん撃沈せられる一方、その補充はつかず、傾向線をたどると、年末には零の点に達すると見込まれ、そのために海外より原料を補充しなければならない油やアルミニュウムは、その生産が激減し、ガソリンの代りに松根油（松の根から採集する揮発性の油）を用い、海軍の艦艇すら燃料に重油と大豆油とを混用する有様であり、アルミニュウムは、九月以降には計画的な生産の見込が立たないという状況である。他面、本土に対する空襲は、しだいに激化し、進入敵機B二九の一機当りの平均被害焼失戸数は二七〇戸を上まわる有様で、この傾向をそのまま押しのばせば、九月末までには、日本全国の人口三万以上の都市に存在する戸数の合計に相当する戸数の家が焼かれてしまう計算がでてくるのである。したがって工場の被害も甚大で、地下工場や疎開工場の建設など、とうてい間に合わず、結局国内の生産がどうやら組織的に運営できるのは同年九月を限度とするものと認められた。

このような状況下において、鈴木総理は、内心すみやかに終戦に向って手を打つべきことの決心を固められたのであるが、決して外部に向ってはその決心を披瀝されなかった。これは、鈴木総理が、「大国を治むるは、小さい魚を煮るようなものだ」という固い信条に基づいたものであって、軽率に終戦を口にすることは、いたずらに軍部を刺激するばかりで、決して策をえたものではないと考えておられたからである。総理のこの態度は、終戦を考える者にとっては、まことにあきたらぬものであって、なかには、総理の心事を疑う者もあったことは事実である。しかし、総理はだんだんに手を打たれたのである。その第一が六巨頭の会談である。

マリク大使を打診

戦争を如何に指導するかの最高方針を決定するための機関として、昭和十九年八月、小磯内閣のとき、最高戦争指導会議が編成された。それ以前には、「政府大本営連絡会議」なる随時の会議が行なわれていたものを、常置の機関として定められたのである。この最高戦争指導会議は、内閣総理大臣、外務大臣、陸軍大臣、海軍大臣、陸軍参謀総長、海軍軍令部総長をもって構成員とし、これに内閣書記官長、陸軍省軍務局長、海軍省軍務局長、内閣綜合計画局長官の四名が幹事として附属している組織である。通常の会議は、四幹事が列席して行なわれるのであるが、幹事が列席すると、やはり牽制されるようになるし秘密も保ちにくいから、六人の巨頭だけで極秘のうちに腹蔵なく話合いたいという総理および東郷外相の意向によって、六巨頭だけの会談の場をつくることとした。この六巨頭会談こそ、ともかく戦争終結ということが、取上げられた最初の機会であった。

六巨頭会談は、総理および外相がここで腹蔵なき意見を交換して、そこから終戦への糸口を見いだそうとの考えで出発したのであるが、五月十一日、十二日、十四日の会談によって一つの結論をだした。それは、日ソ関係の好転を図るということを主題としたものであった。東郷外相が作成し、他の五人の同意を得た覚書は当時はもちろん極秘に付せられていたが、左のようなものである。

日ソ両国間の話合いは、戦争の進展により、多大の影響を受くるのみならず、その成否如何もこれによるところ大なるべきも、現下日本が米英との間に、国力を賭して戦いつつある間において、ソ連の参戦をみるが如きことあるにおいては、帝国はその死命を制せらるべきをもって、対米英戦争が如何なる様相を呈するにせよ、帝国としては極力その参戦防止に努むる必要あり。なお我が方としては右参戦防止のみならず、進んではその好意的中立を獲得し、ひいては戦争の終結に関し、我が方に有利なる仲介をなさしむるを有利とするをもって、これらの目的をもって、すみやかに日ソ両国間の話合いを開始するものなり。我が方としてはソ連が今次対独戦争において戦勝を得たるは、帝国が中立を維持せるによるものなることを説得せしむるとともに、将来ソ連が米国と対抗するに至るべき関係上、日本に相当の国際的地位を保たしむるの有利なるを説き、かつまた日ソ支三国団結して米英に当るの必要あるを説示し、もってソ連を前記目的に誘導するに努むべきなるも、ソ連が対独戦争終了後、その国際的地位向上せりとの自覚、ならびに近来帝国の国力著しく低下せりとの判断を有しおること想像にかたからざるをもって、その要求大なるを覚悟するの必要あり。

しかして右ソ連の欲求は、ポーツマス条約の廃棄を主眼とすべきところ、帝国としては極力その軽減に努むべきはもちろんなるも、該交渉を成立せしむるためには、ポーツマス条約および日ソ基本条約を廃棄することとし、結局のところ南樺太の返還、漁業権の解消、津軽海峡の開放、北満に於ける諸鉄道の譲渡、内蒙に於けるソ連の勢力範囲、旅順、大連の租借を覚悟する必要あるべく、場合によりては千島北半を譲渡するもやむをえざるべし。ただし朝鮮はこれを我方に留保することとし、南満洲においてはこれを中立地帯となす等、できうるかぎり満洲帝国の独立を維持することとし、なお支那については、日ソ支三国の共同体制を樹立することもっとも望ましきところなり。

当時はもちろん厳秘にされていてなんぴとも知らなかったのであるが、この六巨頭会談において、東郷外相は、ヤルタ会談ではおそらく対日問題がとり上げられていると思うから、ソ連を日本側に引きつけることは、今日の段階では望みはないであろうし、ソ連の従来のやり口からみて、参戦を防止することもむずかしいから、むしろ、米国を相手にして直接に終戦ということを考えねばならぬときではないかと説いたのであった。軍部といえども、戦争の終結を計らねばならぬことは、内心自覚していても（現に鈴木内閣組閣直後、当時参謀本部の作戦課の中心的存在であった瀬島龍三中佐がひそかに私のところにきて、如何に考えても、戦争を有利に導く方策はないからこの内閣で是非終戦のことを考えてほしいと訴えている。ちなみに瀬島中佐は二・二六事件で岡田首相の身代りとなった松尾伝蔵の娘婿である）、面子もあり、それに米国が常に日本の国家としての無条件降伏を要求することを揚言していた関係もあって、米国と直接に話をすることは承認できる立場でないので、ソ連を仲介として講和を計ること以上にはふみきれなかったのである。結局、最小限度においてソ連の参戦を防止し、できることならば、ソ連をして有利な講和をもたらす仲介をさせるという目的で、活発に対ソ工作を展開するということで、意見の一致をみたのである。

この秘密の結論によって、東郷外相は、元首相の広田弘毅氏に対し、私的にマリク駐日ソ連大使に接触して打診してほしい旨を要請した。このことはいろいろの事情でおくれて、六月三日夕方広田氏が散歩の途中と称して、当時箱根強羅ホテルに疎開中のマリク大使を訪問し、さらに翌四日大使を夕食に招待することによって行なわれた。広田氏から、今後アジアの平和はソ連の態度にかかっており、日本でもソ連と平和関係をずっと保持していたことを喜んでおり、ソ連の政策も理解されるようになったので、日ソ間の中立条約をいっそう推しすすめて、友好関係をさらに深めたいものである旨を申し入れた。マリク大使は、もともとソ連は終始一貫平和政策をとってきたのに、日本はあまり協力的ではなかったので、現在ソ連では日本不信の声が高くなっていると反発したが、相当に関心を持ったような様子で、よく研究したいから一週間ばかり時間の猶予がほしいといってわかれた。しかしこの間大使が本国に請訓したのに対し、本国政府が色よい返事をよこさなかったためか、重ねての広田氏の招待にも応ぜず、六月二十四日になって、やっと会見したものの、マリク大使は日本の具体的態度がわからないからと、言葉をにごしたので、六月二十九日、広田氏は、東郷外相からの指示によって、ある程度の具体案を示したが、その後は、ついに進展をみずにおわってしまった。この間、心なき憲兵が、広田氏が和平工作をしていることは軍の方針に反するとして、広田氏に事情をきいたり、ぶしつけにもマリク大使に会見をもとめるなどのこともあったことは、本件を不調におわらしめた一つの原因と思われる。当時の憲兵たちの行動は、まったく常軌を逸したものであって、いやしくも和平を口にし、戦争の見込みについて悲観的な言動のあるものは、直ちに反軍者として逮捕する有様で、吉田茂氏（のち首相）もこのような立場から鈴木内閣成立とほとんど同時に逮捕せられ、五月二十五日の大空襲によってやむをえず釈放されるまで監禁されていたのである。

宮城はまだ炎を上げて燃えている

鈴木内閣成立の直後の四月十三日夜間に行なわれた東京大空襲は、明治神宮が焼失したのをはじめ、その大きな損害はある意味では国民の敵愾心を強くさせたが、他面、戦争の前途に大きな不安を抱かせたことも事実である。私の自宅も岡田大将の自宅もこの空襲で焼けてしまった。この空襲のあとは、全国各地に連続的の空襲が行なわれ、被害は全国的に著しくなり、軍は、いまさらにように、空襲対策を講ずるのに大わらわとなった。鈴木内閣の行政事務は、その大部分が、住居の調達、罹災者の援護、疎開荷物輸送の疏通など空襲に対する善後処理であったといっても過言ではない。そして、これらの善後処理はどれも不充分きわまるものであり、相次ぐ空襲の被害に追いつけなかった。ついに五月二十三日および二十五日の連続の大爆撃によって、一夜のうちに東京はまったくなくなってしまったといってよい。当時、市内のところどころに若干ずつ焼けのこったところをみると、ここはどうして焼けのこったのかなと、不思議に思ったほどである。五月二十五日の空襲では、宮城が炎上した。さいわいに両陛下はご安泰であったが、全国民は、今日の人々がとうてい想像もできないほどの衝撃をうけ、ほんとうに恐懼するとともに、敵愾心もいっそうもえ上った。このとき、鈴木総理は、首相官邸の防空壕のなかで、この報告をきかれると、まだ煙のただよい、むっとして熱い空気のなかを、官邸の屋上に登っていかれた。私もお伴をしたが、宮城はまだ炎を上げて燃えている。屋根の銅板のためか、この炎は一種異様な色をしている。鈴木総理は、厳かに長い間宮城を遥拝しておられた。そして舞い上がる炎をじっと凝視し、ひそかに涙を拭っておられた。その尊いといってよいお姿は、いまも私の眼底に鮮かにのこっている。そのとき総理は、当時進行していた和平の道をすみやかにきりひらくべきことを誓いながら、心から陛下にお詫びされたものと私は推察するのである。この空襲で首相官邸も焼夷弾の雨を浴びた。私は屋内から窓ごしに外を見ていたが、ほんとうに火の雨を浴びるという言葉がぴったりする有様であった。官邸の本館は、堅固な防火建築であったから、窓硝子が焼けてこわれないように内から水をかけたりして、人々の努力の結果かろうじて助かったが、総理の住居しておられた日本館をはじめ、私の住んでいた書記官長官舎その他の職員の住んでいた附属官舎はすべて焼けてしまった。官邸周辺の人々は総理はじめ、みな首相官邸の防空壕に待避した。あとになって、もし官邸本館に火がはいったら、みんながむし焼きになるところだったと、ゾッとしながら語り合った。私は四月十三日の空襲で自宅が焼けて、家財を失ったのであったが、そのときは、主として地方の親戚や友人から、いろいろ家財や衣服をもらって、まず不自由なく生活ができたが、今度の空襲のあとでは、どこからも補給をしてくれる人とてもない。私は着ていた国民服一着の着たきり雀となり、首相官邸本館内の書記官長室に急造のベッドを持ちこんで、ここに住むことになった。

つくづく、全国的に空襲が及んできたことを感じ、そして、物資の窮乏がいっそう甚しくなっていることを切実に知ったのであった。

防空演習というものが行なわれはじめたのは、たしか昭和十五年ごろからであったと思う。もし戦争がはじまれば、空襲があるからというので、軍が主体となり灯火管制の演習や退避の演習をしたのである。警戒警報のサイレンや空襲警報のサイレンもそのおかげでなじみになった。全国国民は隣組の組織をつくって協力した。協力しなければ非国民といわれたのである。昭和十六年十二月八日、開戦の日の夕刻警戒警報のサイレンが鳴り響いたとき（これは市民に戦争の実感を与えるために、ことさらに鳴らしたものであるが）私はちょうど企画院の庁舎にいたが、同僚が「おい、これは演習じゃないんだなあ」といったことをいまも実感をもってはっきり思いだす。国民に対しては、このように空襲の恐怖を教えていたのに、軍の戦争準備においては、本土は爆撃されることはないということを前提としていたのではないかと私は疑っている。現に支那事変中、私が、企画院での会議の際、陸軍の人が本土が空襲されるようになったら、もう戦争は負けさと簡単にいうのをききとがめて、それならなぜに防空演習をやるのかと反問すると、この軍人は、あれは国民の士気を高め、戦争気分を盛り上げるためさと答えたことを覚えている。ところが、開戦の翌年昭和十七年四月、早くも東京に敵機が来襲した。これは米海軍の航空母艦から発進した十数機の飛行機によるもので、まったく奇襲にすぎず、被害も軽微であったが、このことは、国民に対しては大きな衝撃で、その後はいっそう激しく防空演習が行なわれたが、軍部ではなお本土の生産を麻痺させるような爆撃があることを想定していなかったらしく、その当時は重要工場の地方分散とか、地下工場の建設などということはほとんど考えずに、新工場が続々集中的に建設されていた。私は、大東亜戦争がこの空襲に対する見込違いの上に出発したのが、その失敗の大きな原因であったと考えるものである。

昭和十九年の半ばごろから、米軍は中国の成都を基地として、北九州の工業地域を中心として爆撃をはじめた。これは昭和二十年一月までに十回程行なわれたが、敵の戦力も比較的弱く、我が方もまだ有力な防衛航空兵力を持っていたし、中国の我が方占領地帯を飛行しているので、情報も早かったから、敵方の損害も多く効果も上らなかった。しかし、昭和二十年三月九日の東京大空襲は、南洋のサイパンを基地とするものであって、ここに本土空襲は相貌を一変したのである。米国は、我が方の予想を裏切って、B二九という足の長い性能の著しくよい飛行機をつくってしまった。私は白昼しばしば一機または二機の偵察機が東京上空に侵入し、一万メートルをこえる高空を飛行機雲の尾を引きながら悠々と飛行しているのに対し、我が方の防衛機が挑みかかるが、簡単に撃墜され、高射砲は、ずっと低空でさく裂しているのを切歯扼腕して見守り、思わず涙をおとしたことを覚えている。このような有様であるから、空襲のときは的確な防衛対策とてはなく、まったく敵機のおもいのままに蹂躙されてしまったので、国民は既に顕著となっていた衣と食との生活の窮乏に加えて、住の生活も失った。当時の悲惨な国民の生活の模様は、いまもときどき、映画やテレビの上に再現されているが、実際はもっとひどいものであって、ほんとうにこの世の地獄であった。たれもがいつも生命の危険にさらされている。親子兄弟、生き別れ死に別れ、まったく生活というものがなかった。

このように激しい爆撃がはじまると、戦争当初には疎開などということは非国民のように考えていた軍も、にわかに工場などの疎開、住民の疎開と大騒ぎをしたが、輸送路の荒廃のためほとんど実効をあげることができなかった。「欲しがりません勝つまでは」とか「必勝の信念」とか「鬼畜米英を打ちてしやまん」とかの標語のみがうつろに叫ばれていた。私は当時、やっと焼けのこった家を強制疎開と称して、大勢の子供まで使って引倒し取りこわしている姿をみて、思わず涙を拭うたことも一再ではない。私はいまになって、なぜあの当時国民が戦争終結にむかって行動をおこさなかったかと、むしろ不思議に感ずるが、それは言論統制が徹底していたことが大きな理由であると思う。

少しでも反戦的の言動があったものは、密告によったりして容赦なく検挙されるという、憲兵を中心とした警察政治が徹底していたからである。こういうときには、かえって軍におもねる評論家なども現われてくるもので、日本もこのような暗黒時代をとおってきたことを今日自由をとおり越して放縦ともいうべき境地になれてしまった若い人たちは知っているのか。言論がまさしく自由であり、国民が自由に行動できてこそ、はじめて民主政治は行なわれ、国民の多数の意向に副う政治が行なわれるのである。私は、自分自身その衝に当った体験から統制ということは、人間が神様の真似をすることであると思う。自由主義こそ人間本来の生活様式である。私は今日共産主義国の人々は空から火の雨は降らないにせよどんな苦しい生活をしているかと思う。「声なき声をきく」という言葉があるが、鈴木総理は、まさにこの間に「声なき国民の声」をきかれたのである。

国力の真相と世界の情勢

国内の情勢がこのように切迫し、国際的にも日本は孤立し、ソ連がやがては戦争に参加してくることも予想され、沖縄はまったく希望を持つことができなくなった五月末、軍部は陛下の御前において最高戦争指導会議を開いて「今後とるべき戦争指導の基本大綱」を定めなければならないと主張した。そこで、最高戦争指導会議の幹事たる私、秋永綜合計画局長官、吉積陸軍省軍務局長、保科海軍省軍務局長の四人で協議した結果、さきに鈴木総理の命によって、綜合計画局が中心となってまとめた調査を四幹事の手許で調整補正して「国力の現状」および「国際情勢の推移判断」の二部の資料を作り、これを六月八日の御前会議に付議し、そのとき同時に「戦争指導の基本大綱」を決定することに打合せた。この「国力の現状」および「国際情勢の推移判断」は、当時はもちろん最後まで極秘にされていたものであるが、当時の文献としては珍しく率直に真実に近い事情を述べているので、参考のため掲げることにする(原文は文語体であるが理解を容易にするため口語体に書き改めた)。

国力の現状

一、要旨

戦局の急迫にともなって、陸海交通と重要生産は、ますます阻害せられ、食糧の窮乏は深刻さを加え、近代的物的戦力の綜合発揮は、非常に困難となり、民心の動向はまた深く注意を要することになった。したがってこれらに対する諸政策はまったく一瞬を争うべき情勢になっている。

二、民心の動向

国民は胸の中に深く忠誠心を抱き、敵の侵略等に対しては抵抗する気構えを示してはいるが、一方、局面の転回を希望する気分もある。軍部および政府に対する批判がしだいに盛んになり、ややもすれば、指導層に対する信頼に動揺をきたしつつある傾向にある。かつ国民の道義がすたれてくるきざしをみせている。

また自己だけを防護するという観念が強く、敢闘奉公精神の昂揚はじゅうぶんではない。庶民層では農家においてもあきらめと自棄的の風潮がある。指導的知識層にはあせりと和平をもとめる気分が底流していることがみられる。このような情勢に乗じて、一部の野心分子は変革的企図をもって動いている形跡がある。沖縄作戦が最悪となったときの民心の動向に対しては、特に深甚な注意と適切な指導を必要とする。なお今後敵のほうからわが思想を乱すような行動が盛んになることを予期しなければならない。

三、人的国力

(イ)、人的国力は、戦争による消耗もまだ大きくはない。物的国力に比べればなお余裕がある。ただその使用は、概して効率的でない。動員および配置は生産の推移に即応していないで、人員の偏在遊休化を示しつつある有様であって、徹底的配置転換および能率増進を強行すれば、人的国力の部面においては、戦争遂行に大きな支障はないし、これが活用の如何によっては、戦力造出の余地があると認められる。ただし、今後において、大規模な兵力動員がある場合は必ずしも楽観を許さないものがある。
(ロ)、戦争に基く人口増加率低下の兆がようやく現われ、また体力の低下は特に戒心を要する。

四、輸送力および通信

(イ)、汽船輸送力については、使用船腹量が急激に減少して、現在約百数万総トンになっており、しかも燃料の不足、敵の妨害が激化し、および荷役力が低下していることなどのため、著しく運航を阻害されている。もし最近における損耗の実績をもって推移するなら、本年末においては、使用船腹量はほとんど皆無に近き状態になるであろう。また大陸との交通を確保できるかできないかは、沖縄作戦の如何によるところが大きく、最悪の場合においては、六月以降ほとんどその計画的交通を期待することができないことになるであろう。機帆船運輸力もまた燃料不足および敵の妨害により急激に減少するおそれが大きい。
(ロ)、鉄道輸送力は、最近における車輛、施設などの疲労に加え、空襲の被害によって、逐次低下しつつある。今後敵は交通破壊のための空襲を激化すべく、ために鉄道輸送力はあらゆる努力を尽しつつあるが前年度に比べ二分の一程度に減退するであろうし、特に本年中期以降は一貫性を喪失し、局地輸送力となってしまうおそれが強い。
(ハ)、陸上小輸送力ならびに港湾荷役力は、資材、燃料、労務事情ならびに運営体制の不備等にともなって、末端輸送および海陸輸送の接続だけでなく、鉄道および海上輸送自体に対しても、重大なる隘路を形成しつつある。なお、港湾については今後敵襲により其の機能を停止させられるおそれが大きい。

(ニ)、通信は、資材、要員などの事情ならびに空襲被害により、その機能を阻害されつつある。今後、空襲激化などにともなって、本年中期以降においては、各種通信連絡は著しく困難となるであろう。

五、物的国力

(イ)、鉄鋼生産は、主として原料炭および鉱石の輸送入手難のため、現在は大たい前年同期に比べ、四分の一程度に減ってしまっており、鋼船の新造、補給は本年中期以降は、全然期待しえない状況である。なお、いま持っている資材の活用、戦力化についても実行上多くの困難を克服する必要がある。

(ロ)、東部および、西部地域に対する石炭の供給は、生産および輸送の減少にともなって、著しく低下し、空襲被害の増大にともなって、中枢地帯の工業生産は全国的に下向しつつある。中期以降の状況によっては、中枢地帯の工業は石炭供給の杜絶によって、相当の部分が運転休止となってしまうおそれが大きい。

(ハ)、大陸工業塩の輸送の減少により、ソーダを基盤とする化学工業生産は、加速度的に低下しつつある。特に中期以降原料塩の取得は危機に直面すべく、このため軽金属および人造石油の生産はもとより、火薬、爆薬の確保にも困難を生ずる結果となるであろう。

(ニ)、液体燃料は、今後日満支の自給にまつ外なく、貯油の払底と増産計画の進行遅延にともなって、航空燃料等の逼迫は、中期以降戦争の遂行に重大なる影響をおよぼす情勢である。

(ホ)、航空機を中心とする近代兵器の生産は、空襲の激化による交通および生産の破壊、ならびに前記原材料、燃料等の逼迫のため、在来の方式による量産遂行は、遠からず至難となるであろう。

六、**国民生活**

(イ)、食糧の逼迫は漸次深刻さを加え、この端境期は開戦以来最大の危機であって、大陸糧穀および食糧塩の計画的輸入を確保したとしても、今後国民の食生活は強度に規制された基準の糧穀と、生理的最小限度の塩分を、ようやく摂取しうる程度となることを覚悟しなければならない。さらに海外輸移入の妨害、国内輸送の分断、天候および敵襲等にともなう生産減少等の条件を考慮にいれるときは、局地的に飢餓状態を現出するおそれがある。治安上も楽観を許さない。なお、明年度の食糧事情が本年度に比べ、さらに深刻化することは想像にかたくない。

(ロ)、物価騰貴の趨勢が著しく、闇の横行、経済道義がすたれたこと等により経済秩序が乱れる傾向もしだいに顕著となり、今後の推移によっては、インフレーション昂進の極、ついには戦争経済の組織的運営を不能ならしめるおそれがないとはいえない。

世界情勢の推移判断

おおよそ昭和二十年末をめどとして世界情勢の推移を判断して、今後の戦争指導に資するものとする。

第一、敵側の情勢

主敵米国は出血の累加、ルーズベルトの死去、欧州戦争の終結にともなう戦争倦怠気分、戦争指導上の悩みを包蔵しながらも、なお豊富な物力をもって、単独でもすみやかに対日戦争を終結しようとする戦意は旺盛で、対日作戦強行に邁進するであろう。英国は欧州戦争終了後、なるべく早い時期に終戦を希望してはいるであろうが、対日戦争指導は、米国が主導権を握っているので、大勢を左右し得ず、結局英国は、全世界における米国との協調の必要性、ならびに彼の予想する戦後の東亜処分に際する自国の発言権確保のため、対日戦争参加を継続し、かつ在東亜兵力を増強するであろう。重慶（蔣介石政権のこと）は延安（共産政権のこと）との抗争およびソ連の動向について苦悩を包蔵しているが、なお、米国を利用しての対日戦完遂と、その国際的地位の向上を企図し、米国の支那大陸または日本本土作戦に呼応して、積極的に反攻を展開するであろう。

以上の大勢にかかわらず、特に欧州においては、米英対ソの角づき合いが漸次表面化してき、また、米英重慶相互間にも戦争目的に不一致があって、反枢軸側の結束は弱化する傾向がある。しかしながら、妥協により当面を糊塗するよう努力するであろうから、彼らの陣営の結束は、にわかに崩れることはないであろう。ただし帝国が毅然として、長期戦遂行に邁進し、彼らの大出血を強要して、本年後期まで頑張れば、敵側の継戦意志に相当な動揺を招来させることができないことはない。

第二、ソ連の動向

ソ連は欧州戦の終結にともない、欧州に対する戦後処理、ならびに自国の復興につとめるとともに、大東亜戦争に対しては、自主的立場を持続しつつ、機に応じて東亜、なかんずく満支方面に対して勢力の伸長を企図するであろう。しかして帝国に対しては、これまで積み重ねてきた措置により、必要とあればいつでも敵対関係にはいりうる外交態勢を整えているとともに、東ソ連の兵備を強化しつつあるから、ますます政略的圧迫を加重し、大東亜戦況が帝国にはなはだしく不利で自国の犠牲が少ないと判断する場合においては、対日武力発動による野望達成にでてくる公算が大きい。しかし、米国の東亜進出に対する牽制的意味という立場からいうと、比較的早期に武力行使にでることがないともいえない。その時期については米軍の本土、中北支方面上陸の時期、北満の作戦的気象条件、および東ソ兵力集中の状況からみて、本年夏秋の候以降特に警戒を要する。なおソ連としては、米国の希望の実現を助け、かねて自己の意図達成を目途として、我に対し米国との和平を強要する場合もないとはいえない。

第三、東亜の情勢

一、太平洋方面

米英は、有利なる戦勢に乗じ、帝国本土をなるべくすみやかに大陸より分断するとともに、熾烈なる航空作戦により、帝国の無力化を策し、一挙に帝国本土に対して、短期決戦を企図するであろう。このため、南西諸島においてわが軍がさらに徹底的な戦果をあげない場合には、米英は南西諸島攻略に引きつづき付近基地を拡充し、六月下旬以降まっすぐ九州、四国方面、状況によっては朝鮮海峡方面における上陸作戦を強行し、ついで初秋以降、決戦作戦を関東地方に指向する公算が大である。

また、対日基地獲得および対ソ支政略を目的とする中北支要地作戦を行なう可能性もある。なお、失地回復および対支補給等を目的として、本土およびその他の作戦と併行的に、中南支沿岸作戦を企図することも考えられよう。欧州戦の終結にともない、夏季以降相当量の敵、殊に大型飛行機の来攻を予期しておくことが必要である。

二、支那方面

重慶は米国の支援により、基幹戦力の米国式強化を図る一方、空軍の増勢と相まって米国の作戦に策応して、秋季以降対日全面的反攻を実施する公算大である。このように米国の進出が積極化するのにともない、大陸戦線も真に重大な局面にぶつかるものと予想される。また我が占拠地域に対する敵、特に延安側の遊撃反攻は、ますます激化されるであろう。

重慶と米国との関係の現況にてらし、当面、日支間の全面和平を実現させることは至難なことではあるが、支那の再戦場化、米国完勝による東亜制覇の前途に対しては、一まつの不安を包蔵しているとともに、他面延安勢力の浸潤拡大、特にソ連の圧力増大の可能性については深刻な苦悩を内在している。

三、南方方面

ビルマ方面に対しては、引きつづき敵陸海軍の圧力加重により、同方面における我が戦略および政略態勢は緊縮せざるを得なくなるものと思われる。また、敵は、太平洋方面の敵勢と関連して、ボルネオ上陸作戦を強行し、また、近くマレー半島、スマトラおよびその他の要地に上陸し政略および謀略を強化しつつ、逐次その他の各地域を蚕食しその要域の奪回を企図するであろう。

四、大東亜諸邦は大東亜戦局の推移と敵側の謀略の激化とあいまって、対日非協力的態度が漸次表面に露呈し、なかには遂に敵性化するものもでてくるようになるであろう。

この二つの資料を基礎として、「今後とるべき戦争指導の基本大綱」を決定するわけであるが、その資料の示すところは、率直にいって、戦争継続が著しく困難になるというよりも、むしろ不可能であることを示すもの以外のなにものでもない。しかし、そうだからといって、当時の情勢で、すみやかに終戦する方針をとるといったようなことをまとめることは、軍が存在する以上とうていできないことであった。そこで、内閣側では、そのものずばりではないが、なにか終戦の方向への足掛りとなるようなものにしたいと考えたのに対して、軍部は、徹底抗戦の趣旨に副うものでなければならないと主張した。いろいろ議論した結果、でき上った案文は次のとおりである（これも原文は難解な文語体であるから、口語体に書き改めておく）。

今後とるべき戦争指導の基本大綱

方針

七生尽忠の信念を源力とし、地の利、人の和をもってあくまで戦争を遂行し、もって国体を護持し、皇土を保衛し、征戦目的の達成を期する。

要領

一、すみやかに本土の戦場態勢を強化し、皇軍の主戦力をこれに集中する。その他の地域における戦力の配置は、我が実力を考え、敵米国に対する戦争の遂行を主眼とし、かねて北辺の（ソ連を指す）情勢急変を考慮するものとする。

二、世界情勢変転の機微な情勢とにらみ合わせて、対外諸施策、特に対ソ支施策の活発強力なる実行を期し、もって戦争遂行を有利ならしめる。

三、国内においては挙国一致、本土決戦に即応しうる如く、国民戦争の本質に徹する諸般の態勢を整備する。なかんずく、国民義勇隊の組織を中軸とし、ますます全国民の団結を強化し、いよいよ戦意を昂揚し、物的国力の充実、特に食糧の確保ならびに特定兵器の生産に、国家施策の重点を向ける。

四、本大綱に基く実行方策は、それぞれ、担任に応じ具体的に企画し、速急にこれが実現を期する。

この要綱の方針の表現は、内閣側では、これを、国体を護持することと、皇土を保衛することとの二つを実現することができれば、それが征戦目的の達成であると解釈し、そのことが実現するまで、戦争を完遂するという意味であると解し、ここに終戦への方向の足掛りをつけたものと解釈するという立場をとった。軍部は、単純にあくまで戦争を完遂するという趣旨と解するという立場である。私は、このことを総理に報告すると、総理は「なかなか苦心の作ですね。今日のところは、この程度のほうがかえって適当でしょうね」と同意された。まさに同床異夢というか、今日の人たちには、容易に理解できないかと思うが、デリケートな各般の関係上、まことにいたしかたなかったのである。六月六日まず陛下のご臨席を仰がないで、最高戦争指導会議の構成員の会議をひらいて、あらかじめ、これらの資料および基本大綱を付議し、午前から夕方まで長時間の論議を重ねた。東郷外相のごときは、この二つの資料からみれば、戦争継続の可能性は全然ないから、もっと率直な基本方針を定むべきであって、提出された資料と案文との間にはまったく連絡がつかないと痛論された。しかし、結局、みんながこれで仕方がないということで原案が承認されたのであった。この案を六月八日、あらためて陛下のご前における最高戦争指導会議に付議し、正式決定をみたのである。

国体ということ

私は、このあたりで「国体」ということについて述べておくことが必要だと感ずる。実はこの本の原稿を作るとき、私の子供とその友だちが助手をつとめてくれたのであるが、ある日、彼らの別の友だちがやってきて、彼らの間で話をしているのをきくともなしにきいていると、新入りの友だちが、「なんだって、昔は『国体』というものがそんなに大切だったのか、いまではオリンピックで金メダルをとる事こそ問題で『国体』などはたいした問題ではないのに」といいだしたのが発端で、私の助手をつとめている連中が「君のいう『国体』は国民体育大会のことで、戦前戦中に問題になったのは、そんな低級なことではないのだ」と、「国体」ということを熱心に説明していた。私はこの「国体」のために身を細らせた当時を思いだし、戦後二十年、この言葉も過去の言葉になってしまったかと、ほんとうに感慨無量であった。元来「国体」という観念は、これを維持することが、日本国民の誇りであり、使命であると国民ひとしく信念としていたところであって、国民結合力の基となり、国家興隆の基礎となっていたのである。この本の中でも既に二・二六事件の前に「国体明徴」ということが、政争の具にさえ供せられたこと、二・二六事件は、「国体の顕現」ということを目的としたものであったことが現われている。そして、終戦についても、「国体の護持」ということが、もっとも優先的な要件として考えられた。いわば「国体」という問題を理解してもらわなければ、この本に書いてあることは理解できないわけである。ところが、現代の人には「国体」という言葉から、オリンピックを連想し金メダルを想起するだけというほど、「国体」という言葉は現代人と無縁になっているとすると、一応これを説明しておく必要があると思う。

本来、「国体」というのは、日本民族が、天皇を中心として結合して日本国を形成し、天皇に対する深い尊敬と信頼の念によって、天皇を最高、最終の心のよりどころとしているという国柄をいうものと私は理解している。天皇と国民との関係は、権力服従といったような形式的なものよりも、もっと大らかな精神的な仁慈と尊敬、育成と信頼の関係を中心とするものであったと信ずる。明治憲法制定にあたって、この国柄を法律的に構成する上において、天皇を統治権の主体と規定した。そこで、天皇と国民の間には法律的形式的に権力服従の関係が形成されたが、国民の心持の上では、やはり、それを超越する精神的な一体関係として体得されていたのである。すなわち、国民より天皇に対する尊敬と信頼に対して、天皇より国民に対する無私の仁慈があり、天皇は、国民の心をもって心とせられ、国民は、天皇の大御心に帰一するという、相互信頼による渾然たる一体の関係が成立し、この間にはなんら対立する関係は存在しない。しかるに、昭和の時代になって、当時のイタリーのファッショ、ドイツのナチスの如く、独裁制の風潮が盛んになるとともに、我が国においても、軍部を中心として、独裁制へのあこがれの心持をもつものがでてきたとき、そのほうの人たちが理論的の根拠として目をつけたのが、この天皇の統治権（主権）である。すなわち、天皇を絶対の権力者とし、国民はいっさいこの権力に絶対服従する立場にありとし、天皇と国民との関係を権力服従の関係におきかえ、これをもって、我が「国体」の本義とするという解釈をうちたて、独裁制を正当づけようとした。ここで、もう一つ注意すべきことは、明治憲法においては統帥権の独立の名の下に、陸海軍の統帥、すなわち、軍隊の最高指揮権は、天皇に専属し、陸軍参謀総長、海軍軍令部総長などの幕僚が天皇を補佐して行なわれ、絶対の命令服従の関係が確立せられ、内閣の権限やすなわち政治の範囲外にあるものとされていたことである。幕僚が天皇を補佐する場合には、天皇の御意思を尊重し、これを体し、天皇の御意思がもっともよく行なわれるようにするという立場であるべきは当然であるし、天皇は一面政治の最高の地位におられるのであり、この方面では内閣が責任のいっさいを背負うて補佐する立場にあるのであるから、統帥部の幕僚は、天皇を補佐するにあたっては政治面を担当する内閣ともよく連絡をとり協調すべきことというまでもない。そしてこのことは、はじめはまことに円滑に行なわれたのである。しかるに、昭和のはじめごろから幕僚の補佐の傾向がかわり、天皇の御意思を尊重し、これを押しひろげてゆくということよりも、むしろ、天皇の御意思はかくあるべきであると、幕僚においてあらかじめ規定し、天皇の御意思を、右のかくあるべしと規定したところに合致せしめるようにするのが、補佐の内容であるという傾向を生ずるに至った。この傾向は、幕僚中の上下の関係においても、逐次同じように現われて、いわゆる下克上の風潮を示して来た。一度この傾向がでてくると、天皇の絶対権力は、ある者が、その自己の野望を遂げるために活用する絶好の力となった。一面、内閣との協調は失われ、統帥権の独立の名の下に、「天皇の統帥権を侵す」ものと称して、逆に内閣の政治に干渉する立場をつくり上げ、遂に軍が国家の運命をにぎる立場に立つに至った。

この統帥の場における天皇のお立場をそのままに、政治の場にもってこようというのが、昭和のはじめから行なわれはじめた国体論議である。そして、国民が天皇に対してもつ絶対的信頼の観念を悪用し、天皇の絶対権力についてあげつらうこと自身が、国体に反するものであるとする雰囲気をつくり上げてしまった。二・二六事件の直前、美濃部博士の天皇機関説排撃を基調として盛んに唱導されたいわゆる「国体明徴」という考え方は、この雰囲気のなかで、天皇の絶対権力に対し、国民は絶対服従するという、いわば法律的な観念をもって、いわゆる国体の本質と考える概念を確立してしまったのであった。そして、この概念に対して、異見をさしはさむものは、いっさい非国体的であり、非国民であるときめつけ、国体を護持すること、すなわち、天皇と国民との間にこの形式的な、権力服従の関係を維持することが、唯一の日本民族として価値あるものと観念せられるようになってしまった。かくて、真の天皇のご意思とは無関係に、一部の実力者、概括的にいえば、軍部が天皇の名において、その考えを押しとおす、独裁的体制が成立したのである。

上に述べた六月八日の御前会議においても、「国体の護持」ということをもって、征戦目的達成の一大要件としているのであるが私は、その当時も、いまも、既に述べたように、国体とは、天皇と国民との間のいわば法律的な権力服従の関係といった低級なものではなく、換言すれば、天皇が統治権という権力の主体すなわち主権者であるという形式的な問題ではなく、もっと大らかな、精神的な、天皇を日本国の中心とし国民結合の中心としているという事実そのものが、「国体の本義」であると考えている。私は、この事実は、戦後においても厳然として存在し、天皇は、実に国民から最終の心のよりどころとして仰がれているものと信じている。現行憲法ではこの関係を「国家の象徴、国民結合の象徴」と、まことにすなおに表現しているが、私は、敗戦によって、決してわが国体の精華は失われていないと信ずる。むしろ、天皇を主権者とするときは、天皇と国民の関係を権力服従の法律的な低級な関係におきかえ、再び、この関係を悪用するものがでてくるのを恐れるものである。

最後の帝国議会

政府は六月八日、六月九日・十日の二日間を会期として、第八十七臨時帝国議会を召集した。付議された法律は、戦時緊急措置法案および国民義勇兵役法案外数件である。この議会の召集については、はじめ、総理も米内海相もむしろ反対のご意向であったが、私は、法治国家である以上、行政は法令に基いて行なわなければならない。既に国家総動員法という相当に広範囲な委任立法が成立していて、戦時中、この法律の委任に基いてだされた勅令も数多くあるが、急激に変転する状況に対応するためには、どうしても新たな立法を必要とするものがでてくる。そのたびに臨時議会を開くことができればよいが、交通機関も通信機関もしだいに麻痺して、とうてい議会を開くことはできなくなる恐れが多いから、まだ議会を開くことのできる間に、臨時議会を開いて、いっそう広範な立法権限を政府に委任する道を開いておくことが適当と考えた。もっとも、明治憲法のなかには、第三十一条に非常大権の規定があって、戦時または国家事変の場合においては、憲法第二章の臣民の権利義務の規定にかかわらず、天皇大権によって、施行することができる道が開かれていたから、このような法律を制定しなくてもよいという説もあったが、私は、法律によって議会の委任を受けるほうが、民主的であるという考え方であった。

当時、議会の構成は、大日本政治会と称するいわば官製の政党が大多数を占めていたが、これに対し、特に強硬分子が少数ながら、護国同志会という会派をつくって、色彩的にいえば、軍との連絡が多い立場にたっていた。当時、この会派に属していた人たちのなかで何人かの人が今日社会党に属していることを私は興味ぶかく思う。

当時は、今日では想像もつかないことであろうが、議員のなかから、各省に、政務次官、参与官のいわゆる政務官が任命されているほか、議員の全部が、委員という名の下に、たとえば、内閣委員、大蔵省委員といって具体的に各省に分属し、その行政に参与していた。

大日本政治会は、総裁が南次郎という陸軍大将であり、総務会会長が金光庸夫氏（故人）、幹事長が松村謙三氏（故人）であり、私は、内閣書記官長として、政界の長老たるこのお二人に対し、年少であり官僚出身であるというコンプレックスを極力克服しつつ、一生懸命に相対した当時をいま微笑しながら思いだす。

議会が開かれてみると、沖縄の戦況は、決定的に絶望になっているし、連日連夜の全国的空襲で前途まことに暗い雰囲気の下にあるし、提出された法案は、議会の権能を奪うに等しい感じを与えるものであったから、平常の議会とはまったく異り、なんとなく「最後の帝国議会」というおもくるしい空気が、議会内外に充満し、政府は予想外の反発を受けたのであった。

六月九日議会開会の冒頭、鈴木総理は、貴衆両院で、次のような施政方針演説をした。


　本日開院式にあたりまして特に優渥なる勅語を拝し、まことに恐懼感激の至りであります。ご軫念のほどをお察し奉り、私は諸君とともに謹みて聖旨を奉戴いたし、聖慮の奉行に邁進いたしたいと存ずるものであります。さきに敵の空襲により、畏れ多くも宮城および大宮御所が炎上いたしましたことは、まことに恐懼に堪えないしだいであります。幸いに三陛下ならびに賢所はご安泰にわたらせられ、天皇陛下にはひきつづき宮城内ご座所において、万機をみそなわせたまうことは、まことにありがたき極みであります。

　今日帝国はまさに肇国以来の重大なる危局に直面いたしておるのであります。開戦以来、陸に海に空に、皇軍将兵のあげました戦果はまことに赫々たるものがあり、また銃後一億国民の努力は実に並々ならぬものがありますが、この国を挙げての努力にもかかわらず、戦局は漸次急迫し、遂に本国の一角たる沖縄に敵の侵寇をみるにいたりました。しかして沖縄においては、陸海軍一体の勇戦と、これに協力する官民の敢闘とにより、敵に多大の損害を与えているのであります。この精忠義烈と、不滅の勲功とは永く青史に記録せらるべきものでありまして、私はこれに対して深甚なる敬意を表するものであります。しかしながら、今日沖縄の戦況はまことに憂慮すべきものがあり、やがては本国の他の地点にも敵の侵寇を予期せざるを得ない情勢に立ちいたったのでありまして、いまこそ一億国民はあげてこの事態を直視し、毅然たる決意をもって対処せねばならぬ秋(とき)となったのであります。

そもそも大東亜戦争は宣戦の大詔に明らかに示したまわりましたとおり、当時米英両国のとった暴戻(ぼうれい)なる態度と、その野望とが、帝国の存立を危殆ならしむるにいたりましたので、帝国はその自存自衛を全うし、東亜安定に関する積年努力の成果を維持せんがため、やむをえず起ったのであります。私は多年側近に奉仕し、深く感激いたしておるところでありますが、畏ききわみながら、世界において、わが天皇陛下ほど世界の平和と人類の福祉とを冀求(ききゅう)あそばされるお方はないと信じているのであります。万邦をしておのおのそのところをえしめ、侵略なく搾取なく、四海同胞として、人類の道義を明らかにし、その文化を進むることは、実にわが皇室の肇国以来のご本旨であらせられるのであります。米英両国の非道は遂にこの古今に通じて謬らず、中外に施して悖らざる国是の遂行を不能に陥れんとするにいたったものであります。すなわち帝国の戦争は、実に人類正義の大道に基いたものでありまして、断乎戦い抜くばかりであります。

今次世界大戦の様相をみまするに、交戦諸国はそれぞれその戦争理由を巧みに強調しておりますけれども、ひっきょうするに人間の弱点としてまことに劣等な感情である嫉妬と憎悪とにいずるものにほかならないと思うのであります。私は、かつて、大正七年練習艦隊司令官として、米国西岸に航海いたしましたところ、サンフランシスコにおける歓迎会の席上、日米戦争観につき一場の演説をいたしたことがあります。その要旨は、日本人は決して好戦国民にあらず、世界中でもっとも平和を愛する国民なることを歴史の事実をあげて説明し、日米戦争の理由なきこと、もし戦えば必ず終局なき長期戦に陥り、まことに愚かなる結果を招来すべきことを説き、太平洋は名の如く平和の海にして、日米交易のために天の与えたる恩恵なり、もしこれを軍隊輸送のために用うるが如きことあらば、必ずや両国ともに天罰を受くべしと警告したのであります。しかるにその後二十余年にして、米国はこの真意を諒解せず、不幸にも両国相戦わざるをえざるにいたりましたことは、まことに遺憾とするところであります。しかも今日われに対し無条件降伏を揚言しているやにきいておりますが、かくの如きはまさにわが国体を破壊し、我が民族を滅亡に導かんとするものであります。これに対しわれわれのとるべき途はただ一つ、あくまでも戦い抜くことであり、帝国の自存自衛を全うすることであります。

しかして満洲国、中華民国をはじめ大東亜諸国は、帝国との締盟ますますかたく、わが征戦に多大の寄与をせられつつあることは、帝国としてまことに感謝に堪えないしだいであります。今次の戦争はひっきょう敵米英が東亜を奴隷化せんとするのに対する東亜解放戦であります。この戦にして蹉跌せんか、大東亜民族の自由は、永遠に失われるのみならず、世界の正義はまったく蹂躙せられることを銘記し、帝国はどこまでも締盟諸国と一体となり、行動せんことを期するものであります。帝国の大東亜、ひいては世界秩序に関する根本方針は、政治的平等、経済的互恵、固有文化尊重の一般原則の下に、各国各民族の共存共栄を確保するため、不脅威、不侵略を趣旨とする安全保障の方途を確立することであります。強国本位の利己的な国際処理に対しては、帝国はあくまで抗争せざるをえないのであります。この見地よりして、帝国は、中華民国の統一救国の気運を支援するものであり、また中立国との友好関係をいっそう促進せんことを欲するものであります。

我が国民の信念は七生尽忠であります。我が国体を離れて我が国民はありません。敵の揚言する無条件降伏なるものは、ひっきょうするに、我が一億国民の死ということであります。われわれは一に戦うのみであります。もし本土が戦場となれば、地の利、人の和、ことごとく敵に優ること万々であります。すなわち、優勢なる大軍を所要の地点に集中することも、これに対する補給も、もっとも容易に遂行しうるのでありまして、これまでの島嶼における戦況とはまったく異り必ずや敵を撃攘し、その戦意を潰滅せしむることができるのであります。およそ戦に勝つの道は、これを古今の戦史に徴するも、敵の戦意を挫くことにあります。しかも敵の戦意を挫くことは、我が戦意が敵を圧倒することであり、これがためには我が戦意の日々ますます昂揚することが肝要であります。いまや苛烈なる戦局の現段階において、我が国内の事情は、あるいは今後食糧も必ずしもじゅうぶんとはまいらず、また交通運輸の円滑を欠くおそれなしとせず、さらに軍需生産も困難の度をましましょう。しかしながら、この際国民全体がいよいよ闘魂を振起し、おのおのその職任に必死の努力を傾注するにおいては、これら難関をも克服し、もって戦争完遂の目的を達成しうるものと確信するしだいであります。かくして、私の率直に感じますところ、われわれとしてはいま一段の努力であります。敵国の国内情勢の動向を推し、また国際情勢の機微を察しまするに、われわれとしては、ただこの際あくまでも戦い抜くことが、戦勝へのもっとも手近な方法であるということを、痛感せざるをえないのであります。私はこの信念に基きまして、大命を拝し内閣を組織したしだいであります。真に容易ならぬ事態ではありますが、全国民諸君の協力をえて、この信念の下にご奉公のまことをつくしたいと存じておるのであります。今般臨時議会の召集を奏請し、各般の法案を提出して、諸君のご審議をあおがんとする所以も、一にここに存するのであります。なお政府は別に今般地方総監府を設置しまして、戦時下における応機適切なる行政の実施を可能ならしむるため、国内態勢の整備確立を図り、さらにまた国民義勇隊を結成し、これを中軸として生産および防衛の一体強化を図るとともに、事態急迫の場合に処し、国防上万全の施策を講ぜんとするものでありまして、今次、義勇兵役法案を提出致しましたのも、この趣旨によるものであります。また、行政の刷新を図るため、官吏登用の途を拡めて、野に遺賢なきを期し、信賞必罰、もって官紀の振粛を期しておるのであります。幸いにして法案成立の暁は、これら諸政策とあいまってこれを活用し、決戦段階に直面せる今日の戦局に処し、すみやかに採るべきを採り、捨つべきを捨て、旧来の陋習になじまず、勇断事に当り、もって本土決戦態勢の整備に遺憾なきを期したいと存ずるしだいであります。

近時敵の空襲ますます熾烈となり、全国各地に多大の被害を生じ、戦災者もまたすくなからず、まことに同情に堪えないしだいであります。しかも空襲は今後もさらに苛烈を加うることは必然でありますが、これは全国的にみますれば、その地域は、なお、きわめて局限せられており、重要生産施設の疎開、復旧も相当進捗しておりますので、まのあたりに見る状況によって判断を誤るべきではありません。要は国民の旺盛なる戦意であります。私は数多くの戦災者のたち上る姿をみ、復興といわんよりはむしろ生れかわった建設という逞しい気魄に接しまして、まことに力強きものを感じます。われわれはどこまでも皇土を保衛し、帝都を固守し、敵の暴戻を反撃すべき時機の到来を期するものであります。いまやわれわれは全力をあげて戦い抜くべきであります。一部の戦況により失望し落胆するは愚であります。天皇の大纛の下、いっさいを捨ててご奉公申しあげてこそ、日本国民であるのであります。私は政治の要諦は国体を明らかにし、名分を正すにあると信じます。国体を護持し皇土を保衛し、全国民一体となり、しかも各自が一人もって国を興すの決意を固め、みずから責任を負い、自力をもって最大の工夫と努力をこらし、目標を戦争完遂の一点に凝集し、一人ものこらず決死敢闘するとき、国民道義は確立せられ、秩序整然たる態勢の下、戦力のいやが上の発揮ができるものであると確信いたします。私は国民諸君を信頼し、軍官民真に一体となり、一億が力をだしきる態勢を整え、その最前列に生命を捧げて奮闘いたす所存であります。

いまや戦局真に重大なる段階に直面するの秋、われわれは夙夜思いを前線に挺身せらるる将兵諸士の上に馳せ、まことに感謝感激に堪えぬしだいであります。また、ここに護国の英霊に対し、謹みて敬弔の誠を捧げまするとともに、その遺族に対し、深甚なる同情を表するしだいであります。われらはすみやかに戦勢を挽回し、誓って聖慮を安じ奉るとともに、これらの勇士に酬いんことを期するものであります。以上私の信念を披瀝し、諸君のご協力を冀うしだいであります。

この演説はもちろん慣例にしたがって、内閣書記官長たる私の手許で原稿を作成した。私は原稿作成に先だって鈴木総理に「なにか特別に仰せになりたいことはございませんか」と伺うと、鈴木総理は、「別段、特にないが」といわれながら、思い出話をするようにして演説のなかのサンフランシスコにおける演説の話をされた。私は、鈴木総理がそのときまで、内心、すみやかに終戦というかたい決心をしておられながら、外部に対しては、常に戦争完遂の線のみを強調しておられるのに、このような話をされることは、総理が公式の場合において、終戦への意図の片鱗を示す一つの機会と考えておられるものとして受取り、修文上苦心して、この一節を挿入したのであった。この演説草案を、六月七日の閣議に付議したところ、果然この点で、議論が百出し、結局、下村国務相、左近司国務相、太田文相、秋永内閣綜合計画局長官および私の五名にしかるべく改訂すべき旨を委任されたので、五名の者は、同夜おそくまで協議した結果、この部分を全面的に削除すべきという議論もあったが、結局「太平洋は名の如く平和の海にして、日米交易のために天の与えたる恩恵なり、もしこれを軍隊輸送のために用うるがごときことあらば、必ずや両国ともに天罰を受くべしと警告した」というのを、「太平洋は、日米交易のため天の与えたる大道なり、もしこれを軍隊輸送のために用うる如きことあらば天譴必ずやいたるべしと警告した」と訂正し、米国のほうが天罰をうけるのだという意味にとられるようにしようと決定したのである。翌八日早朝、私は、この旨総理に報告し、同時に「この部分は、総理に深いご意図があると思われますので、もし原案のとおりのほうがよいとお考えになるのでしたら、私の責任でそう取りはからいます」と申しあげた。総理は「私はサンフランシスコでは、まさに原案のとおりに演説したのだった」といわれるので、私は、独断でさらに原案に復し、総理は、そのまま議会で演説されたのであった。「太平洋は平和の海で、これを軍隊輸送のために用うるときは両国ともに天罰を受くべし」とは、まさに、暗に日米ともに戦争について反省すべき場合であることを米国に呼びかけ、また我が国民に呼びかけたものであった。この演説によって、議場は、総理がまったく思いがけないことをいいだしたのに愕然とした様子であった。ある議員は私のところにやってきて涙ぐんで、「総理の真意は判った。しっかりやってくれ」と私の手を握った。また護国同志会所属のある議員は私のところにやってきて、「総理はけしからぬことをいった。内閣をつぶしてやるぞ」といきまいた。

議場は大混乱

議会は思いがけなく難航した。法案の審議にはいる前に、このような重要法案を議するのに会期二日間というのは議会軽視であるという論議のために二日間の会期を空費してしまった。閣内でもこの議会の空気ではとうてい円満な審議は不可能であり、予期しない事態がおこる恐れもあるから、むしろ、法案不成立のまま閉会すべしという論議もあったけれども、一日間だけ延長することにした。私はこの間大日本政治会や護国同志会といろいろ交渉して、審議の促進をはかったが、なかなかうまくゆかない。書記官長が年少であり、しかも官僚上りだからうまくゆかないのだと蔭口をきくものがあるときいて、私は必死になった。政党出身の厚生大臣岡田忠彦さんと、国務大臣桜井兵五郎さんが私の介添えであったが、岡田さんから「迫水君なかなか立派だよ」といわれてむしょうにうれしかったことを思いだす。しかし、私は思いがけず苦労したのは、総理の耳が遠いことであった。総理の耳の遠いことははじめから判っており、そのために、異例の措置だが、秘書官の長男鈴木一君が総理の補聴器として、閣議の室にはいっていることを認めていた。議会では、質問に対して大臣が答弁するときは、たれか担当の者が答弁に必要な資料のメモを認めて大臣にわたし、大臣がそれを参考にして答弁することは多くある例であるが、総理は、質問がよくききとれないらしいので、私は、そばについていて、まず質問要旨をメモに認め、それに対する答弁の参考をメモしておわたしする必要があった。私がどんなに努力しても、質問要旨をメモし、答弁要領を記すのには、相当の時間がかかり、その間議員諸公がいろいろとやじる。私は気が気でないが、総理は決してさいそくされなかった。やっとかいて総理にわたすと、総理はこともなげに、ほとんど私のメモをそのまま読んだりされる無頓着さである。体裁をつくるなどということはもうとうない。議員諸公は「総理、自分の答弁をしろ、書記官長の答弁を代読するな」と、失礼なやじをとばす人もあったが、総理は、きこえるのかきこえないのか、すましこんでおられた。ほんとうの話かどうかしらないが、秘書官の鈴木武君が総理に対して、議場ではどんなふうにきこえるのかときいたら、総理は「たくさんの蛙が鳴いているような騒音のなかに、ときどき単語がきこえる」といわれたという。この話をきいていた私は、議席でさわいでいる議員たちを、ひそかに「蛙ども」と思ったことを白状する。それがいまは、自分自身が蛙の一つになり、選挙のたびに蛙となるべく必死の努力をするのだから、われながらおかしくなってしまう。

会期が延長されて十一日から委員会で法案の審議がはじまった。私は秘書官などと手分けして委員諸公のところをかけめぐり、あらかじめ総理に対する質問要旨をききだし、質問要旨と答弁要領をメモにして用意しておいて、つぎつぎに総理に差上げ、だいたいうまく取運んでいった。ところが、思いがけない大事件がおきた。護国同志会の小山亮君が、予告しない質問をしたのである。質問の要旨は、「総理は、施政演説において、日米相戦うときは、両国ともに天罰を受けるという趣旨のことをいっておられるが、畏くも宣戦のご詔書では、天佑を保有する万世一系の天皇のと仰せられているのに、日本がどうして天罰を受けることになるのか、まったく矛盾しているが、この点を説明せられたい」というのであった。

このとき、私は、総理に対する質問についての準備はできていると考えていたので、たまたま、委員会室をはずして院内書記官長室でひらかれていた政務官会議を主宰していた。委員会室からの急報により、首相の重大失言によって、委員会は大混乱となった旨を知らされた。私は走って委員会室に向ったが、途中で、委員会は休憩になったと伝えられ、首相を先頭に閣僚が引き上げてくるのに会った。首相は、笑顔は私の地顔であるとみずからいっているとおり、いつにかわらぬ温顔であったが、他の閣僚は緊張した面持で悄然たる姿である。なにがおこったか。きいてみると、小山君の質問に対して、総理の側にいた岡田厚生大臣は、総理に対し、例の天罰の問題とご詔勅の天佑という言葉の関係をきいているのですと耳打したところ、総理が立って答弁をはじめた。答弁の半で、護国同志会の人々が「詔勅を批判するのは、不敬千万」と怒号しはじめ、議場は大混乱となり、三好英之委員長（大日本政治会所属）が休憩を宣したのだというしだいである。私は、速記録を取りよせてみると、「それから天佑を保有される、天皇陛下のこのありがたい天佑とは、まったく違った意味でございますから、どうぞその点ご了承願いたいと思います。これは、天佑を保有するというお言葉の意味につきましては、学者の間にも非常なご議論があることであります。ただいま申し上げることはできませぬが、それと――（発言する者多し――）ご了承願います（「不敬だ」、「ご詔勅ではないか」「委員長、委員長」と呼び、その他発言する者多く、聴取することあたわず）」となっていて、さっぱり意味は通じないが、総理としては、詔勅にいわゆる「天佑を保有し」ということの解釈を説明しようとしたものと思われるが、話を終わりまで聞かず、詔勅を批判するのは不敬だと、さわぎはじめたということらしい。

閣僚室に引き上げた閣僚は、当時としては最大の罪悪と考えられていた「不敬」といわれては、事の如何にかかわらず内閣は総辞職のほかはないかと意気まったく上らなかったが、鈴木総理は一人泰然としている。私は、総理はどうしてこういうことになったか認識していないのではないかと思ったほどである。小日山運輸大臣は「これが大海戦のさ中に、司令長官として、艦橋に泰然として立っている提督の姿だな」と述懐した。そのうちに次のような護国同志会の声明書が発表された。

六月十一日、戦時緊急措置法案委員会において、議員小山亮君が、鈴木総理大臣の施政方針演説中、日米両国が戦えばともに天罰を受くべしという言辞あることに言及されたる際、鈴木総理大臣は、畏くも詔勅を批判し、天佑を保有するというお言葉につきましては、学者間も非常にご議論のあるところでありますと放言せるは、神聖なる国体を冒瀆し、かねて光輝ある国民的信仰を破壊する不逞悪逆の言辞にして、大逆天人ともに許さざるところ、吾人同志はあくまでも、不忠不義を追及し、もってかくの如き敗戦卑陋の徒を掃滅し、一億国民あげて必勝一路を驀進せんことを期す。

まことに最大級の悪罵で、閣僚一同憤激したが、事態はいつの間にか倒閣運動の様相を帯びて、この声明書は陸軍の手によって作られたという噂もでてきた。私は閣内の取りまとめ、護国同志会との交渉、大日本政治会との了解の取りつけと八方へとびまわり、総理は前の答弁を取消し、改めて答弁することの話合いがつき夕刻やっと委員会が再開されることになったが、再開後も政府は憲法第三十一条の非常大権の発動によるべきで、このような法案を提出し、行政のほとんどいっさいを政府の独裁に委任せよということは政府の責任を議会に転嫁するものである、という議論などが行なわれて難航し、大日本政治会では法案に大修正を加える方針を立てたのである。

参考のために、法案全文を左に掲げる。

戦時緊急措置法案

第一条、大東亜戦争に際し国家の危急を克服するため緊急の必要あるときは、政府は他の法令の規定にかかわらず、左の各号に掲ぐる事項に関し応機の措置を講ずるため、必要なる命令を発し、または処分をなすことを得

一、軍需生産の維持および増強

二、食糧その他生活必需物資の確保
三、運輸通信の維持および増強
四、防衛の強化および秩序の維持
五、税制の適正化
六、戦災の善後措置
七、その他戦力の集中発揮に必要なる事項にして勅令をもって指定するもの
第二条、政府は勅令の定むるところによりなす処分、または同条の規定によりなす処分により生じたる損失を補償することを得
第三条、第一条の規定に基づき発する命令、もしくは、これによりなす処分、または同条の規定によりなす処分を拒み、妨げまたは忌避したる者は三年以下の懲役、五千円以下の罰金または拘留もしくは科料に処す
国家総動員法第三十五条、第四十八条および第四十九条の規定は前二項の場合にこれを準用す
第四条、第一条の規定に基づく措置にして重要なるものについては、政府は勅令の定むるところにより戦時緊急措置委員会に報告すべし
第五条、本法施行に関し必要なる事項は勅令をもって定む

附　則

本法施行の期日は勅令をもってこれを定む

このとおり、行政上必要な法律の立法権を、ほとんどいっさい政府に委任するというものであるだけ、議会の抵抗も強く、大日本政治会もだんだんに硬化する傾向を示した。その修正案は、（一）第一条第五号の「税制の適正化」を「徴税の適正化」に改め、同条第七号を削除し、第四条の「委員会に報告すべし」とあるのを、「委員会の議決を経るを要す」と改めようとするものであったが、政府は閣議を開いて、最後の「委員会に報告すべし」とあるのを「委員会に諮問すべし」と改めるだけならば、これを認めようということに決定した。同時に、時刻はすでに延長議会の夜にはいっており、貴族院まで通過させるためには、どうしてもさらに一日間会期を延長するほかなしと認めて、もう一度会期を延長することにした。かくて、私は、八方交渉した結果、午後八時三十分、法案は委員会を通過し、同夜衆議院本会議で成立した。

この閣議において米内海相が重大な発言をして、閣僚一同を大いに慌てさせた事件があった。米内海相は、もともと議会の開催に反対であり、最初の会期延長についても反対し、このまま議会を閉会すべしと主張されたのであったが、この第二回の議会会期延長についても反対し、相手は内閣を反逆者とまで罵倒し、また法案の修正などいろいろのことを口実として、内閣をゆさぶっているのだから、長くやれば、この勢は強くなるばかりだから、

米内光政首相

法案の成立など問題ではない。早く打切るべきだと主張された。しかし、閣議の方向が軽微の修正を認めて会期を延長し、法案の成立を図るということにきまると、米内海相は、「皆さん、そんならそうしなさい。私は私で善処する。しかし、皆さんには迷惑をかけません」と厳然としていい切られた。閣僚一同米内さんは辞職するつもりだなと感じ、内閣の大黒柱である米内海相が辞めたのでは内閣はつぶれてしまうと、肝を冷やした。私もとんでもないことがおこったと思って、総理に、「どういたしましょうか」と伺うと、総理は、席を立って、ひそかに私に「米内君は決して辞めるようなことはしませんから、会期延長の方向でゆきましょう」といわれるので、直ちにこの手続きをとった。この夜から、翌日にかけて、左近司国務相、豊田軍需相、八角内閣顧問など、海軍出身者がいろいろ慰留につとめたが、阿南陸軍大臣の内々の慰留が特に有効に作用して米内海相辞職という不祥事は、これを避けることができた。

翌十二日、貴族院においても提出法案全部が議了され、第八十七臨時帝国議会は終った。議会中に燃え上りかけた倒閣運動が、不発のまま終ったのは、実に阿南陸相が、軍部の下僚に対して、時局柄陸軍が倒閣運動に関係しているかの風説があるが、軍はこの渦中にはいることをゆるさないと警告されたので、軍が手を引いたためである。阿南陸相の心の中のことについては、のちに詳述したいと思うが、このあたりにも、明らかに陸相の真の心事をみることができる。戦時緊急措置法は、六月二十三日公布施行されたが、その際の閣議の席上、総理は、「この法律は未曾有の重大法律で、申さば、戦勝日本建設の法的基礎ここに成るといってもよい。本法施行の結果、政府は、戦争を勝抜くため必要なことは、自己の責任において神速果断に実行しうる権能を与えられた。今日以後、官吏が、事柄は適当であるが、法律が許さないからやむをえないという逃げ言葉は通用しなくなったのである。各般の緊急施策は、過去の実績の上に積み上げようと努めるよりも、むしろ、さらに数段前進して、あたかも戦塵のなかから再生するといった意気をもって、強力にして迅速なる施策を実施してほしい」といった趣旨の発言をして、官吏の奮起を要望した。私はいまこの談話を読みなおして、そぞろに当時の異常な緊迫した情勢を想起せざるをえない。

陛下のお言葉

私は、いま、六月十二日議会が閉会されたのちにおける混迷した政界の薄気味悪い空気をはっきりと思いだす。この議会によって、鈴木総理の終戦への心持の一端がにじみだすと、この方向を是とする者があるとともに、軍部はじめ強硬分子は、鈴木内閣に対して反対の立場を明らかにしはじめた。憲兵隊が私の思想調査をはじめたという情報を伝えてくる者があるかと思えば、ある軍の高級将校は、私に対して、「あなたもよく考えないと、いつ赤紙がきて召集されるかもわかりませんよ」と暗に脅迫する者もあった。沖縄戦は玉砕に終わり、軍としては沖縄戦を有利に展開し、その機会に終戦の時期をとらえようと考えた思惑は画餅に帰し、焦慮の上に焦慮する立場となり、いよいよ本格的に本土決戦一億玉砕を呼号した。一方内閣は、沖縄を失った以上、本土に敵が来攻する前にどうしても戦争を終結せしめなければならないと考えはじめた。そこに無気味な対立がおこった。内閣は陸軍大臣が辞表を提出すれば、すぐにもつぶれるのであるから鈴木内閣の運命はまったく陸軍の出方如何にかかるという立場にたたされている。もしそうして鈴木内閣がつぶれれば、あとは軍部内閣となって、本土決戦一億玉砕の道をつき進むだけである。私はいまそのときの不安定な状態を思いおこすとともに軍の下からのつき上げを押え、鈴木内閣を存続せしめた阿南陸軍大臣を、真の勇者として、改めて心から高く評価するのである。

六月二十二日、一つの重大な事実がおこった。この日、天皇陛下が、最高戦争指導会議の構成員たる六人の巨頭をお召しになった。六人の巨頭に対しては椅子を賜り、いろいろのご下問があったが、最後に天皇陛下から、これは命令ではなくて懇談であるがと前提されて、「先般の御前会議において、戦争指導の大綱がきまったが、本土決戦について万全の準備を整えなくてはならないことは、もちろんであるが、他面、戦争の終結について、この際従来の観念にとらわれることなく、すみやかに具体的研究をとげ、これの実現に努力するよう希望する」旨のお言葉があった。六巨頭は、このお言葉に対し、異存なき旨を奉答した。この会合の席から帰った総理は、私に向って、「今日は、陛下から、われわれが内心考えても、口にだすことが憚られることを率直におおせられて、まことにありがたいことである。陛下が、命令ではなく、懇談であるとおおせられたのは、憲法上の責任内閣の立場をお考えになってのことと察せられ、恐懼に堪えない」と語られた。私は、陛下がこのような率直なお話をなさったのは、鈴木総理が、永年お側近く奉仕し、真に君臣肝胆相照らす関係にあったからこそと思い、鈴木大将が、総理であったことを、国家のため、ほんとうにありがたいことだと思った。この陛下のお言葉によって、国家を指導する最高の立場にある六巨頭の心持はそろった。

鈴木総理は組閣の当初からの目標であった終戦の大業に本格的に着手することとなったのである。阿南陸相の決心も固くなり、したがって、内閣の立場も安定した感じを深くした。しかし、軍部の両大臣、両総長は、あくまで慎重であった。この陛下のご意図は、六人の間の極秘の事項として、決して下部に洩らさぬよう申し合わせたが、それは陸軍が沖縄戦が敗戦によって終結した以上、どうしても本土で決戦し、しかるべき戦果をあげてからでないと終戦はできないという立場に固まっているので、万一このような早期終戦という陛下のご意図が、陸軍の下部に知れれば、必ずやクーデターなどの非常事態がおこり、陛下のご意図を根本的に実行不可能とすることになるのを恐れたからである。

この日以後、六人の巨頭は、しばしば、余人をまじえずに協議された。その結果、ソ連を仲介として、和平工作にはいることに方針を決めた。東郷外相は、戦局緊迫の折柄、和平を考えるならば対米直接交渉をするのが、もっとも近道であると主張されたが、軍部は、米国に向って交渉をはじめると、従来の屡次の米国の声明もあるから、無条件降伏を強いられる恐れが多いとして、賛成せず、どこかを仲介者とするならば、やはり実力のあるソ連のほかはないという軍の主張によってこの結論となったわけである。その当時東郷外相は私に対して、ソ連はまったく信用できないから、仲介者を立てるならば、突飛な考え方かもしれないが蔣介石に頼むのがよいのではないかといわれたことがある。もしそういうことになっていたら、その後の世界の歴史がどのような道をたどり、今日の世界がどのようになっていたであろうと私は感慨深く思いだす。もっとも、陸軍は、ソ連の参戦を極度に警戒していたから、ソ連に仲介を依頼することが、その参戦を防止するという副効果をもっと考えていたことも明らかである。

東郷外相は、ソ連に仲介を頼むことに反対の意向を表明されるについて、直前に行なわれた広田マリク会談が進行しなかったことのほか、小磯内閣当時（私は内閣参事官の職務にあった）陸軍の強い要請によって、日ソ関係をいっそう友好的にする目的をもって、特使（久原房之助氏が候補であった）をソ連に派遣する方針をきめて、その旨をソ連に申入れたときの経験をあげられた。これはドイツの敗戦から判断して、ドイツ屈服後、ソ連が日本に対して戦争に参加することを恐れ、それを防止するとともに、あわよくば、独ソ和平を斡旋しようとする陸軍の意図によったものであって、なかなか深謀遠慮にでたものであったが、佐藤駐ソ大使からこのことをソ連に申入れると、ソ連のモロトフ外相は、言下に、両国間は友好関係であってこの際特派大使を必要とするほどの事案はないと考えるといってこれを拒否した。その際の佐藤大使よりの報告電報の末尾に、モロトフ外相が「日本からこのような申し入れをうけて、私はギリシャの哲学者のいった『万物は変化する』という言葉を思いだす」といったと書いてあったことを私は印象深く覚えている。

東郷外相は、この決定によって六月二十八日、佐藤駐ソ大使に対し、六月二日以降の広田マリク会談のいきさつを詳細に連絡し、この会談においてそのままになっていたソ連側の回答を急速に得るように訓電した。同時に有力な人物を特派大使として、ソ連に派遣し、直接我が方の真意をスターリンに伝達する決心をして、近衛文麿公爵を特派大使に起用することにして、その準備を進めた。

こちらでは段取りが進んだが、佐藤大使から返電がなかなかこない。東郷外相は、先方の腹をよく見極めなければならないと慎重であったが、鈴木総理はめずらしく、焦慮されて、私に対し「外交というものは時間がかかるものだね。先方の腹をさぐるとか、じゅうぶん準備をしなければならないとかいうが、外務省はいったいなにをしているのかね」といわれたことがある。陛下も、ご心配になり、七月七日、総理をお召しになって、対ソ交渉はその後どうなっているのか、時期を失してはよろしくないから、この際むしろ、率直に仲介を頼むことにしてはどうか、親書を持って特使派遣のことを至急取運んではどうか、とおおせられたのであった。

そこで、七月十日の最高戦争指導会議構成員の会議で、ソ連に近衛公爵を特使として派遣して、終戦に関する仲介を依頼する旨を正式に決定し、七月十二日、東郷外相は、佐藤大使に対して、重ねて訓電を発するとともに、異例のことであるが、天皇陛下おんみずから、近衛公爵をお召しになって、ご下命があった。伝えられるところによると、この際、陛下は近衛公爵に対し「卿は、先年総理大臣のとき、自分と苦楽をともにすると約束したが、今度はソ連に使いしてもらうことになるかもしれないから、そのつもりでおるように」というお言葉をたまわった。

多少腰の重かった公爵も、このお言葉によって決意して、ご命令とあれば、身命を賭していたしますと、はっきりお受けしたということである。この陛下のお言葉のなかで「苦楽をともにすると約束した」ということは、昭和十五年九月、第二次近衛内閣のとき、日独伊三国同盟を締結する際、上奏にでた近衛首相に対し、陛下が「この条約は、将来あるいは我が国を長い間、困難な暗黒の立場に追いこむことになるかもしれないが、卿は、必ず自分と苦楽をともにするか」とおおせられ、近衛首相が恐懼したという話を指している。私は、同盟締結の当時この話をうけたまわって、陛下のご聡明な、遠きおもんぱかりに襟を正し、このような心配が実際におこらないようと念じたのであったが、結果は、陛下のご心配どおり、日本を暗黒の立場に追い込んでしまったことはまことに残念なしだいである。

この訓電が発せられてからの日ソ交渉の経過の詳細については、私がここで述べる余裕がないが、我が方の意向としては、ちょうどそのころ、ポツダムにおいて開かれる予定であった英米ソ三国のドイツ処理に関する三国会議に、スターリン首相、モロトフ外相が出発する前に、天皇陛下が、交戦各国の惨害をこれ以上大きくしないために、すみやかに平和を希望しておられ、そのために、親書を携えた特使近衛公爵をソ連におくりたいから、これを受入れてほしい旨を申し入れ、原則的にだけでも承諾をとりつけたいという考えであった。

しかし、先方はすぐに返答せず、スターリン首相、モロトフ外相ともにポツダムに向って出発してしまっていて、もっと具体的な提議がないかぎり、特使を受けるかどうかについてはっきり返事をすることは不可能だと申し入れてきた。

この間、佐藤大使からは、数多くの、そして長い電報によって、我が方のあまい考え方ではとうていソ連をして特使を受入れ、終戦の斡旋にのりださせることは不可能に思う。無条件降伏に近い形で終戦を覚悟するほかはなく体裁を作っていてはだめだという意見を切々として具申してきている。実は政府としては、非常に困った。七月二十一日に佐藤大使宛に発した電報のなかに次のような趣旨の一節があることは、この間の苦悩をものがたっている。

我が方においては、無条件降伏はいかなる場合においても受諾しえざるものにして、戦争が長引く場合は、敵も味方も、さらに多くの出血をみることは明らかなるも、敵方が、われに無条件降伏を強要せんとするにおいては、全国一丸となって敵に当らんとするものなり。しかしながら、天皇陛下のみ心にしたがい、かかる事態に立ちいたることを避けんがために、ソ連の斡旋により、この際敵方のいわゆる無条件降伏に似る和平を、招来せんとするものにして、我が方のこの意図を、米英によく通ずるよう努力する要あり。したがって、この際、無条件にソ連に和平の斡旋を依頼することは、もとより不可能なると同時に、いまただちに具体的条件を示すことも、また、対内関係上ならびに対外関係上不可能かつ不利なるにつき、この間の機微なる事情の下に近衛公をして、陛下のみ心による我が方の具体的意図をソ連に伝達し、かつ東亜に対するソ連の要求とにらみ合わせつつ、両者話合の上、米英側に当らしめんとするしだいなり。

我が方の立場は要するに、特使たる近衛公にいっさいを心得てもらって、モスクワにおいてソ連と話合いを進め、一面米英側の要請と、ソ連側の要請（簡単にいえば、ソ連側の斡旋手数料的の要求）とをにらみ合わせて、ソ連の斡旋のもとに、敵側と交渉を進めたいというのである。まことに我が方としては国内情勢上無理もないところであるが、同時にまた、きわめて虫のよい考え方だということもできる。もし、当時、我が政府が、昭和二十年二月のヤルタ会談において、ルーズベルトがスターリンに対して、ドイツ屈服後三ヵ月以内にソ連が対日戦争に参加することの代償として、戦争終了後、南樺太と千島列島はソ連のものにすること、満洲の利権もソ連に獲得せしめることを約束していた（この約束は、当時は蔣介石にはまったく秘密にしておいて、七月になってから、スターリンは宋子文外交部長をモスクワに呼びつけて、七月六日いやおうなしに満洲の利権を取りあげる協定に署名させているのである。）ことを知っていたならば必ずや別個の措置に出ていたであろう。今日になって私はいろいろと考えると、ソ連は参戦によってうる利益と、日本のために仲介斡旋によってうる利益とを比較し、利益の多いほうをとるつもりであったことは確実である。もともと、ソ連を仲介者として選ぶことは、東郷外相も反対であったことは前にも述べた。佐藤駐ソ大使からの数多くの電報では、ソ連が、日本と米英間の和平の仲介斡旋のために立つことは、従来の日ソ関係、従来のソ連と米英の関係、将来の自国の国際的利害の較量等から考えて、ほとんど絶望的なものであることを条理整然と述べている。戦後において、米ソ対立の場合を考えて、日本を極度に弱体化することは、ソ連として欲しないところであろうなどという考え方は、あますぎるといいきっていることを、今日私は、無限の感慨をもって読みかえした。当時のわれわれとしても、もちろんソ連が仲介に立つことに確信をもっていたのではない。しかし、直接米英に和平を申込むことができない立場であり、もし政府がそういうことをすれば、軍は反発してクーデターをおこし、元も子もなくしてしまわなければならないような情勢であったので、真に一縷の望みを託しつつ、このかえらない無精卵を抱きつづけたものであって、どうにもほかにしようがなかった。私は、いまこれを書きながらなさけないような気持になって頬に涙の伝わるのを禁じえない。

大事の前の小事

佐藤駐ソ大使は、一日も早くソ連の回答を得べく必死の努力をされたが、結局、ポツダム会談が終わって、スターリンやモロトフが帰国するのを待つほかはなかった。この対ソ交渉が進行している最中に、鈴木内閣は一つの危機に見舞われた。それは国民義勇隊の問題である。第二次近衛内閣の当時、国民総動員の組織として、大政翼賛会が結成されて、内閣総理大臣がその総裁となる仕組が定められた。この大政翼賛会組織は、当時唱導されたいわゆる新体制の核心をなすものであって、その成立の過程においては、ドイツのナチスの如き、一党独裁的の組織をねらったものであることは事実である。当時私は、企画院にいたのであったが、組織の準備が整って結成式をあげる前日、近衛首相が陛下に上奏したところ、陛下から、「これはまるで昔の幕府ができるようなものではないか」とのご下問を受けた。そこで近衛首相は心から恐懼し、結成式当日、あらかじめ関係者の用意した式辞、宣言、決議等をいっさい破棄して、ただ、「大政翼賛、臣道実践」の二つの標語を実行する団体として発足せしめたことは当時有名な事実であった。この大政翼賛会は、その後逐次組織を強化し、翼賛壮年団、大日本婦人会、各業界別の産業報国会などを傘下団体として、国民総動員の上に相当な成果をあげてきた。小磯内閣の末期になって、もっと行動的な、国民総出動を前提とした国民総動員の組織を作る必要が、主として軍方面から提唱され、大政翼賛会を発展解消して、国民義勇隊の組織を結成することが閣議決定されたが、小磯内閣当時は、構想にとどまり、その実現は鈴木内閣に引きつがれた。小磯内閣当時の構想では、国民義勇隊を全国一貫の組織とし、これを統裁する総司令には、内閣総理大臣がこれに当ることとしていたが、この考え方に対し、政党である大日本政治会は、これでは官製団体になってしまうから、国民のなかから盛り上がった団体とするために、この総司令の地位には、大日本政治会の総裁たる南次郎大将をあてるべきことを提唱していた。鈴木内閣になって、内務省が中心になってだんだん形がまとまってきた。組織は各都道府県において、地方長官を本部長とし、官製団体となることを避けるため、民間から登用する副本部長をおいて、実際の業務は、もっぱら副本部長に行なわしめる方針を立てたが、問題は総司令である。鈴木総理は、このような立場に立つことは好まれない。現に鈴木内閣成立のころは、まだ大政翼賛会が存在していて、規約上当然総理が総裁になることになっていたのにもかかわらず、鈴木総理は、私は大政翼賛会は嫌いですといって、総裁就任を承諾されないので、私は中に立ってたいへん困った。このようなことで、総理はむしろ、南大将に総司令になってもらったほうがよくはないかといわれるが、陸軍も内務省もそれには絶対反対で、とうとう総司令的なものはおかないで、その代りに中央事務局を設置することになった。ところが、この中央事務局を内閣の所管にするか、内務省の所管にするかが大問題になった。私は陸軍大臣はじめ多くの閣僚の意見にしたがって、当然内閣の所管にすべきことを主張したが、安倍内務大臣は職を賭してもという勢で、強硬に内務省所管を主張し、結局、総理の裁断をお願いすることになったが、もし総理が内閣所管と裁断されれば、安倍内務大臣は必ず辞表をだし、内閣改造は必至という情勢にまで発展した。総理の裁断があるという七月七日の閣議に先立って、鈴木総理は、私を呼ばれて次のようにいわれた。七月七日という日は、前に述べたように陛下が総理をお召しになって、対ソ交渉の促進についてお話のあった日である。総理はものしずかな態度でいわれた。

君も知っているとおり、政府はいま東郷外相を中心として、ソ連に申入れをしようとしている。自分も、義勇隊中央事務局を内閣直轄とすることは筋がとおっていると思うが、もし、そういうことに裁断して、万一安倍内相が辞職するということになったら、ソ連側は、この事務的な事情がよく判らず、ソ連に対する日本政府の態度について、閣内不統一があったとみるかもしれない。こうなると事は重大である。大事の前の小事だ。一般の閣僚はこの対ソ交渉のことはなにも知っていないのだから、きょうの閣議では、君が発言して、君の主張を自発的に撤回した形で処理してもらいたいと思うがどうであろうか。

私はなるほどと思った。総理の胸中には終戦のこと以外なにものもないのだ。大事の前の小事、私は総理の慎重な考え方に感激した。ご心配をかけてすみませんでしたと申し上げ、閣議の冒頭、もちろん、厳秘に行なわれている対ソ交渉の話などせず、ただ時局重大の折柄、閣内の紛争は避けたほうがよいと反省したという理由で、中央事務局設置案そのものを撤回し、内務省の一般地方事務管理の一部とすることを申しでた。閣僚のなかには、この私の意外な発言に、若干の反対論議もでたが、時局重大という言葉の重圧によって、問題は落着した。実は、内閣成立当時、私の友人の一人で易を得意とする者が、私にこの内閣は、七月七日に危機があるが、それを無事にとおれば、組閣の目的を達するでしょうといったことをあとで思いだして、ちょっとへんな気がしたことを覚えている。

かくて、国民義勇隊は発足することになったのである。小磯内閣当時は国民総出動という基本の考え方であったので、戦闘隊の組織までこのなかに包蔵する考え方であったが、鈴木内閣ではこれを改め、国民義勇隊は、国民全部がそれぞれ平常の業務を、義勇奉公の念によって、いっそうじゅうぶんに果すものを目的とするものとし、地域的組織のほか、職域的の組織を作ることとし、戦争のために出動する場合は改めて、義勇兵役に服し、軍の管理下に義勇戦闘隊を組織することとしたのである。第八十七議会を通過した義勇兵役法は、この場合に適用するものであって、男子は十五歳から六十歳まで、女子は十七歳から四十五歳まで義勇兵役に服すべきことを定め、義勇兵は必要に応じて勅令の定むるところによって召集し、国民義勇戦闘隊へ編入される仕組であった。この法律と同時に義勇戦闘隊統率令という軍令も制定施行されたが、実際上は終戦によって、実施されずに終った。

私は、この義勇戦闘隊について、一つの嫌な記憶を話さなければならない。国民義勇隊の問題が論議されていた当時のある日の閣議のとき、私は陸軍の係官から、国民義勇戦闘隊に使用せしむべき兵器を別室に展示してあるから、閣議後見てほしいという申入れを受けた。総理を先頭にその展示を見にいって、一同腹の底から驚き、そして憤りと絶望を感じたのであった。さすがに物に動じない鈴木首相も啞然として、側にいた私に「これはひどいなあ」とつぶやかれた。展示してある兵器というのは、手榴弾はまずよいとして、銃というのは単発であって、銃の筒先から、まず火薬を包んだ小さな袋を棒で押しこみ、その上に鉄の丸棒を輪ぎりにした弾丸を棒で押しこんで射撃するものである。それに日本在来の弓が展示してあって麗々しく、射程距離、おおむね三、四十メートル、通常射手における命中率五〇％とかいてある。私は一高時代、弓術部の選手だったから、これには特に憤激を感じた。人を馬鹿にするのも程があると思った。その他は文字どおり、竹槍であり、昔ながらのさす又である。いったい陸軍では、本気にこんな武器で国民を戦わせるつもりなのか、正気の沙汰とも覚えず、まさに具体的に戦意を喪失させ、終戦をいそぐほかはないと思ったのであった。

ポツダム宣言

鈴木首相も東郷外相も、佐藤駐ソ大使を督励し、一日千秋の思いでソ連の回答をまちつつあったが、七月十七日、ポツダムでトルーマン米大統領、スターリンソ連首相、チャーチル英首相の三巨頭が出席して開会された会議は、英国の総選挙のため二十四日、一旦休憩となり、チャーチルは二十五日帰英した。その翌日、七月二十六日、トルーマン、チャーチル、蔣介石の三首脳の名をもって、問題のポツダム宣言が発表されたのである。ソ連のスターリンはこのときはこの宣言には参加していない。まずその全文を左に掲げる。

一、われら合衆国大統領、中華民国主席およびグレート・ブリテン国総理大臣は、われらの数億の国民を代表し、協議の上、日本国に対し今次の戦争を終結する機会を与うることに意見一致せり。

二、合衆国、英帝国および中華民国の巨大なる陸、海、空軍は、西方より自国の陸軍、空軍による数倍の増強を受け、日本国に対し最後的打撃を加うるの態勢を整えたり。右軍事力は、日本国が抵抗を終止するにいたるまで、同国に対し戦争を遂行するいっさいの連合国の決意により支持せられ、かつ鼓舞せられるものなり。

三、蹶起せる世界の自由なる人民の力に対する、ドイツ国の無益かつ無意義なる抵抗の結果は、日本国国民に対するその先例を極めて明白に示すものなり。現在日本国に対し集結しつつある力は、抵抗するナチスに対し適用せられたる場合において全ドイツ国人民の土地、産業および生活様式を必然的に荒廃せしめたる力に比し、測りしれざる程度に強大なるものなり。われらの決意に支持せらるるわれらの軍事力の最高限度の使用は、日本国軍隊の不可避かつ完全なる壊滅を意味すべく、また同様必然的に日本国本土の完全なる破壊を意味すべし。

四、無分別なる打算により、日本帝国を滅亡の淵に陥れたる我儘なる軍国主義的助言者により、日本国がひきつづき統御せらるべきか、または理性の経路を日本国がふむべきかを日本国が決定すべき時期は到来せり。

五、吾人の条件は左の如し。

われらは左の条件より離脱することなかるべし。左に代る条件存在せず。われらは遅延を認むるをえず。

六、われらは無責任なる軍国主義が、世界より駆逐せらるるにいたるまでは、平和、安全および正義の新秩序が生じえざることを主張するものなるをもって、日本国民を欺瞞し、これをして世界征服の挙にいずるの過誤を犯さしめたる者の権力および勢力は、永久に除去せられざるべからず。

七、右の如き新秩序が建設せられ、かつ日本国の戦争遂行能力が破砕せられたることの確認あるにいたるまでは、連合国の指定すべき日本国領域内の諸地点は、われらのここに示す基本的目的の達成を確保するため占領せらるるべし。

八、カイロ宣言の条項は履行せらるべく、また日本国の主権は、本州、北海道、九州および四国ならびに吾人の決定する諸小島に局限せらるべし。

九、日本国軍隊は完全に武装を解除せられたるのち、各自の家庭に復帰し、平和的かつ生産的の生活を営む機会をえしめらるべし。

十、われらは日本人を民族として奴隷化せんとし、また国民として滅亡せしめんとするものにあらざるも、われらの俘虜を虐待せるものを含むいっさいの戦争犯罪人に対しては、厳重なる処罰を加えらるべし。日本国政府は、日本国国民の間における民主主義的傾向の復活強化に対するいっさいの障碍を除去すべし。言論、宗教および思想の自由、ならびに基本的人権の尊重は確立せらるべし。

十一、日本国はその経済を支持し、かつ公正なる実物賠償の取り立てを可能ならしむるが如き産業を維持することを許さるべし。ただし、日本国をして戦争のため、再軍備をなすことをえしむるが如き産業はこのかぎりにあらず。右目的のため、原料の入手(その支配とはこれを区別す)を許さるべし。日本国は将来世界貿易関係への参加を許さるべし。

十二、前記諸目的が達成せられ、かつ日本国国民の自由に表明する意志にしたがい、平和的傾向を存し、かつ責任ある政府が樹立せらるるにおいては、連合国の占領軍は、直ちに日本国より撤収せらるべし。

十三、われらは日本国政府が、直ちに日本国軍隊の無条件降伏を宣言し、かつ右行動における同政府の誠意につき、適当かつじゅうぶんなる補償を提供せんことを同政府に対し要求す。右以外の日本国の選択は、迅速かつ完全なる壊滅あるのみとす。

ポツダム宣言は、七月二十七日早朝、ラジオ放送によって外務省が知り、私は、外務次官松本俊一君から直ちに連絡を受けた。外務省では、首脳部会議を開いてこれを検討した。東郷茂徳外相はこの際のことをその著書『時代の一面』のなかに次のように書いている。

この宣言を通読して、第一に感じたことは、われらの条件左の如しと書いてあるから、無条件降伏を求めたものではないことは明瞭であって、これは、天皇陛下のご意志が米英にも伝わった結果、その態度を幾分緩和しえたのではないかとの印象を受けた。また、日本の経済的立場には相当に注意を加えられていると認めた。ドイツに対して、苛酷な案が考えられているということが伝えられている際のこととて、これにより、やや安心したような感じがした。日本の立場は、加工国としての存立は差支えない。賠償も苛酷なことではない。カイロ宣言もあることだから朝鮮の独立は別問題とするも、日本の領土を本州、北海道、九州、四国および連合国の決定する諸小島に局限するということは、大西洋憲章に照せば、適当と思えぬ節もあるし、また、占領も地点の占領であり、かつ保障占領であって、広範な行政を意味していない点は、ドイツ降伏後の取扱いとは非常な懸隔のあることは結構であるが、占領地点が、東京等の大都市まで包含しているや否やについて疑問があるし、なおまた、日本政府の形態の問題にも不明瞭な点があり、その他武装解除、戦争犯罪人にも問題がありそうだと感じた。よって外務次官に法律的見地から厳密な検討を加えるよう命じた。

これと同時になるべく連合国側と交渉にはいって、その不利かつ不明確な点を幾分なりと修正せしめたいと思った。それで、二十七日午前参内、モスクワとの交渉の経過および、英国総選挙の結果について上奏し、さらに進んで、ポツダム宣言について、詳細ご説明申し上げた。そして、この宣言に対する我方の取扱いは、内外ともに甚だ慎重を要すること、殊に、これを拒否するが如き意志表示をなす場合には重大な結果をひきおこす懸念のあること、また終戦についてはソ連側との交渉は断絶したのではないのだから、その辺を見定めた上措置することが適当であると考える旨を言上した。

東郷外相は、二十七日午前の最高戦争指導会議の構成員のみの会合においても、午後の閣議においても、この宣言は、従来米国側が主張していた無条件降伏の要求とは全く異り、実質上「有条件講和の申し入れ」であることを特に強調して、上述したところと同趣旨の説明を行なった。私は、東郷外相が、極度に緊張した空気の閣議において、はじめて広田マリク会談以来の対ソ交渉の概要を閣僚に発表し、このポツダム宣言は和平の鍵となる極めて重要なものと考えるから、その対策はもっとも慎重なるを要する旨を、持ちまえの低声で冷静しかも厳然として話されたときの姿を目の前に浮べることができる。また、いわゆる保障占領に関し、「これは地点の占領であって、点というのは元来面積を伴わない概念である」といわれ、「無条件降伏」という言葉はあるが、これは、我が方の全軍隊が、無条件降伏することを要求するものであって、政府は軍隊の無条件降伏を保障する措置を講ずる義務を負うものであるから、米国が従来要求していた国家全体としての無条件降伏とは根本的に異り、したがってドイツの場合とはまったく違うものであることを特に強調された。

そして、先方の条件のなかには承認しにくいように感ぜられるものもあるが、全体としては著しく苛酷ともいえない。これを緩和することはもとより至難であるが、できるだけ緩和するよう努力する余地はあると思うといったことを述べられた。外相の発言は、言外に、この宣言を承認する以外終戦の手がかりはなく、したがってなんとかこれに取りつくべきであるという心持がありありと読みとれた。閣僚一同は粛然として耳を傾けた。みんなが日本が重大転機に立っていることを意識しているから、閣議の空気もおのずから異常である。変に強がりをいう空気はまったくなかった。まず、この宣言は、わが国体に関して如何なる関係をもつものであろうかということが論議され、またこの宣言を、この時期に発表した先方の意図如何という点で意見が述べられた。この宣言は、米英華三国首脳者の名になっていて、ソ連のスターリンは入っていないが、ソ連はこの宣言について相談に与っているかどうか、もし与っているとするともっと苛酷なものになっているはずではないかなどという意見もあった（この点について後に研究してみるとソ連はただ発表後に通告されただけらしい)。いろいろ論議はあったが、目下対ソ交渉中であるので、ソ連の回答を待って処理することとしてもおそくはないとの意見が強く、結局、この際はこの宣言の諾否をきめず、一応事態の推移をみることに方針をきめたのであった。そして、この宣言を、新聞やラジオに発表することについては、東郷外相は、しばらく延期したほうがよいという見解であったが、早く発表するほうがよいという意見もあり、阿南陸相は、発表する以上これに対する断固たる反対意見を添え、民意の向うべきところを明らかにすべきであると所見を述べられたが、結局、この点については、特に国民の戦意を低下させる心配のある文句を削除して発表する。政府の公式見解は発表しない。新聞はなるべく小さく調子を下げて取扱うように指導する。新聞側の観測として、政府はこの宣言は無視する意向らしいということを付加することは差支えないということにするように方針をきめた。翌二十八日の新聞紙は、この方針にしたがって編集され、したがって国民の大多数には、大きな衝撃をあたえず、「ああまた敵の謀略宣伝放送か」ぐらいに感じた者が多いが、識者のなかには、この宣言の重要性を意識し、終戦の好機と考えたものも少くない。

鈴木総理も東郷外相も、このポツダム宣言こそ当面和平の基礎として活用しうべき唯一のものだから、これをたいせつに取扱うという考え方であり、最高戦争指導会議の構成員も閣僚も、以心伝心、これに同調したのである。東郷外相は、佐藤駐ソ大使に対して、ポツダム宣言に対する対策は、さしあたり、我が方からソ連に申しでたことに対するソ連側の回答を待って検討する方針であるから、先方にこの趣旨を徹底せられたく、同時に、ポツダム宣言に対するソ連の態度の探査につとむべきことを訓電したが、先方は、スターリンもモロトフもポツダムにいるから、急々には回答ができないという態度であった。

　ところが、この間、東郷外相を激怒させ、かつ失望せしめることがおこってしまった。政府としては、ポツダム宣言に対して公式の見解を表明せず、事態の推移をみきわめるという立場をとったことは既述のとおりであるが、おさまらないのは軍、殊に東亜各地の前線にある首脳部たちである。私のところには、しきりに陸軍省の中堅幹部がやってきて、前線からひっきりなしに、なぜ政府または軍がポツダム宣言に対して断乎たる反対決意を表明しないのか、このような状態では、とうてい前線の士気は維持できないといってきているから、なんとか手を打ってほしいと申し入れてくる。私は、はじめは適当に受け答えしていたが、その勢は逐次つのってきて、陸軍大臣や参謀総長がみずからなんとかしてほしいと申しでてこられるにおよんでは、私もついになんとかしなければならない立場に追い込まれてしまった。だんだんきいてみると、

ポツダム宣言。握手する英米ソの三巨頭

内地にいる兵隊さんたちは、一般国民と同様、いわば、つんぼ桟敷におかれているのだが、前線部隊は作戦の必要上、短波ラジオの器械をもっている者が多いので、いろいろのことを知っているということがわかった。七月二十七日午前、恒例の政府大本営間の情報交換会が行なわれた際、その会後、私は米内海軍大臣に「陸軍大臣、参謀総長、軍令部総長など、みなポツダム宣言についてなにか政府の見解を表明せよと迫られますが、外務大臣は絶対にいけないといっておられますから、あなたから、この三人によく話してください」と申し入れた。米内海相は、気軽に引受けて、別室で四人の会談を開かれた。私と陸海軍両省の軍務局長が同席した。米内海相は、とつとつとつとした東北なまりの強い言葉でしきりに他の三人を説得しようとされたが、三人はどうしても承知せず、このままではとても軍の秩序を維持できないとさえいうので、米内海相は私を顧みて、公式の政府発表というのではなく、なんか首相の新聞記者会見の際（その日首相の記者会見が予定されていた）、首相がさり気なくなにかいうような方法はどうかと相談された。三人はそれでは弱すぎるといって反対したが、結局この会談に鈴木首相も参加を願って、さらに協議した結果、午後の記者会見のとき、軽くふれることに決定した。そのとき東郷外相は欠席だったので、私はこのことを外務省の係官に伝え、外相に伝達を頼んだ。のちに明らかになったことであるが、この伝言は、うまく外相に通じなかったらしい。私はいまも、あのとき直接外相に連絡すべきであったと後悔している。私は午後の記者会見でどういうふうに首相が発言すべきかについて、両軍務局長と協議した。殊に陸軍の局長は、なかなか強硬なので、なんべんか訂正したが、訂正するたびに多少ずつ強い表現になってくる。結局、記者側から「ポツダム宣言に対する首相の考えはどうか」と質問させ、それに対して首相が「ポツダム官言は、カイロ宣言（昭和十八年十一月）の焼直しであり、政府としては重要視しない、黙殺するだけである」という要領で答えることとなった。この「重要視しない」という前に「あまり」という言葉をつけるか、「黙殺する」という言葉の前に「さしあたり」という言葉をつけるかが最後の論争の要点であったが、ついに私の負けになって、つけないことにきまった。私は新聞記者に対して、会見に先立って、質問はポツダム宣言にふれてよいと話したところ、多くの記者が「ほんとうによいのか」「考えものではないか」と顔を見合わせて疑問の言葉を発した。私はこのことをよく覚えているが、当時の知識人の間の心持を物語るものと思う。私はここで、「黙殺」という言葉について釈明しておかねばならない。私の心持では、近ごろではだれもが使う「ノー・コメント」という程のことであった。当時は英語は禁制で、野球でもストライクを「よし」、ボールを「だめ」といった時代だから、英語を使うわけにはいかないが、同盟通信社では、このニュースを海外に放送するについて、黙殺というのを「イグノア」と訳したらしい。それが先方の新聞には、さらに「リジェクト」という言葉で報道されてしまったのであった。

内閣情報局では新聞に対して、この一件をなるべく目立たないように取り扱うように指導していた。私は翌日の新聞紙面をみて、だいたい思惑どおりにいったなと思っていたが、この新聞をみて東郷外相は、非常に怒られ、私を責められた。私は事情を説明して陳弁これ努めたが、よほど怒り、かつ失望されたとみえて、戦後の東郷外相の著書や手記には随所にこのことが書かれてあり、それが、米国の原子爆弾の使用、ソ連の参戦の口実を与えるなど、連合国側の段取りを助けることになり、ひいては我が国の終戦工作に大きな支障になったようにいわれる。そして鈴木総理もまた、あとで「あのことはまことに遺憾であった」といわれた。けれども、当時としては、連合国側の段取りなどまったく判らず、国内的には、ああでもしなければ、軍がおさまらず、なにか無謀なことをしでかす恐れもあったので、そうなれば、元も子もなくなる道理であるから、どうともいたしかたのないことであって、やはり日本が通らなければならなかった経路の一つであったと私は思っている。

かくて、政府は、ひたすらソ連の回答を待った。そして月がかわり八月になり、政府の焦慮はつのるばかりであり、連日ほんとうに気が気でない毎日を迎えこれを送った。私はここで、ポツダム宣言発表の前後のことについて、戦後外国の文献をみたりして得た知識をもおりまぜて少し記述しておきたい。

微妙な段階

トルーマン、チャーチル、およびスターリンの三巨頭がポツダムで会合したのは、七月十七日である。その日にチャーチルは米国の陸軍長官スチムソンから、米国が原子爆弾の実験に成功したことを知らされて狂喜したということが、チャーチルの『第二次大戦回顧録』にのっている。その席でスターリンは、おそらく日本からの和平の申出について、米英の巨頭に語り、打ち合わせをしたものと考えてまちがいはないと思う。ソ連政府が、わが佐藤駐ソ大使に対して、正式に文書をもって、日本の申出はなんら具体的提議を包含していないことを指摘し、近衛特使の使命がなんであるか不明瞭であるから、この特使についていて確たる回答をすることは不可能である旨を返事してきたのは、その翌日の七月十八日であることを考えると、この返事は彼らの打ち合わせの上発せられたものと考えるべきものと思う。我が外務省は、この返事に対し、七月二十一日、近衛特使の使命は、ソ連政府の尽力により戦争を終結せしむるよう斡旋を依頼しこれに関連する諸種の事項を商議するものであることを申し入れている。いろいろの文献を検討してみると、米英側では従来カイロ宣言以来日本が無条件降伏をしないかぎり戦争はやめないと呼号してきたのであって、このことは、我が方をして和平を考えても、直接米英に交渉をはじめるときは、無条件降伏を強いられることになるであろうという観念を抱かせていた。一方米英側としては、日本が戦力を喪失し、その壊滅は時日の問題ではあるが、ほとんど信ずべからざる勇気と忠誠心によって、いわゆる最後の一人まで抵抗するであろうから、これを排除し、最後の到達点に達するまでには、莫大な人命と物資を必要とするであろうことを切実におそれていたのである。そこで、日本がソ連に対し和平に関する申し入れをしたことが報道されて以来、米英側においても対日和平方式がいろいろと論ぜられていたようである。米国陸軍の対日諜報主任官のザカリアス大佐は、その以前から無条件降伏の条件らしいものをくりかえし放送して、日本に対して戦争を終結すべき旨を勧告していたことは、一般国民はなにも知らされていなかったが、ポツダム宣言が発表されたとき、松本外務次官は、その内容がザカリアス放送の内容と同じラインのものだと感じたという。七月中旬以降の米国の新聞雑誌には、米国が無条件降伏方式を緩和し、適当な条件で日本と和平することができれば、それでもよいという議論がたくさん現われていたことは、戦後の調査で明らかである。そのもっとも具体的なものは、今日日本でもよく知られている雑誌『タイム』および『ライフ』の所有者たるヘンリー・ルースの提案である。このような議論に対して、米国政府は無条件方式を固執する態度を捨てなかったが、トルーマン大統領が、ポツダム会議に出発するときには、なんらかの対日和平方策を用意していったと信ぜられている。東郷外相の手記のなかにも、「終戦後米国側からきいたところによれば、米国国務省では、前駐日大使グルーが対日講和の準備として作成した宣言案をポツダムに携行したが、その地で、ソ連から、日本には講和の意志のあることをきいたので、右準備してきたものを発表したのが、ポツダム宣言であるとのことである。しかりとすれば、陛下の大御心は、ソ連の首脳部に通じたのみならず、連合国側首脳部にも伝達せられ、ポツダム宣言なる有条件の講和に導きえたことになるので、あのときのソ連に対するわがほうの申入れは、結果からみると、だいたいにおいて効を奏したといっても差しつかえないであろう」という趣旨の記載がある。

私が判断するところでは、米英が中華を誘って、卒然としてポツダム宣言を発表したことの裏には、英米としてはソ連の参戦を待たずして、対日和平を実現させたいという腹があったものと思う。チャーチルの『第二次大戦回顧録』のなかに、チャーチルが米国における原子爆弾の実験成功という、すばらしいニュースを得たときの感想として「われわれはロシア軍を必要としなくなった。もはや対日戦争を終幕せしめることは、おそらくは長引くであろうところの最後の殺りくのためにロシアの軍隊を投入することにかかるものではなかった。われわれは、彼らの助力を請う必要はなかった」とヤルタ会談でソ連の参戦を決定したことを後悔している。七月二十九日、ソ連が日本との間に中立条約が有効に存在しているにもかかわらず、対日参戦をする口実をつくるために、米英両国に対し、正式にソ連に参戦を要求する文書をだしてほしいと申入れたことについて、米国国務長官バーンスは、その著書の中で、「ソ連が、東ドイツでやっているいろいろの行為や、ポーランド、ルーマニア、ブルガリアでやっているヤルタ協定の違反行為からしても、ソ連が対日参戦をしないことに決心をしてくれれば、かえって幸いだと思った。日本は無条件降伏を拒否しているが、原子爆弾が成功するだろうし、それで日本はこちらのいうなりの条件で降伏するにちがいない。ソ連が満洲に入ればどんなことがおこるか心配にたえない。(中略)ヤルタでソ連の参戦に関する協定ができたときは、軍事上の事態が全然ちがっていた。ルーズベルト大統領も軍当局者もソ連の参戦を必要と考えていたし、また当局は、ヤルタ以後にソ連との間におきたいざこざをだれも予期してはいなかった。しかし、ヤルタで約束したのだし、その義務は守らなければならなかった」という趣旨のことをいっている。日本ではこのような事情も知らず、また軍の強気を調整することも困難であったため、客観的にはまったく色よき返事をよこす意志もなかったソ連の返事を待って、結局米英のきわどい思惑にも副えず、時機を失したのであった。当時、駐スイス公使加瀬俊一氏(外務大臣の秘書官などをした有名な加瀬俊一君とは同名異人でいまは故人)が、外務省に対して、ポツダム宣言とドイツに対する連合国側の措置を分析して、その根本的な相違を指摘し、ポツダム宣言は、アメリカが、ソ連が進出してくると面倒だから、無条件降伏の看板は下げないで、事実上条件を緩和して、早期に対日和平の主導的立場を取りたいと考えているので、決して日本の軍民離間をねらった謀略ではないから、すみやかにこれを受諾するようにとの意見を具申してきている。佐藤駐ソ大使からも、今後たとえソ連が斡旋を引受けてもその基準は、このポツダム宣言の内容となるであろうとし、加瀬公使の意見は中正妥当で、まったく同意であると打電してきた。軍部という圧力のないところで考えれば、当然のことで、政府も同感であったが、現実の問題として、万一事を急いで、軍の反発にあい、国内で紛争がおきれば、そのほうが日本にとっては致命的な問題である。鈴木総理は胸中に、国民の間の分裂を避け、民族は一本の姿で終始すべきであるという信念を持しておられたので、いわゆる「大国を治むるには小鮮を烹るが如し」という信条を堅持しておられたのである。しかし、このポツダム宣言が和平の基礎となるべきものであるということは国内の識者の間でははっきりと認識されていて、八月三日の内閣顧問の会議においては、顧問殊に実業家出身の人たちの間では、日本をあげて焦土とするか、せめて日本をある程度温存するかの岐路であるから、このポツダム宣言を基準として和平するのがよいという率直な意見がでた。その人たちは、これは民間識者の共通の声だといった。政府側から出席していた下村国務相および左近司国務相は、現在微妙な段階であるから、このような話がでたことは、厳秘にせられたいと要請したが、このことはその日の午後の閣議で披露されて、閣僚に相当の影響を与えた。そのとき、鈴木総理は、めずらしく発言されて、「敵側があいうことをいうのは、敵側に戦争を止めなければならない事情があるからで、そういうときに、こちらが頑張っていれば、向うが先にへこたれるものである。顧問の人々のご意見ではあるが、自分としてはちがう考え方をしている」ということをいわれた。内心終戦を望んでいた他の閣僚たちは、異様な感じをうけたが、私は、首相はまた軍部に対する刺激を考えて、例の「小鮮を烹るが如し」の応用をしているなと考えたのであった。総理は海軍軍人としては有名な上手な船乗りで、舵を引くのに、とおまわりをせず、ギリギリのところまで船を持ってゆき、そこで、キュウと舵を引くことが上手だったという。この辺のことも、総理は、この流儀で、神機をねらっていたのだと思う。

既に述べたように、ポツダムでは、トルーマン、チャーチル、スターリンが会議を続けていた。この間、スターリンは、日本からの和平斡旋の申入れに対して、これを承諾する用意よりも、むしろ、対日参戦の口実をつかみ、その準備を進めていたわけである。七月二十九日、ソ連の要請に応じて、米英が、ソ連の対日参戦は、平和と安全を維持する目的で、国際社会に代って行動をとるという立場の下に、日本と交戦中の他の大国と協力せんとするものであると認めるという趣旨の文書を交付したとき、スターリンは非常に感激したという。これで、彼は現に有効に存在している日ソ中立条約に反して戦争に参加する合法的な口実をえたのであった。一面我が方は、軍との関係という極めて重大な国内的の「家庭の事情」のために、不本意ながら、ポツダム宣言を黙殺するという首相の談話を発表したことが、これまた我が政府の意図とはまったく反対に、ポツダム宣言を拒否したと受取られ（私は彼らが故意にこんな受取り方をしたのではないかと思う）、日本はポツダム宣言を拒否したという既成事実が形成されていたのであった。しかも、政府は、一日も早かれと念じながら、ソ連よりの和平斡旋承諾という返事を待っていたのである。

原子爆弾落つ

私は八月六日午後、陸軍省から、この日午前八時過、広島が、異常に高性能な一個の爆弾に見舞われ、全市たちまち壊滅し、言語に絶する人的物的の被害を受けたという簡単な報告に接した。私は、一瞬、これはかねて噂されていた原子爆弾ではないかと思ったが、とりあえず総理に報告した。後日になってから、いろいろとりまとめてみると、事情は次のようなことである。すなわち、八月六日の朝、むし暑い快晴であったが、午前七時九分、電波探知網は、敵の少数機を捕捉して、警戒警報を発したが、敵機は爆撃することなく、広島上空を旋回してとび去ったので、七時三十分警戒警報を解除した。八時、再び二機が電波探知機に標定された。ラジオは警戒警報を発したが、敵機は偵察任務のものらしいと伝えたので、人々は大したことはあるまいと考えて仕事や行動をつづけた。二機のＢ二九が、高々度から侵入してきたが、爆撃が予期されなかったため、多くの人は防空壕にも入らず、敵機をみていた。八時十五分ごろ、敵の一機から落下傘が降りてくるのが見えた直後、いわゆるピカドンと称せられたとおり、目をつぶすような白い閃光とともに、市の中央部の上空に、とてつもない大爆発がおこった。一瞬、一面の煙と塵との大きな雲が立ち上り、広島は暗黒の物凄い幕におおわれ、数百の火柱が吹き上った。地上は物凄い熱気で、まさに灼熱地獄と化した。七万五千という人間が即死し、五万一千という人間が火傷を主とする重軽傷を負った。一瞬にして消えてしまった人も極めて多い。総建物七万六千余のうち約四万八千が全壊、二万二千が半壊し、罹災者の数は十七万六千余人にのぼったのである。私の知人の一人は、そのとき広島郊外に住んでいたが、広島に大爆撃があったというので、駈けつけて市内近くにくると、全身に赤チンキをつけた裸の人がふらふら歩いてくるのをみた。側によってみると、赤いのは赤チンキではなく、皮膚が全部はがれて赤肌がでてしまっているのだったという。また他の友人は、あの一瞬地上に伏した。しばらくして別に怪我もしていないので逃げだした。ふと顔がひりひりするので思わず手の平でなでてみると顔半分の皮がつるりとむけてしまったと話している。その惨状はとうてい言語や文字で表現できる限界ではない。

広島は当時人口三十四万余で、中国地方の行政の中心地であり、昭和二十年には、東日本の防衛を担当する東京の第一総軍に対し、西日本の防衛を担当する第二総軍司令部が設置され、六月には、中国地方の行政を総括する中国地方総監府がおかれていた。古くから軍都と称せられるほど、軍との関係の深い都市でありながら、これまで無差別爆撃の目標にならずにいたのであるが（戦後米国側の話によると、原子爆弾の攻撃目標としてのこしておいたものだという）、この一撃によって、文字どおり壊滅してしまった。私が陸軍省からえた簡単な報告も、第二総軍司令部が、呉の海軍鎮守府経由で送ったものであった。私は、不安のなかにその夜首相官邸内の内閣書記官長室の仮ベッドでまどろんでいたが、七日午前三時ごろ、電話の音にとびおきて受話器をとると、同盟通信社外信部長の長谷川才次君（のち時事通信社長）がせきこむような声で、いま、サンフランシスコ放送を傍受したところ、トルーマン米大統領が大演説をして、米国が原子爆弾を完成して八月六日広島にその第一弾を投下したといっているという。私は、愕然としながら一瞬やっぱりそうだったかと思い、次の一瞬、これから先の我が国の運命、そしてわれわれに課せられたことの取りはこびなどについて、いろいろのことが急速度に頭のなかで回転した。私たちは当時常識として、今度の戦争で、もし、どこかの国で原子爆弾が実用の域に到達できたならば、戦争は、その国の勝利によって直ちに終るほかはないと考えていた。その時がきたのだと私は感じた。

原子爆弾については、もちろん我が国でも研究されていた。ドイツがまだ勢の盛んなときこれを完成したという噂があったこともあるが、結局、噂にとどまった。日本でも東京大学物理学教室で爆発事件がおこり、大段博士が殉職したときも、一部では、原子爆弾に関連したものであると考えられていたこともある。昭和十九年の秋と記憶するが、私が内閣参事官のころ、大倉喜七郎男爵が、仁科芳雄、湯川秀樹、菊池正士、水島三一郎その他の当時一流の物理学者を招き、高松宮のご臨席をあおいで座談会を開いたとき、私も陪席した。このとき、話が原子爆弾のことにもなったが、列席者の一致した話は、原子爆弾の原理は、日本でももちろんよく判っているが、工業的に考えると、いかに米国でも、ここ数年の間にこれを完成するとは思えないということであった。上述したトルーマンの演説は、しばらくして全文が私の手許に届いたが、原子爆弾完成のために、いかに学者が働いたか、いかに多くの資金が使われたとかその経路を説明し、官民の努力をたたえ、日本に対しては、この強大な武器が出現した以上、日本のとるべき道は一つしかないと、自信にみち、極度の脅迫力を持ったものであった。ポツダム宣言は、米国がこの力を背景として発表されたものであったのである。チャーチルの『第二次大戦回顧録』によると、彼は七月十七日、ポツダム会談開始の日に米国陸軍長官のスチムソンがまず「赤ん坊たちは満足に生まれた」と書いた一枚の紙を示しながら、米国が原子爆弾の実験に成功したという吉報を伝えたといっている。そして彼が狂喜したことを次のように記述している。

爆弾またはそれに類するものが、高さ百フィートの塔の頂上で爆発せられた。爆風はすさまじかった。炎と煙の巨大な柱が、わが可憐な地球を取りまく大気の端までつき上

爆圧で折れた煙突

っていった。私は沖縄の情景が頭にあった。日本軍の抵抗を一人一人おさえ、その国土を一歩一歩征服するためには、百万人の米人と、その半数の英人の生命を失わねばならないことは確かであった。いまやこの悪夢のような情景も、まったく消失してしまった。それに代って、一、二回の激しい衝撃のうちに全戦争が終止する光景を思い浮べた。私が瞬間思いめぐらしたことは、私がその勇気を常々感嘆している日本人が、いかにしてこの超自然的ともいえる兵器の出現を機として、彼らの名誉を救う口実を見出し、最後の一人となるまで戦って死ぬ義務を免かれるかということであった。

原子爆弾の出現は、我が国にとって、もっとも重大な衝撃であった。八月七日の閣議では当然これを問題にして討議した。まず、東郷外相から、スイス公使館、万国赤十字社を通じ、かかる残酷な兵器を用いることは、毒ガスの使用を禁じている国際公法の精神に反する不当行為であるから、すみやかに停止すべき旨厳重抗議をすることを提議してそのことを決定した。閣僚の間ではかくなる上は、すみやかにポツダム宣言を受諾する方式によって戦争を終結せしむべしという議論も多くでたが、陸軍では、トルーマンの声明があったからといって、原子爆弾であるときめてかかるのは早計である。あるいは、敵側の詐術かもしれないから、確実に実地を調査してから方針を定むべきだと主張して譲らないため、仁科博士たちをその日に現地に急派することに決めたにとどめた。新聞の発表も、原子爆弾なる名称を用いず新型爆弾ということとした（私の記憶では終戦まで原子爆弾という言葉は使わなかったように思う）。それほど、原子爆弾の出現は我が国にとっては意外であったのである。この日陸軍では二トン爆弾を高度五百メートルの上空で爆発せしめた場合の被害状況を計算してみた事実がある。しかし、この爆撃は軍のほうにも大衝撃を与え、戦争継続についての心情に動揺をきたしたことも事実である。

この日、元企画院総裁鈴木貞一陸軍中将は、私を来訪されて、「原子爆弾が出現した以上は、すみやかに終戦すべきである。これは、日本の科学技術が米国の科学技術に負けたのであって、決して、日本軍隊が、米英の軍隊に負けたのではないのだから、軍としても面目のことをいうべきではない」と真剣にいわれたのを覚えている。八月七日から八日にかけて、内閣書記官長室は来訪者が充満した。あるいは、即時終戦を進言し、あるいは、徹底抗戦を揚言した。私は、いつのまにか、門前の小僧習わぬ経を読むのたとえ、鈴木総理をまねて、終戦論者には、むしろ強気に、抗戦論者には、むしろ弱気の答弁をしながら、これらの人をできるだけ総理に会わせずに、私のところで食いとめることに努力した。

東郷外相は八日に参内し、原子爆弾のことを上奏すると、陛下より、そのような武器が使用される以上防禦も不可能であり戦争継続はますますできなくなると思うから、有利な条件をつけようとして、戦争終結の時期を逸することなきよう、なるべくすみやかに戦争の終末をみるよう努力せよとのおさとしを受けた旨が、同外相の手記にみえている。一方外務省は、事態の緊迫に応じ、またスターリン、モロトフともすでにモスクワに帰還している趣なので、くりかえし、佐藤駐ソ大使にソ連側の回答をうるように督促していたが、八月八日正午、佐藤大使から、日本時間にして、八日午後十一時モロトフより会見すべき旨の予告があったとの入電があった。

仁科博士の報告は、途中飛行機の事故などのためにおくれて、八日夕刻にあった。内閣書記官長室を訪問された博士が、沈痛な面持ちで、「まさに原子爆弾に相違ありません。私ども科学者が至らなかったことは、まことに国家に対して申しわけのないことです」といわれたときの姿は、いまもなお私の眼底にある。私は鈴木首相に報告した。首相はあらためて、私に対し、「いよいよ時期がきたと思うから、明九日、最高戦争指導会議と、閣議を開いて正式に終戦のことを討議するよう準備してほしい」と命ぜられた。私は、翌九日の午前二時ごろまでかかってその用意をして、一段落したので、ベッドに横たわり、いまごろはもう佐藤大使は、モロトフに会ったろうが、どんな回答がくるかと思いながら、まどろんだ。九日午前三時ごろ、電話の音に目を覚まして、受話器をとると、同盟通信社の長谷川外信部長が、サンフランシスコ放送によると、どうやらソ連が日本に対して宣戦を布告したらしいという。私はほんとうに驚き、何度も「ほんとか、ほんとか」とたしかめた。立っている大地が崩れるような気がした。長谷川君は、少し待ってくれ、詳しくはまもなく電話するからという。私は全身の血が逆流するような憤怒を覚えた。話はここでソ連の対日宣戦のことになるのである。

ソ連の参戦

戦後、米側の文献をみると、米国政府も、原子爆弾の使用については非常に悩んだらしいが、日本がポツダム宣言を拒否する構えである以上、戦争を早期に終結せしめ、戦争が長引くことによる追加的損害を少なからしめるため、すなわち、世界の平和、人類の幸福のためには、これを使用するほうがよいという立場で決定したものという。しかし、米国のなかには、この残酷な兵器を無警告で使用したことの罪悪については、いまもって、多くの論議が存しているようである。原子爆弾はさらに、八月九日午前十一時、ちょうど戦争最高指導会議で、和平について論じ合っている最中に、第二回が、長崎に投下された。日本がポツダム宣言を受諾しないかぎり追い討ちをかけるというトルーマンの演説のとおりに実行したのである。私は、心からこのような残酷な手段を憎む。そうして、世界でたった一つ、実際にその洗礼を受けた日本民族こそ、こぞって残酷な兵器を地球の上から放逐するために、全力をあげて努力すべきものであると信ずる。その意味から、原水爆禁止運動を、単なる思想運動の具に供したり、国内政争の対象としたりしようとする人々のあることを憎むものである。

長谷川外信部長から、ソ連宣戦の急報を受けて間もなく、松本外務次官その他が、内閣書記官長室に集まってきた。放送された宣戦布告文の訳文もできて、みなで検討をはじめた。なんとしてもソ連のやり方は理不尽千万である。両国の間には、少なくとも翌二十一年三月までは、中立条約が有効に存在している。日本はこの条約を忠実に守った。そして、さきごろからは、ソ連に対して和平の斡旋を依頼し、我が方ではこの申入れに対する先方の回答を鶴首して待っていたのだ。六月三日広田マリク会談に端緒を持ついわゆる日ソ交渉は、六月二十二日の天皇陛下のお考えのお示しを契機として、具体的な国策となり、七月中旬、ソ連に対して、近衛特使の接受と和平の斡旋方を要請して以後、ポツダム宣言の発表があり、また、原子爆弾の投下があったが、我が国は和平の実現のために、ソ連の仲介によることの一本筋を立てとおしてきて、ひたすらソ連の回答を待っていたのだ。それにもかかわらず、ここに与えられたものは、万一にもそんなことがありはしないかと危惧はしていたものの、まさかと思っていた宣戦の布告である。まさにパンを求めて石を投げ与えられたにひとしい。しかも我が国の実情は、この石を投げかえすだけの力はすでにない。日ソ間の中立条約は、この年四月、条約の規定にしたがい、昭和二十一年三月の満期をもってその以後は廃棄せられるべきことをソ連から通告を受けていたことは事実であるが、条約はなおその間厳然として有効に存在しているはずである。この神聖なるべき条約は、一片の反故として破り捨てられた。

ソ連が日本に対して宣戦を布告したときの状況を外務省編の『日ソ外交交渉記録』では次のように記している。

八月八日午後五時（モスコウ時間）、モロトフ委員は大使に対し、大使よりの発言を待たず、早速用意せる露文により、左記宣言を読み上げたる上、大使に手交せり。

「ヒトラー・ドイツの敗北および降伏後においては、日本のみが戦争を継続する唯一の大国たるにいたれり。米、英、中三国の日本軍隊の無条件降伏に関する本年七月二十六日の要求は、日本により拒否せられたり。よって極東戦争に関する日本政府のソ連に対する調停方の提案は、まったくその基礎を失いたり。日本の降伏拒否に鑑み、連合国はソ連政府に対し、同政府が日本の侵害に対する戦争に参加し、もって戦争の終了を促進し、犠牲者の数を減少し、かつ急速に一般的平和の回復に資すべく提案せり。ソ連政府はその連合国に対する義務にしたがい、連合国の右提案を受諾し、本年七月二十六日の連合国宣言に参加せり。ソ連政府はかかる同政府の政策が平和を促進し、各国民をこれ以上の犠牲と苦難より救い、日本人をして、ドイツがその無条件降伏拒否後なめたる危険と破壊を回避せしめうる唯一の手段なりと思考す。以上の見地より、ソ連政府は、明日、すなわち八月九日より同国、同政府は日本と戦争状態に在るべき旨を宣言す」

よって大使は、右宣言につきソ連政府のとりたる決定を遺憾とするとともに、日本国民を犠牲と苦難より救うと称して、日本に対して開戦する趣旨の了解しえざる旨を指摘したる上、八月九日より日本と戦争状態に入るとは、八月八日は平和状態にして、九日よりは戦争状態なりとするいいなるべきやとの趣旨をもって質問をつづけたるに、モロトフ委員は、ソ連政府の宣言は一部分のみならず、全体を通じて了解ありたしと述べ、さらに戦争状態に入る時期に関する大使の質問を肯定せり。次いで大使より日本政府に対する右宣言伝達の方法につき種々質問せるに対し、モロトフ委員は、右宣言および、会談内容伝達のための東京向け発電は支障なきこと、および暗号電報も差支えなきことを答えたり。ただし本件公電は遂に到着せざりき。

考えてみると、日ソの関係は、従来長い期間、形は友好的であったが、その実質は決して良好ではなかった。日本の陸軍の方策は、実際上、ソ連に対する作戦を想定して検討され、現に満洲に強大な関東軍を配置していた。現実にはソ満の国境に、張鼓峰事件やノモンハン事件をはじめ、大小の軍事的紛争もあった。大東亜戦がはじまって以来は、我が国は極力、ソ連との間に事を構えることを回避しようと努めた。ドイツ軍が、ソ連軍を追いつめて、もう一息というとき、ドイツから我が国に対し日独伊三国同盟によってシベリアに出兵せられたき旨の要請がしきりにあったのにかかわらず、我が方は、三国軍事同盟は日ソ中立条約のほうが優先することを前提としているものだとして、その要請に応じなかった。そして、ドイツが逐次敗退しはじめてからは、日本陸軍は、さらに対ソ関係を好転せしむることを念願として、その対策を政府に要請した。外務省当局は、この陸軍の意向に必ずしも賛成せず、ソ連に対してはことさらに積極的な対策を講ずるよりも、いわゆるつかずはなれずの立場でつとめてこれを刺激することを避け、なるべくソ連を無関係の立場においておくほうが有利と判断していたのであるが、その強い要請によって、小磯内閣当時一度特使派遣のことを打診して、断わられたことは既に述べた。鈴木内閣になってドイツが屈服し、ソ連のソ満国境における兵力集中が進行するにともなって、陸車はソ連との関係調整にいよいよ焦慮した。そしてついに、和平の手段として、ソ連に斡旋を求める方策を講ずることを強く主張したのも、一面対ソ関係を好転せしむる効果をねらったものであった。

ところが、日本側のこの願望は、あとから考えると所詮は、かえらぬ卵を抱いていたのと同じことであった。ソ連は早くから、ドイツを片づけたら、対日戦に参加するつもりで、その準備をしていたのである。

ソ連参戦の意思が、はじめて米国にささやかれたのは、昭和十八年(一九四三)十月、モスクワで開かれた米英ソ三国の外相会議のときである。この年には、日本軍は、ガダルカナルを撤退し、四月には連合艦隊司令長官山本元帥が戦死しており、欧州戦線では、スターリングラードに突入したドイツ軍が、遂に後退をはじめ、ソ連軍は追撃の姿勢にうつっており、連合軍は、ようやく立直り、ドイツを圧倒する見通しがそろそろついてきたころである。外相会議の最終日の晩餐会の席上、スターリンは、隣席の米国ハル国務長官に対して、「連合国が、ドイツを屈服させたのちには、ソ連は対日戦に参加する」と耳打ちした。これまで米国はいろいろソ連を対日戦に協力せしめようと努力していたのに、ソ連はなんのかのと理由をつけて拒否していたのであったから、ハル長官は、スターリンのこの一言で狂喜した。スターリンは、このとき、「ルーズベルトには伝えてよいが絶対に秘密にしておいてくれ」と念を押している。

同じ年の十一月末、テヘランの三国首脳会談において、スターリンは、ドイツが最終的に敗北した暁は、われわれはともに戦線に立って、日本を打倒することができるであろうと、公然言明し、翌十九年九月、米国のハリマン大使と英国のカー大使がスターリンに会見したときは、ソ連による南樺太の軍事占領、北海道の爆撃などについて話会い、スターリンは、ドイツ降伏後三ヵ月にして対日戦争に参加すると明言したと伝えられている。

このことは、昭和二十年二月、ヤルタ会談において、ルーズベルト、チャーチル、スターリンの三首脳によって協定され、かつソ連に対する代償も既述のようにきまったのである。この協定が署名されるとき、イギリスのイーデン外相はチャーチルに、ソ連の参戦がいかなる結果を生ずるか予想できないから署名しないほうがよいのではないかと忠言したということが伝えられている。しかも、この協定は、中国の満洲の利権をソ連に与えることを内容とするものであるのにかかわらず、中国に知らせるとその日のうちに世界中に筒抜けになるというので、まったく秘密にしてあった。

ソ連は、このように対日戦の心構えであったので、二十年四月には、まず、日ソ中立条約を、昭和二十一年三月の満期後は延長せざる旨の通告をしたのであった。ところが、そのころになると、日本の力が加速度的に弱まり、米英としては、ソ連の力をかりなくても、日本を屈服せしめる自信を持ちはじめ、同時にソ連という国が信頼のおけない国であるという事実をしばしばみせつけられたので、できれば、ソ連の参戦しないことを内心望みはじめていた。ちょうどこの時期に、日本からソ連に和平の斡旋を依頼したのであった。ソ連は、参戦して得る利益と、仲介して得る利益とを比較考量したであろう。

連合国は、ソ連の参戦を見ないうちに戦争を終結せしめる願望をこめて、この時期にポツダム宣言を発表したが、日本側がよい反応を示さないので、さらに原子爆弾投下という非常手段にでたのである。

ソ連はポツダム会談の当初、対日宣戦の時期について、準備の都合上、ドイツ降伏後三ヵ月以上にはなるが、八月中旬以降になると訂正しているのにかかわらず、八月六日の原子爆弾投下により、日本が終戦にかたむいてきそうな情況を察して、バスに乗りおくれてはたいへんと、あわてて手を打ったものと思う。それが偶然にも五月八日のベルリンの陥落から、ちょうど三ヵ月目にあたっている。

聖断くだる

私はいま、この文を草しながら、この本を読まれる読者がなんと当時の日本の政府は、バカだったのかと思われるだろうと思う。運命の神様の目から見ると、日本は、目隠しをされてあらぬほうをまさぐっていた姿であろう。私は、残念というか、不明を恥じるというか、お人よしであったといおうか、いうにいわれぬ感慨の下に、涙がでてきそうである。

しかし、日本の国内情勢は、そう簡単なものではなかった。前にも述べたように、鈴木首相の唯一の願望は、戦争を継続するにせよ、戦争を終結するにせよ、民族が一本の団結を保つことであった。終戦によって、内乱的事態がおこり、血で血を洗う民族内部の闘争がおこれば、日本はふたたび立つべき機会は失われる。日本再興の唯一つの要素は、全日本民族の団結であると信ぜられたのである。当時の軍部は「国体の護持」というなんぴとも抵抗しえざる美名を唯一の護符として、狂気の沙汰としか思われぬ強気であった。ソ連を仲介とする和平工作それ自身、陸軍としては、清水の舞台からとびおりるほどの大決心だったのである。機関銃の下にある首相官邸では、鈴木総理は、その機関銃が火を噴いて、元も子もなくしてしまうようなことにならないように、それだけが念願であった。

私は、後日になってから、スターリンが、この対日宣戦を説明して、日露戦争の報復であるという演説をしたことを知って、ソ連の共産革命の発頭人たるレーニンは日露戦争のとき、それをロシアの帝国主義と規定して、モスクワで革命をおこそうとしたことを思い合わせて、さらに憤りを新たにした。ソ連は、日本のなにも知らないお人よしに乗じて、計画的に日本をおとし穴に追込んで、自己の利益を計ったのである。東郷外相をはじめ、ソ連をよく知るものは、ソ連のような共産主義国の倫理は、われわれの倫理と質を異にするから、けっして信ずべからずと、しきりにいわれたのであったが、陸軍は、それを知りつつも、やむをえず信ずる立場をとったのかもしれないが、ソ連をあてにしたことは結局間違いであった。私は今日、ソ連を信ぜよ、といわれても、なにかおとし穴がありそうな気がして心に躊躇を感じる。それは、過去におけるこの深刻な経験が禍をしているのであるかもしれないが、もし、ソ連の考え方が、いまも昔ながらのソ連のままであるとするなら、ソ連ひいては共産主義国をこのままわれら自由主義国の倫理の立場において、簡単に信じうる者は、幸であると思う。

私は、ソ連宣戦のことを、とりあえず、夜中電話で総理に報告したが、九日、夜のあけるのを待って、小石川丸山町の総理私邸に伺って報告した。このころまでには、既にソ連軍は国境を突破して、満洲国および朝鮮北東部に侵入しつつあること、満洲各地が爆撃されはじめたとの報告を受けていた。まもなく東郷外相も来邸され、三人で協議した。前夜総理から九日の閣議では正式に終戦のことを提案して討議したいといわれていたのに、事情は急変して、原子爆弾の出現に加うるにソ連の参戦という最悪の事態で、九日の朝を迎えたわけである。総理は、ただ黙々として、報告をきかれ、「くるものがきましたね」といわれた。私は、このとき、この際内閣として取るべき措置は、(一)従来、ソ連を仲介としての和平工作がここに不成功にきまった以上、内閣の総辞職をすること、(二)ポツダム宣言を受諾して終戦する、(三)対ソ宣戦詔書の発布をあおいで、戦争を継続することの三つが考えられますと申し上げた。総理は「この内閣で結末をつけることにしましょう」といわれ、ともかく陛下の思召を伺ってからにしようといそぎ参内された。午前十時すぎ、首相官邸に帰られて、総理は、私に、ポツダム宣言を受諾する方式によって戦争を終結する決心をしたから、必要な段取りをつけるようにと命ぜられた。私は緊張した。

私はさっそく、最高戦争指導会議の構成員を招集した。会議は宮中で十一時ごろから開かれた。席上総理から、四囲の情勢上、ポツダム宣言を受諾して、戦争を終結せしむるほかなきものと思料するについては、各員の意見を承りたいと提言された。私は会議の席にでなかったが、会議が開かれてまもなく総理に連絡する用事があって、部屋に入ってゆくと、重苦しい空気のなかで、ちょうど米内海相が「皆だまっていてはわからないではないか。どしどし意見を述べたらどうだ」といわれているときであった。この間に長崎に第二回の原子爆弾投下のニュースが入った。会議は午後一時近くまでかかったが、東郷外相と米内海相とは、国体が護持されることを唯一の条件として、他は無条件にポツダム宣言を受諾すべしという意見であったのに対し、阿南陸相、梅津参謀総長、豊田軍令部総長の三人は、ポツダム宣言を受諾するについては、国体護持のほかに、(一)先方をして少なくとも本土の保障占領はしないこと、(二)在外日本軍隊は、降伏、武装解除の処置をとることなく、自主的に撤退したる上復員すること、(三)戦争犯罪人の処罰は国内において処理することという三条件を承諾せしむるを要すという意見を固持して対立した。かくて、構成員会議は一致の結論をみないままにいったん休憩、閣議にうつることにしたのであるが、その際、当然最終的には親臨をあおいで最高戦争指導会議を開くべきであるが、その前に、さらに会議を開いて、一致の結論をうるように努力すべきことを申合せた。

閣議は午後二時半から首相官邸で開かれた。まず、東郷外相からソ連宣戦布告のことを報告し、阿南陸相からソ連の侵入状況を説明した。陸相は関東軍はその大部分を既に本土防衛のため内地に移駐しているから、このままでゆけば二ヵ月をいでずして全滅のほかはない状況にあると述べ、大本営では取りあえず、関東軍に対して主作戦を対ソ作戦に指向し、来攻する敵を随所に撃ち朝鮮を保衛すべき旨を命令したと報告した。総理は、各閣僚に対して、この際忌憚のない意見を述べてほしいと要請した。私はいまもこの閣議の有様を印象深く思いだす。経済関係の閣僚が多く発言したが、異口同音に、戦争の継続は絶対不可能なことを説明した。これまでの閣議でも、これらの閣僚は、戦争の継続の困難を訴えながら、最後には木に竹をついだように「だから、われわれはいっそう努力していかなければならない」と付け加えるのが例であったが、この日はみなが「だから、ここで終戦するほかに道はない」と結んだのであった。この間、米内海相が、戦争は残念ながら負けであって今後戦っても勝つ見込はないと断定されて、阿南陸相との間にはげしいやりとりがあった。閣議は六時ごろいったん休憩し、六時半すぎ再開した。

再開の閣議では、東郷外相から、最高戦争指導会議の状況を説明し、「国体護持」の一条件か、このほかに三条件を付するか議論がわかれたが、「国体護持」のことは絶対とするも、他の三条件については、申入れてもとうてい相手方の承諾をうる見込みはない。ポツダム宣言自体が、一つの有条件講和の提案であって、けっして無条件降伏ではなく、これ以上交渉によって条件をよくしようという余地はないと見ねばならぬ。戦争を継続し、勝機をつかむ確信がない以上、「国体護持」の点のみを確認してポツダム宣言を承諾して戦争を終結すべきであると主張された。阿南陸相は、当然これに反対し、各閣僚の間に真剣な論議が重ねられた。印象の深いことは、鈴木総理はこの間一言の発言もなく、ただ太田文相が、閣内の意見がかくも不統一なる以上内閣は総辞職すべきではないかといったとき、首相は厳然として、私は総辞職のことは考えていませんと明言されたことである。思うに総理の胸のなかには、このとき、最後は天皇陛下のご聖断によって決するという決心をしていたのであろう。そしてまた、阿南陸相がこの文相の総辞職論に同調しなかったことも注目すべきことである。もし阿南陸相が本心からの抗戦論者であれば、ここで内閣を総辞職に追い込み、次に軍事内閣を作ることを考えたであろう。このあたり阿南陸相の心事を示すところである。閣議はついに午後十時になったが、いっこうに結論に到達しないので、私は、首相にいったん閣議を休憩せられてはいかがかと提案し、閣議は休憩に入った。

休憩になって、私は総理大臣室に入って、鈴木総理に、「かくなる上は、ご聖断をあおぐほか途はないと思います」と申しあげると、総理は、わが意をえたように、実は、私は早くからそう思っていて、今朝参内のとき、陛下によくお願いしてきてあるから、これから、そのために必要な措置を考えるようにというお話であった。私はいろいろ考えた結果、やはり、陛下のご親臨をあおいで、最高戦争指導会議を開き、この御前会議の席上ご聖断を賜る方式を採用することとし、ただちに、お願いの書面を宮中に提出した。この種御前会議の招集は、内閣総理大臣、陸軍参謀総長、海軍軍令部総長の三名の署名花押（書き判）のある書面をもってお願いする慣例である。実は、この日午前中、最高戦争指導会議の構成員の会議の際、私は、ある時期には、当然御前会議を開くこととなるべきを考え、総理および両総長にお願して、書類に署名花押をしていただいておいたのであった。その際、両総長は、なかなかご承諾がなく、いよいよその場合になったときでよいではないかというお話であったが、私は、「御前会議をお願いする場合には必ず事前にご連絡申しあげてご承諾を受けます。そのご連絡は電話でもすみますが、そのときご署名花押をお願いするためには、どうしてもお目にかからねばなりませんし、時間をいちじるしく要するおそれもございますから、ぜひあらかじめお願い申しあげます」と切にお願いして、署名花押をいただいたのであった。いよいよこの書類を使って、御前会議を奏請するのであるから、私は当然両総長に事前に連絡しなければならないわけであるが、私は考えた。従来の例によると御前会議は、一つの儀式であって、いつもその前に陛下のご臨席をあおがないで、会議を開き、一致の結論を得たのち、列席者の発言内容順序等を整理して、改めてご前において会議を開き、予定した次第にしたがって、会議を進行するのが例である。この日の午前の最高戦争指導会議においても、御前会議の前までに会議を開いて、意見を一致せしめるように努力することを申合せているのであるから、この段階でいきなり御前会議を開くということを事前に両総長に連絡すれば必ず反対がでて、結局御前会議を開くことはできなくなると判断したので、私は決心して、独断で、両総長に連絡することなく書類を宮中に提出した。同時に、鈴木総理は参内して、この御前会議には、特にお思召をもって、枢密院議長平沼騏一郎男爵をさし加えられたき旨をお願いし、つづいて参内した東郷外相とともに、朝来の最高戦争指導会議および閣議の情況をご報告申しあげ、この御前会議においてご聖断を下したまわりたき旨をお願い申しあげたのであった。平沼議長を特に加えた趣旨は、ポツダム宣言を受諾することになると、それは一種の条約と考えられ、当然枢密院の会議に付議しなければならないという議論がでてくる心配があるが、実際上そのような措置をとることは不適当と考えたので、枢密院側の苦情を避ける意味で議長をさし加えることにしたのである。間もなく、侍従職からの電話で、最高戦争指導会議の構成員、四幹事と平沼議長に対し、午後十一時三十分より御前会議開会につき至急参内せられたき旨が通報された。

この御前会議招集の通報は、軍部に大衝撃を与えた。陸海軍の幹事は時を移さず、私のところにやってきて約束が違うとなじった。私は、ご聖断を予定していることはおくびにもださず、ただ総理の考えで、構成員の考え方を、そのまま「なま」の姿で陛下に聞いていただこうという趣旨であって、この会議では結論はださないのだと説明し、会議の時間が迫っているから、ともかく参内しようと席を立ったが、そのころには、陸軍省の課長や中少佐も大勢やってきて殺気立っている。だれも日本刀を腰にしているので物騒千万であるが、私は、口々にののしる人々をかきわけて玄関にでた。宮中に入ってからも幹事の控室には大勢の軍人が集まった。私が印象深く覚えているのは病気引籠り中の多田海軍次官も顔をだしていたことである。阿南陸相が入ってこられて、私にどういう事情かと問われた。この会議がご聖断をたまわる場であることを知っているものは、総理、外相および私の三人だけである。私は、阿南陸相にもこのことを申し上げず、両軍務局長に話したと同じことを申し上げた。私は、あとで陸相にお詫びするつもりでいたが、陸相が自決されたため、ついにその機会がなかったことを、今も心に一抹の痛みを感ずる。人々はみな不満であったが、既に陛下より会議のご招集があった以上、いたしかたなしとあきらめるほかなかった。戦後、豊田軍令部総長の手記の中に、このときは迫水書記官長にだまされたと書いてあるという話である。

六構成員、平沼議長および、四幹事は、午後十一時三十分少し過ぎに、長い地下道を誘導されて、防空壕内の一室の会議場に入った。物音はまったくない。やがて、玉座の後方の扉が開かれて、天皇陛下は、蓮沼侍従武官長を随えて室に入られた。最敬礼をしてお迎え申しあげたのち、お顔を拝すると、極度のご心痛にやつれ果た御面持であり、額には数本の頭髪が乱れて下っておられた。机の上には、ポツダム宣言を外務省において仮訳したもののプリントのほかに、甲案、乙案として、左記の二枚のプリントが配布されていた。

(一) 甲案

三月二十六日付三国共同宣言中にあげられたる条件中には、天皇の国法上の地位を変更する要求を包含しおらざることの了解の下に、日本政府は之を受諾す。

(二) 乙案

三月二十六日付三国共同宣言につき、連合国において、(一)天皇の国法上の地位の変更に関する要求は右宣言の条件中に包含せざるものとす、(二)在外日本軍隊は速かに自主的撤退をなしたる上復員す、(三)戦争犯罪人は国内において処理すべし、(四)保障占領はなさざるものとす、との了解に同意するにおいては、日本政府は戦争の終結に同意す。

鈴木総理は、まず、陛下の御思召によって自分が議長をつとめる旨を宣して、次に私を指名して、ポツダム宣言を朗読せしめた。私はともかく読むには読んだが、その内容は、とうてい陛下のご前において読むに堪えないものであって、おそれおおいというか、申訳ないというか、あんな苦しい心持のしたことはなかった。つづいて、総理は、東郷外務大臣を指名してその意見の開陳を求めた。東郷外相は、冷静な口調で整然と、先ず一応の経過を説明し、甲案によって戦争を終結するほかなきことを切々と述べられた。ついで指名されたのは、阿南陸相であった。陸相は、まず「私は外務大臣の見解に反対でございます」と前提した上、乙案が成立可能ならばこれに賛成するが、しからざるかぎり、戦争を継続し、本土決戦に際し敵に大打撃を与うることをうれば、その際また有利なる終戦の機会も与えらるべく、したがって、ただいまは、死中に活を求むるの勇気をもって進むべきである。本土決戦は、もちろん必勝とはいえないが、必敗ときまっているわけではない。地の利があり、人の和がある以上必ずや、敵に大打撃を与えうると確信している。万一そのことができない場合には、一億玉砕して、日本民族の名を歴史にとどむることこそ本懐であると信ずるといった趣旨を、声を励まし、双頬を涙でぬらしながら申し述べられた。次の米内海相は、阿南陸相の熱弁に対比して、あまりにも簡単で、ほんとうにただ一言、「私は東郷外務大臣の見解にまったく同意であります」といわれただけであった。鈴木総理は、次に平沼議長を指名した。平沼議長は、自分の意見をいう前に質問したいといわれて、列席の各員に対し詳細な質問をされたのち、大体外務大臣の意見を支持されるものと認められるような見解の表明があった。統帥部の両総長は、おおむね阿南陸相と同趣旨の発言をした。いわば、三対三の対立である。時刻は移って既に十日午前二時である。

ここで鈴木総理が立たれた。私は総理が自己の意見を述べられるのかなと思っていると、総理は、自分の意見をなにも述べないで、宣言をするような形で、既に長時間にわたって論議を重ねたが結論をえられない。しかし事柄は極めて重大であり，また一刻の猶予も許されない状態にあるから、前例もなく、おそれおおいきわみであるが、この際、陛下の御思召を伺い、それに基いて会議の決定をえたいと思う旨を発言されると、そのまま陛下の玉座の前に進まれた。私は、「いよいよ」と思った。しかし、会議場には、一瞬、驚きの気配というか、意想外のことがおこったというか、ハッとした空気がみなぎった。このとき阿南陸相が、玉座に歩み寄る鈴木総理に対し、「総理」と声をかけられたとあとで吉積陸軍省軍務局長はいう。私もそのような気がする。緊張した空気の中で、鈴木総理は、しずかにまっすぐに陛下の玉座の前に進み、大きな体を低くかがめて丁寧に最敬礼をされた。陛下は、総理からお願いの言上を聞かれると、おうなずきになって、総理に席にもどるようにおおせられたが、総理は耳が遠いので、ちょっと判らなかったらしく、手を耳にあてて、聞きなおす形をすると、陛下は、左の手をさしのばされて、重ねて席に復するようお示しになった。総理は席に復した。私はこの一連の総理の動きを今も眼前に鮮かに思いだすことができる。それは美しいと形容するのが一番ふさわしい光景であった。終戦後、私は先代坂東三津五郎の喜撰という踊を見たとき、ゆくりなくも、この御前会議における総理の動きを思いだしたのであった。

天皇陛下は、椅子におかけになったまま少し体を前にお乗り出しになって、まず、「それならばわたしが意見をいおう」とおおせられた。極度の緊張の一瞬である。静かといって、これ以上の静かさはありえない。陛下は、つぎに、「わたしの意見は、先ほどから外務大臣の申しているところに同意である」とおおせられた。私はその瞬間、ひれ伏した。胸がつまって、涙がほとばしりでて机の上の書類に雨のあとのようににじんだ。部屋の中の空気はなんとなく動揺した。なんぴとも声を出す者はない。みなすすり泣いているのであった。私は、陛下のお言葉が、それで終りならば、総理に合図して、会議を次の段階に運ばねばならないと考えたので、涙のうちに陛下を拝すると、天皇陛下はじっとなめ上の方をお見つめになっておられ、白い手袋をおはめになったお手の親指で眼鏡の裏をおぬぐいになっておられる。私は、陛下はお涙で眼鏡が曇るのだなと思うと、さらに一しお涙がでたが、陛下はついに、お手をもって、両方の頬をおぬぐいあそばされた。そして、低い押しつぶしたようなお声で、「念のために理由を申しておく」とおおせられた。このあと陛下のおおせられたことは大体次のような趣旨のことであったが、陛下ご自身、お言葉はとぎれとぎれであり、抑揚もみだれ、考え考え、一言ずつ絞り出すようにおおせられ、うけたまわるわれわれは、いっそうせき上げて、机にひれ伏し、号泣するのを禁じえなかった。私はそのとき感極まって「陛下お心持はよく判りました。もうこれ以上なにもおおせられないでくださいませ」と申しあげたいような気持のしたことを、いまもはっきり覚えている。

戦争がはじまっていらい陸海軍のしてきたことは、どうも予定と結果がたいへん違う場合が多い。いま陸海軍は本土決戦の準備をしておって、勝算もじゅうぶんあると申しておるが、わたしはその点について心配している。先日参謀総長から九十九里浜の防衛対策の話を聞いたが、侍従武官が現地を視察しての報告では、その話とは非常にちがっているようであるし、また新設の第百何師団（陛下はたしかに師団番号をおおせられたが私は思い出せない）の装備完了との報告を受けたが、実は銃剣さえ兵士に配給されていないことがわかった。このような状態で本土決戦に突入したならばどうなるか、わたしは非常に心配である。あるいは、日本民族は、みな死んでしまわなければならないことになるのではないかと思う。そうなれば、皇祖皇宗から受けついできたこの日本という国を子孫につたえることができなくなる。日本という国を子孫につたえるためには、一人でも多くの国民に生き残っていてもらって、その人たちに将来ふたたび立上ってもらうほか道はない。これ以上戦争をつづけることは、日本国民ばかりでなく、外国の人々も大きな損害を受けることになる。わたしとしては、忠勇なる軍隊の降伏や武装解除は忍びがたいことであり、戦争責任者の処罰ということも、その人たちがみな忠誠を尽した人であることを思うと堪えがたいことである。しかし、国民全体を救い、国家を維持するためには、この忍びがたいことも忍ばねばならぬと思う。わたしは、いま、日清戦争のあとの三国干渉のときの明治天皇のお心持を考えている。みなの者は、この場合、わたしのことを心配してくれると思うが、わたしは、どうなってもかまわない。わたしは、こういうふうに考えて、戦争を即時終結することを決心したのである。

という趣旨のことをおおせられた。そしてそれにひきつづいて、軍人がまことに忠勇であったこと、国民がよく一致して戦ったことに対するおほめの言葉があり、また、大勢の人が戦死し、戦傷し、また、空襲などで死んだり、傷ついたり、財産を失ったりした人々は非常に多いが、その人たちや、その遺族、家族のことを考えると胸がかきむしられるような心持がする。いま、外地にいる大勢の人たちのことも心配でたまらないということなどを、とぎれとぎれにおおせられた。私は、私たちが至らないために天皇陛下にこんなにご心配をおかけすることになった申訳なさに、号泣しながら、心の中で心からのお詫びを申し上げたのであった。私は、はじめ、陛下が、軍のことについておおせられたとき、軍は陛下にさえ、ほんとうのことを申しあげていなかったことについてのお叱りであると思った。そして陛下は、日本国民ばかりでなく、全世界の人類の生命を救うために、自分自身はどうなってもかまわないとお考えになっておられるのだと思うと、ほんとうにありがたいことだと思った。私は、陛下のほんとうのご宸念は、いつも「平和」ということだということを、強く強く感じ、戦争終結後の日本は、ほんとうに平和の国としてやりなおしてゆくべきだと感じた。

前にも述べたように、御前会議は一つの儀式であって、席上陛下がご発言になることは、まったくない。ただ一つの例外は、第二次近衛内閣の末期、日米間の交渉が行きづまり、戦争の可能性が表面化してきたころの御前会議において、陛下は特にみずからお求めになって発言されたことがある。そのとき陛下は余事はおおせられず、ただ、「四方の海みなはらからと思う世に　なぞ波風の立ちさわぐらむ」という明治天皇の御製を二度くりかえして、およみになったと伝え聞いている。陛下の平常のご宸念は、世界平和であり、国民の安心した生活であることは、このことによっても明らかである。当時の政府が、陛下のみ心のとおり実行する建前をとっていれば、開戦のときに、明治天皇が三国干渉に対してご措置されたと同じ立場で処置したであろう。それを陛下のみ心に反して、戦争に突入してしまったのであったが、いまここに、遅きに失したが、陛下本来のみ心のとおりを率直におおせ出られたものであると私は思う。

責任内閣の制度の発達は、日本の民主化を大いに促進した。しかし、その責任内閣が特定の意思を持ち独裁的色彩を帯びた場合、天皇陛下の大御心によって象徴されている民意は無視されたのである。私は泣きながら、このようなことを考えた。正しい日本の政治のあり方は、天皇陛下のみ心は、総体の民意を象徴しているものだという信念の下に、内閣総理大臣が、天皇陛下のみ心に副うべく、己を空（むなし）うして、民意の暢達（ちょうたつ）に努力するような責任内閣の存在ということだと考えた。私は、いまも、このときの陛下の尊い、ありがたいお姿を目の前に浮べることができる。洋の東西を問わず、尊いありがたい人の姿を絵にうつすときにはうしろに後光を画きそえているが、このときの陛下のお姿を表わすとすれば、やはり後光を画きそえるほかはないであろうと思う。

陛下のお言葉が終わると、鈴木総理大臣は立って、陛下に対し「御思召のほどはうけたまわりました」と申し上げ、ご退場をお願いした。陛下は一同の最敬礼のうちに席をお立ちになった。そのとき、陛下は、もう一度なにかおおせられるような形をお示しになったが、一人でちょっとおうなずきになっただけでなにもおおせられず、室を出てゆかれた。その足取りは重く、私は、ほんとうにおそれ多い心持であった。陛下がご退場になると、一同は居残って、最高戦争指導会議をひらき、甲案をもって、会議の議決とすることを決定し、私は決議録に各員の署名を求めた。そのとき、平沼議長から甲案の中の「天皇の国法上の地位」という表現について異議がでた。平沼議長の趣旨は、わが天皇の御地位は、神ながら定まった御地位で、憲法は、そのことをこのまま表現したものであって、天皇の御地位は、国法上の地位以前のものであるから、この「国法上の地位」という表現はいけないというわけである。実は、この起案に際しては単に「天皇の身位」という言葉も一案として考えられたのであったが、平沼議長は、憲法前文の文言によって「天皇の国家統治の大権」と改めよといわれた。私は、このように極めて日本的な表現を使うと、相手方には理解がむずかしくなり、かえって問題を複雑にするおそれがあると思ったので、相当に抵抗してみたが、結局総理の裁断によって、原案を平沼議長の意見どおり訂正して、各員の署名をおわった。

サブジェクト・ツー

会議を終って、参列者は総理を先頭にしてふたたび長いせまい地下道を一列縦隊の形で地上の出口に出た。私は総理の身辺警護の心持もあって、総理のすぐあとについた。この間皆の心中は悲しい現実に直面して極めて複雑である。聖断は下り日本の進むべき道は定められたものの、私は、日本のためにほんとうにこれでよいのか、ひょっとしたら運命の神様は、日本はもう少し頑張っておれば奇蹟を授けたのに早まったことをしたと思っているかもしれないとも思った。迷は果しなくつづく。しかし、私は、天皇陛下がおきめになったことだから正しいのだと自分自身にいいきかせた。出口の広間に入ると、吉積陸軍省軍務局長はつかつかと総理に近づき、「総理約束がちがうではありませんか」とつめよった。阿南陸相は、すぐに、吉積局長を押しのけるようにして、「吉積、もうよい」といわれた。吉積局長としては、この会議でご聖断までもってゆくとは予想もしなかったのである。参列の閣僚は直ちに、他の閣僚の待機する首相官邸に帰り、閣議が再開された。まず東郷外相より、御前会議の状況を詳細説明し、ご聖断の趣旨を述べた。閣議は、一同異議なく最高戦争指導会議の議決と同一文言の閣議書類に花押して、閣議決定とした。もちろん阿南陸相も躊躇なく花押された。時に午前六時である。この形式を踏んだのは、国家意思は、ご聖断によるものではなく、ご聖断の趣旨を体して、内閣各大臣が自己の自主的意思によって閣議の決定をなすことによって決定されるという責任内閣制度の原則にしたがったものである。

外務省は、右の閣議決定に基いて午前七時頃左記の通告をそれぞれの地に駐在する我が方の公使を経て、スイス政府に対し、米、英両国に、スエーデン政府に対し、英、ソ両国に伝達せられんことを依頼した。

帝国政府においては、夙に世界平和促進を冀求したまい、今次戦争の継続によりもたらさるべき惨禍より人類を免かれしめんがため、すみやかなる戦争の終結を祈念したまう天皇陛下の大御心にしたがい、数週間前、当時中立関係にありたるソビエト連邦政府に対し、敵国との平和回復のため斡旋を依頼せるが、不幸にして、右帝国政府の平和招来に対する努力は結実をみず。ここにおいて帝国政府は、天皇陛下の一般的平和克復に対する御祈念に基き、戦争の惨禍をできるかぎりすみやかに終止せしめんことを欲し、左のとおり決定せり。

帝国政府は一九四五年七月二十六日ポツダムにおいて米英支三国政府首脳者により発表せられ、爾後ソ連邦政府の参加をみたる共同宣言に挙げられたる条件を、右宣言は、天皇の国家統治の大権を変更する要求を包含しおらざることの了解の下に受諾す。帝国政府は右了解にして誤りなきを信じ、本件に関する明確なる意向がすみやかに表示せられんことを切望す。

両国駐在の公使は、この命令によって、それぞれ手続をとった。ただそのときスエーデンの外相は、これが伝達を依頼したわが岡本公使に対して、「天皇の国家統治の大権」とは国家の統治組織を意味するのか、または天皇のご一身上の地位の意味なるかをたずねている。のちに述べるように米国でもこれを問題にしたように、やはり、この表現は、あまりにも日本的で、外国人には理解が困難であったわけである。

政府は、十日午後二時から更に閣議を開いて、今日までの経過をいつどんな形式で発表すべきかを論議した結果、最終的に終戦の詔書が発布されるまでは公表しないことに決定したが、若干の事前工作は必要と考えられるので、下村情報局総裁が、陸、海、外務の三大臣と協議して臨機の措置をとることをきめた。この決定により下村情報局総裁は、午後四時すぎ、次のような声明を発表した。一見、わけのわからぬ言いまわしながら、国体護持を最後の一線として最悪の事態となるべきことを予告したつもりであった。

敵米英は最近とみに空襲を激化し、一方本土上陸の作戦準備をすすめつつあり、これに対し、わが陸海空の精鋭はこれを邀撃の態勢を整え、いまや全軍特攻の旺志をもって、一挙に驕敵を撃摧すべく、満を持しつつある。この間にあって、国民あげてよく悪虐なる敵の爆撃に堪えつつ、義勇公に奉ずる精神をもって邁進しつつあることは、まことに感激に堪えざるところであるが、敵米英は最近新たに発明せる新型爆弾を使用して、人類史上かつて見ざる残虐無道なる惨害を、無辜の老幼婦女子にあたえるにいたった。加うるに昨九日には、中立関係にありしソ連が敵側に加わり、一方的な宣言ののちに、われに攻撃を加うるにいたったのである。わが軍はもとより直ちに邀えて、容易に敵の進攻を許さざるも、いまや真に最悪の状態に立ちいたったことを認めざるをえない。まさしく国体を護持し、民族の名誉を保持せんとする最後の一線を守るため、政府はもとより最善の努力をなしつつあるが、一億国民にあっても、国体の護持のために、あらゆる困難を克服してゆくことを期待する。

下村情報局総裁が苦心してこの発表をされると、それを追いかけるようにして、陸軍大臣の全軍将兵に告ぐという訓示が発表された。文面は、ソ連の参戦に対し、草をはみ、土をかじり、野に伏しても、断じて戦うところに死中おのずから活があるから、全軍将兵一人も残らず楠公の七生報国の精神と北条時宗の蒙古襲来のときの闘魂とを具現して直進すべしという趣旨の激越極まるものである。この前掲情報局発表とはまったく対立するような訓示が、午後七時ラジオで、下村総裁の発表と同時に放送されたので、私は驚いた。情報局当局とともに、この訓示が翌朝の新聞に出ないように百方手をつくしたが及ばなかった。翌朝この二つの重大発表が並んで掲載された新聞を見た人は、一様に奇異の感を抱いたが、感覚の鋭い人は、政府が強硬な軍を押えつけて終戦の方向に向うべく努力していることを、いっそうはっきり感じたという。実はこの訓示の内容については、軍務局長も次官も決裁をしていなかった事実が後にわかったから、阿南陸相はもちろんまったく知らなかったことである。陸軍の若い人たちがなんとかして終戦を食いとめようといかに焦っていたかを物語るものにほかならない。幸にして、同盟通信社長谷川外信部長は賢明にも、この二つの発表は、ともにこれを海外向けの新聞放送に乗せなかった。

八月十一日、今日は我が方の確認要求に対し先方の返事が必ずくると待ちかまえた。前日から急に空襲が遠のいたのを不思議に思った人もあるかもしれないが、私は毎日の例によって岡田大将を訪問すべく町に出てみると、方々の町角で家屋の強制疎開をしている。学生や生徒を動員して、綱をつけて、せっかく焼け残った立派な家屋を引き倒しているのが見られた。私は、車をとめて、もうこれはやめてもよいのだといいたくてたまらなかった。ほんとうになんともいえない心持であった。私は、終戦後の日本に、破壊的の心持が多いのは、この家屋の強制疎開の影響ではないかとも思っている。この日は終日、全国どこにも空襲はなかった。夜にはいっても返事のある様子はない。私は八月六日以来ほとんど眠っていない。椅子によったまま、ちょっとまどろむだけだったが、この日は九時ごろ仮ベッドに横になった。十二日午前零時半すぎ、同盟通信社の長谷川外信部長から先方の回答がサンフランシスコで放送されはじめたことを通知してきた。私は気が気でなく「どんなあんばいか」と聞くと、長谷川君は「まだ全文がわからないが、どうもあまりよい形ではなさそうだ」という。私は不安の極であった。先方が否定的の回答をよこせば戦争終結ができない。そうなれば、対ソ宣戦ということになる。私は、そのときは鈴木内閣の手で処理すべきではないなどといろいろ考えている間に、午前三時、同盟通信社から回答全文が届けられた。私は英文のものを通読して先方の回答は、我が方の条件を真正面から承認してはいないことは残念であるが、けっしてこれを否定しているものではないことを知って、ほっとした心持になった。しかし、こういう回答のあり方では、陸軍はじめ抗戦論者にいろいろ論拠を与えることになるだろうと考えると、すこぶる憂うつであった。間もなく、外務次官松本俊一君など外務省の関係官が集まってきて、みなで、検討した結果、この回答は、いろいろひっかかるような点はあるが、間接的には、我が方の条件を承諾しているものであると結論を下し、同時に、この際としては、もっとはっきりした回答をうるために再照会などすれば、結局、せっかくの糸がきれてしまうから、このまま鵜呑みにするほかはないという点でも一致した。私は、そのことを総理に報告すると、総理は、「ともかく戦争は終結させなければなりません」と厳然としていわれたのを、私は非常に心強く思った。回答は米英ソ支、四ヵ国の名によってなされ、その全文は次のとおりである。

ポツダム宣言の条項は、これを受諾するも、右宣言は、天皇の国家統治の大権を変更するの要求を包含しおらざることの了解をあわせ述べたる日本国政府の通報に関し、われらの立場は左のとおりなり。

降伏のときより天皇および日本国政府の国家統治の権限は、降伏条項実施のため、その必要と認むる措置を執る連合国最高司令官の制限の下に置かるる（サブジェクト・ツー）ものとす。

天皇は、日本国政府および日本帝国大本営に対し、ポツダム宣言の諸条項を実施するため、必要なる降伏条項署名の権限を与え、かつこれを保障することを要請せられ、また天皇はいっさいの日本国陸海空軍官憲およびいずれの地域にあるを問わず、右官憲の指揮下にあるいっさいの軍隊に対し、戦闘行為を終止し、武器を引渡し、および降伏条項実施のため、最高司令官の要求することあるべき命令を発することを命ずべきものとす。

日本国政府は、降伏後直ちに俘虜および被抑留者を、連合国船舶にすみやかに乗船せしめうべき、安全なる地域に移送すべきものとす。

最終的の日本国の政府の形態は、ポツダム宣言にしたがい、日本国国民の自由に表明する意思により決定せらるべきものとす。

連合国軍隊は、ポツダム宣言に掲げられたる諸目的が完遂せらるるまで、日本国内にとどまるべし。

私たちがひっかかると思ったのは、第二項の「サブジェクト・ツー」の点と、第四項であったが、はたして、これらの点を論拠として、これでは唯一の目標である「国体の護持」ができないから戦争を継続すべしという議論が持上った。「サブジェクト・ツー」の点は、これを日本語でどう訳すかということが、相当に大きな影響を持つことになる。陸軍はこれを「隷属」と訳して、奴隷的立場になるのだから、「国体」に反すると強調した。私は法律用語として我が国でいう「ただし何々を妨げず」というときに、この「サブジェクト・ツー」という言葉を用いることを知っていたから、そういう風に訳すべきだと思ったが、外務省は先例によって、「制限の下に置かる」と訳した。この点は、敗戦した以上、日本国政府の権限が完全無欠の立場にあることはむずかしいことは当然であるから、まず本質的な問題ではないということができる。しかし、第四項については、極めて重大な議論がでてきた。これは、日本天皇の存在は、神ながらの存在であって、それは国民の意思以前の問題であるが、日本の最終的政治形態が国民の意思によって決定されるということになると、天皇制の存続が国民の意思によってきまることになり、明らかに国体に反するという議論である。私は、この観念的国体論には反対で、日本では、天皇は国民総体の心をもって大御心とせられ、国民は常に大御心に帰一するということが歴史的事実であって、したがって、天皇の意思と国民の意思とは、ものの表裏の如き一体のものである。けっして対立する二つのものではない。外国では、君主と国民との間に対立関係があり、民権が逐次、君主の権限を圧迫していった歴史しかないから、日本における君民一体の関係はとうてい彼らの理解しえざるところであり、国民の意思に重点を置いて表現する習慣があり、その昔の不戦条約の中にも、「国民の名において」（イン・ザ・ネーム・オブ・ザ・ピープル）という表現があって、当時我が国ではこれが問題になったことがある。したがって、我が方においては、天皇の意思と反する国民の意思はないのだからこの項は「天皇の意思によって決定する」と読みかえてもけっして間違いではない。こういうふうに考えれば、本質的には、国体に反するということにならない。要するに天皇制の問題については、連合国側では干渉する意思はないということを表現したものであると考えたのであった。

この観念的国体論は、平沼議長が強く主張され、十二日午前に、鈴木首相を訪問し、先方の回答では、我が国体は護持できないから、再照会して、もっと明確な回答をうべきであると強調された。このとき鈴木総理は、別に意見を述べずにただ聞いておられた。阿南陸相も、この論旨を援用して、再照会論を鈴木総理に進言し、同時に第二項の武装解除、第五項の駐留についても、これが撤回方を重ねて交渉すべきであると進言した。この日は、平沼議長邸は、あたかも抗戦派の本部となった観を呈するほど、軍人が多く出入した。一方参謀総長および軍令部総長は、政府とは無関係に、統帥部の有する直接上奏の権限によって十二日早朝拝謁して、激しい表現で、かくの如き条件で和平するときは、帝国は属国化せられ、内、国民、外、外征部隊が、向うべき方向を失い、外敵の進撃によるのみならず、国家の内部崩壊によって国体の破壊国家の滅亡を招来するから断乎反対である旨を奏上している。しかし、東郷外相は同日午前拝謁して、先方の回答は、だいたい我が方より申しでた了解事項を承諾したものと認める旨を上奏、陛下からそのとおり思うから和平を取運ぶように、けっして糸口を切ってしまわないようにというお言葉をいただいたといっている。東郷外相は、この参内の前に、鈴木総理に会っているが、そのとき鈴木総理は外相に対し、平沼議長、阿南陸相の再照会論を伝え、再照会の可能性を質したもののようである。東郷外相はもちろん、そのようなことは絶対なすべき場合ではないことを強調したのであるが、ただ一途に終戦達成ということで頭がいっぱいになっていた外相には、総理がこの再照会論に動かされているように感じたらしく、木戸内大臣などにそのことを報告して協力を求めた事実がある。しかし、鈴木総理は、東郷外相に会見の際、少しもリキムことなく、平常どおりの淡々たる心境で、一応外相の意見を聞かれたまでで、総理が動揺したということはまったくない。

政府は午後三時閣議を開いて、東郷外相から、先方の回答を説明し、我が方の了解事項を承諾したものと認めると述べ、再照会論もあるようだが、ここで再照会してもけっして満足な答をうる見込みはなくかえって糸口を切ってしまい、陛下のご意思にも反することになる旨を強調した。これに対し、阿南陸相は、強硬に反対して、再照会が不可ならば戦争を継続するほかなしと論じ、閣僚の中にも、再照会してもよいのではないかという者もあった。私は、形勢困難と思ったので、本日外相の説明した先方の回答は、ラジオ放送によって得たものであり、正式回答は、外務省の話では、明日早朝到着する見込みであるというから、本日はこの程度にして、正式回答を待って改めて審議してはいかがと提言して、外相も同意し、総理は、そのまま閣議を散会した。実は、正式回答はこの日の午後六時に到着していたのであったが、外務省がこれを秘密にしていたことは、私も知らなかった。私は、松本外務次官と打ち合わせこの夜ひそかに同盟通信社の長谷川外信部長に、日本側の結論が出ないのは正式回答未着であるためだということを海外に向けて放送するよう指示した。それは、サンフランシスコの放送などが、しきりに我が方の態度決定の遅延を責め、原子爆弾による東京爆撃を匂わせたりして威嚇するのに対する措置であった。また、同時に内務省と打ち合わせて、各都道府県知事に対し、その心の用意のため、極秘電をもって、十日の御前会議の決定を内報した。この日はまた宮中で、皇族会議が開かれ、天皇陛下から事情のお話があり、皇族方は、一致協力陛下をお助けする旨をきめられた。この皇族会議は、陸軍の抗戦派の将校たちにとって、一つの頼みの綱であったらしく、事前に、高松宮、三笠宮などに猛烈に働きかけたが、いずれもまったくお取りあげにならなかった。

抗戦派最後の努力

私は、八月十三日早朝正式回答が着いたと外務省から通告を受けた。内容は前日ラジオ放送によってえたものとまったく同じであるということであった。そこで、まず、午前九時、最高戦争指導会議の構成員のみの会議を開いた。この会議は相当長時間にわたったが、その内容は、陸相と両総長が、再照会論を強く主張し、外相が絶対反対を唱え、米内海相、鈴木総理は外相を支持するといった対立のまま散会した。東郷外相は、参内して陛下に対して経過をご報告申しあげ、重ねて既定方針にしたがって戦争を終結するよう、総理に伝えよというお言葉を拝した。この間、東条元総理大臣から、使者を介して、総理に面会して、回答受諾についての疑問を質したいから会わせてくれとの申入れがあったが、私はこれを拒否した。政府は、午後三時から閣議を開いた。私は、この閣議の光景をいま、無量の感慨をもって思い出す。平常の閣議では、鈴木総理はほとんど発言されない。この終戦の問題がおこったのちのいくつもの緊張した閣議でも、鈴木総理はけっして自分の意見をいわれなかった。ところが、この閣議では鈴木総理は積極的に閣議を指導された。まず、東郷外相をして、先方の正式回答および、午前中の最高戦争指導会議の情況を報告せしめたのち、厳然たる態度で、「いよいよ最後の決定をしなければならない段階に到達したので、今日は全閣僚からご意見をうけたまわりたい」と前提して、総理の左側の席にいた松阪法相からはじめて席順に次々と大臣を指名して発言を求めた。実はこの閣議開会前に、私は総理に対し、今日の閣議は長時間にわたらないほうがよいと思うから、最初に総理から各大臣の発言は理由を説明することなく簡潔に結論だけをいうようにと注意されたほうがよいと申し上げ、総理もそうしようといっておられたのだが、閣議では、総理はこの点にふれられなかったので、私は、立って右の趣旨を発言した。明確に先方の回答を承認すべしという意見を述べる人が圧倒的に多かったが、問題の観念的国体論を唱える人もあり、陸軍大臣のほかにも再照会してもっと明確な返答を得ないかぎり、戦争を継続すべきことを論ずる人もあった。総理大臣の決裁に一任するという人もあった。中には長々と述べながら、顧みて他をいうが如く結論を出さない人もあった。この人に対しては、総理はめずらしく鋭い口調で、「結論は」と問い返した。

私は、大事の前に臨んだ場合その人間の本質がこんなにもはっきり現われるものかと、むしろ慄然とした心持であった。そしてこれからの私の人生における私自身の人間としてのあり方を反省したのであった。東郷外相はこの間にも度々発言して、戦争を継続しても成算はないというので十日のご聖断となったのであり、再照会をして、せっかくの糸口を切ってしまっては、聖旨に反することになるといい、この日午前拝謁のときの陛下のお言葉を伝えて、先方の回答を承認すべきを説いて閣議をリードしようと必死の努力をせられたことは特に印象深い。最後に鈴木総理は、終戦問題がおこってから、はじめて自己の見解を明らかにした。総理発言の要旨は、「私は形勢の重大な変化によって、ご聖断のしだいもあり、戦争終結の決心をした。今回先方の回答を受取ってみると、受諾しがたいようにみえる部分もあるが、よく読んでみると米国はけっして悪意で書いているものではなく、天皇について変更を要求しているものではないと感ずる。国情も思想も違うのであるから文句の上について異議をいうべきではなく、表現を直してほしいといっても先方にはわからないであろう。問題は、終戦後武装解除や占領に際しての先方のやり方であるが、これについては、双方ともじゅうぶん用心してことを運ぶように、努力する必要がある。国体の護持についても不安のあることは事実であるが、そうだからといって戦争を継続することは、たとえ死中に活があるかもしれないが、それは、あまりにも危険なことである。臣子の忠誠をいたす側よりすれば、戦い抜くということも当然なことであろうが、陛下がご聖断をお下しになったのは、もっと高いところから、日本という国を保存し、日本国民をいたわるという広大な御思召によるものと拝察する。私は、このご聖断のとおり戦争を終結せしむべきものと考えるが、今日の閣議の模様をありのままに申しあげて重ねて聖断をあおぎ奉る所存である」というのであった。このあとでも、阿南陸相は、熱心に、東郷外相に対し、武装解除を自主的にやりたい、保障占領は少くとも周辺の島嶼を占領して本土を監視する形にしてほしいことを先方に申し入れてほしいことを主張し、東郷外相も、ついに、条件としてということは絶対反対であるが、外交交渉の一部として機会を待って先方に申入れることを約した。閣議は午後七時ごろ散会した。この閣議において、安倍内相の発言中に、このまま終戦となれば国内治安については責任が持てないというようにとれる点があったので、私は、直ちに町村警視総監を招いてこれを質したところ、町村総監は内務大臣はなんといおうと、私が必ず責任を持ちます安心してくださいと確言した。町村君は総理にも会ってこのことを申し上げ総理も安心された。

この閣議の最中、特筆すべきことが二つあった。閣議がはじまると間もなく、阿南陸相は私を促して、閣議室の隣室に出ていって、電話で陸軍省軍務局長室を呼びだして、次のようなことをいわれた。

閣議では、閣僚が逐次、君たちの意見を了解する方向に向いつつあるから、君たちはわたしが帰るまで動かずにじっとしていてほしい。ここに書記官長がいるから、要すれば、閣議の模様を直接話してもらってもよい。

私は、びっくりした。閣議の状況は、陸軍大臣の意向が了解されつつあるどころか、陸軍大臣は、まさに孤軍奮闘の形であるのに、陸軍大臣はどうしてこんなことをいわれるのだろうと、思わず大臣の顔を見ると、阿南陸相は私に目くばせをされた。私は大臣が腹芸をしておられるのだと考え、もし電話に出ることになれば、しかるべく口裏を合わせようと決心していると、先方がそれにはおよばぬといったとみえて、陸相は電話を切られて閣議室に戻られた。

このことがあってまもなく、私は秘書官から呼びだされて閣議室を出た。廊下に若い朝日新聞記者の柴田敏夫君（のち東京本社政治部長）が緊張して立っている。彼は一枚の紙片を私に示して、「書記官長はこれをご承知か」という。その紙片には次のように書いてある。

大本営午後四時発表、皇軍は、新たに勅命を拝し、米英ソ支四ヵ国軍に対し、作戦を開始せり。

柴田君の話では、この発表は既に新聞社および放送局に配布され、午後四時にはラジオで放送される予定であるという。私は、驚いて閣議室にひき返し、阿南陸相に聞いてみると、まったく知らないといわれる。大本営発表は、参謀本部の所管だというので、内閣綜合計画局長官池田純久中将（秋永中将病気のため七月二十六日交代、当時関東軍参謀副長）に措置を頼んだ。池田長官はすぐ閣議室を出て、梅津参謀総長に会って聞いてみるとこれまた知らないという。新たに軍が行動をおこすことについての奉勅命令が出た形跡はまったくない。池田長官は、梅津総長に懇請してやっとこの発表を取消すことができたのは、四時数分前であってまったく間一髪であった。もしこの発表が、公表されてしまったら、終戦のことが果してあのように円滑にいったかどうか判らないと思うと、私はいまも柴田君に感謝している。あとで判ったことであるが、この発表は大本営報道部で起案され、陸軍次官、参謀次長の決裁があったという。抗戦に狂奔する若い将校のはびこっていた当時の陸軍の複雑な様相を物語るものである。

十三日閣議散会後、私は、参謀総長および軍令部総長の二人から、東郷外相と懇談する機会をつくってくれという懇請を受けたので、外相にお願いして、午後九時ごろから首相官邸の閣僚室で三者の会談を開いた。私は少しでも空気を和らげようと思って、とっておきの紅茶やウィスキーを持ち出して接待したが、これらのものには手も触れず、両総長は外相に対して再照会を懇請したが、外相はまったく取り合わなかった。私は、時々部屋に入っていったが、両総長が懇々と話されたのに対し、東郷外相が鹿児島なまりの特徴のある発音で、簡単に「そういうことはできません」と断わり、両総長は、とりつく島もないといった形であったのを印象深く覚えている。そのうちに十二時近く、海軍軍令部次長大西中将が、軍令部総長に面会を求めてきた。大西中将は、会議室に入って総長に対し、「高松宮様はなんと申しあげても、お考えなおしくださいません。かえって、海軍が陛下のご信用を失ってしまっているのだから、反省せよとのお叱りでございました」と悄然として報告した。ちょうど、そのとき、警戒警報が発令されたのを機会に、東郷外相は席を立って退出し、両総長もしかたなしに帰られた。大西中将は書記官長室に立寄り、「自分たちは、真剣に戦争を勝つべく努力したつもりであったが、この最後の段階になって考えてみると、やはりまだ真剣味が足りなかったことが反省される。いまの真剣さで考えれば、将来必ず局面を好転させるような名案が浮かぶと思う。なんとかここで戦争を継続するようなよい考えはないか」と私の手を握って泣いた。今日となっては、これらの抗戦派を無知に近い無謀と笑い、面子にこだわり大局を知らないものと罵る者が多いと思うが、その当時は、彼らは、彼らなりに純真一路、国体危うしと思いつめ、それを護持するためには、一億玉砕の覚悟をもって戦争をつづけることによって死中活を求めるほかはないと信じていたのである。大西中将は、終戦直後自決した。私はいまも、時折り彼を偲び、その冥福を祈っている。

全員は、みな泣いた

十三日午後以来、同盟通信社や外務省よりの連絡によると、米国の放送は、しきりに日本の回答遅延を責めている由である。来襲する米機からはポツダム宣言に対する日本の申し入れ、それに対する連合国の回答を掲げ、日本国民は軍人の抵抗を排して政府に協力して終戦になるように努力するほうがよいといった趣旨の日本文のビラが散布せられ、国民は敵の謀略宣伝かと疑いながら、政府がなにか措置しつつあることを感じ、同時に軍人はいっそういきりたった。艦載機の機銃掃射は随所に行なわれ、爆撃も再開され、連合国側では新たな攻撃態勢を強化している気配も感ぜられる。第三の原子爆弾が東京に投ぜられるかもしれないともおそれられた。敵側がいかなる手段に出るかも判らないので、これを牽制する意味から、私は、長谷川外信部長に指示して、政府の方針は、受諾に決定したが、手続きに暇取っていて回答が遅れているのだという趣旨を海外に向けて放送してもらった。驚いたことには、十五分もすると、米国放送は、このこちらの海外放送をそのままに放送したらしく、陸軍省の将校が大勢押しかけて、私をなじり脅迫した。私は、まったく知らないと逃げたが、長谷川君は長谷川君で、書記官長の指図によったと逃げて姿をくらましてしまうという一幕もあった。

私はここで、戦後得た資料によって、先方が、この回答をよこすにいたった経緯をふりかえってみたい。この経緯については八月十三日岡本駐スエーデン公使から、外務省に、スエーデンの新聞に、ワシントン特電として、この回答は、米国が他の連合国の主張をおさえて、天皇制の存続を肯定する趣旨の下になされたものであるという意味の記事が掲載されている旨を電報してきているので、外務省は、特にこの回答を鵜呑みにすべきであるという決心を堅くしたのであった。天皇制の問題については、かねてソ連はもとより、英国も中国も反対の空気が強く、わずかに米国の知日派のグルー国務次官（元駐日大使）や、天皇以外日本軍隊を抑えうる力のあるものはないという意見を持っていたスチムソン陸軍長官などが、存続賛成論者であったらしい。ポツダム宣言の原案は、グルー国務次官が作ったものといわれており、その原案には、天皇制の存続を許す趣旨の条項があったが、ポツダムにおいてその部分は削除されたといわれている。米国の配慮は、この点にわざと触れないようにしようという考えであったので、我が方が、この点を、しかも「天皇の国家統治の大権」というぎょうぎょうしい表現で、確認することを要求してきたので、米国は困ったらしい。これに対する回答は、当然他の連合国の同意を得なければならず、米国以外の他の三国は、これを問題にすれば反対の意向が強いことは当然である。その上、米国としても、我が方の提出した条件を承認するという形で回答することは、避けたほうがよいという意見の下に、スチムソン長官などの直接日本の申入れを承認すべきであるという意見をおさえて、バーンス国務長官がみずから筆をとって起草したものがこの回答であるという。トルーマン大統領はこれを「巧みな文書」と賞讃したという。そして米国は、他の三国の異見を押しきったのであって、当時のニューヨーク・タイムスは、「米国外交の勝利」と論評したという。したがって、もし、再照会をしていたら、結局糸口は切れてしまったであろう。

私は、十三日の閣議で、鈴木総理がご聖断をあおぐといわれたことについて、具体的にいかなる方法によるべきかを考えたが、九日の如く、正式に陛下のご臨席をあおいで最高戦争指導会議をひらくことは、奏請書類に両総長の署名花押をもらえる見込みがないから、とうてい不可能であると判断した。そこで、十三日夜、鈴木総理に対して、きわめて異例であるが、天皇陛下のほうから、お召をいただいて御前会議をひらくほかはないと進言した。そしてその場合には、閣僚中にもいろいろ異見のある者もあるから、お召しの範囲は、最高戦争指導会議の六構成員、四幹事のほか、全閣僚および、平沼枢密院議長にすることが適当と考えられる旨を申し上げた。鈴木総理は、ことごとくこれに同意されて、八月十四日午前八時すぎ参内して、この旨上奏して御許しを得た。そして、直ちに宮中から、各員に対し至急参内すべき旨の通知があった。各閣僚は、午前十時開会予定の閣議に出席すべく、首相官邸に参集していたので、特に服装を改めることなくそのまま参内するようにとのことで、一同打ち揃って参内した。豊田軍需大臣は開襟シャツであったが、あまりにおそれ多いといって官邸職員のネクタイを借用して無理してしめているのを岡田厚生大臣が手伝っていた姿を、私はいまなつかしく思いだしている。陸軍省のある将校が、私のところに電話で、「書記官長は、また、われわれの裏をかいたな。覚えておれ」といってきたのもこのときである。おそらく陸軍は、両総長が奏請文書に署名花押をしないかぎり御前会議は開かれないと時間を稼ぐつもりでいたのに、思いがけないお召しという異例の措置がとられたので驚きかつ憤ったものであろう。実は、この間私が当惑したことが起こった。それは、総理が最初参内から官邸に帰られ、私にお願いのとおり、お召しによる御前会議がひらかれることになった旨を告げられたとき、総理は、「その会議の席上、陛下は終戦のご詔勅をおくだしになるということであるが、用意はできているか」と聞かれたのである。私はびっくりして、「一応の案はすでに用意してございますが、終戦のご詔書は、閣議にかけて決定し、陛下の御名御璽をいただく性質のもので、御前会議の席上おくだしになるというのは腑におちません」と申し上げると、総理は、それではもう一度伺ってこようと気軽に重ねて参内され、帰ってこられて笑いながら「やはり君のいうとおりだった。会議の席上では、陛下が内閣に対して詔書の準備をお命じになるだけだそうだ」といわれて、私もやっと安心したことがあった。

御前会議は、九日の御前会議と同じ宮中防空壕内の一室で開かれた。参列者が多いので、陛下の前に机が置かれたほか机はなく、玉座に面して三列に椅子が並んでいた。玉座からみて左側の端の第一列に首相、平沼議長とならび、右端第一列に両総長がならび、他の閣僚は、その他の席に宮中席次の順に着座し、四幹事だけ最後列にならんだ。間もなく陛下が、一同最敬礼のうちに蓮沼侍従武官長をしたがえて、ご臨席になると、鈴木総理は立ってその後の経過をきわめて要領よくご説明申しあげ、閣議においては八割あまりのものが先方の回答を承認することに賛成したが、全員一致をみるにいたらないので、聖慮をわずらわすことはその罪軽からざることを謹んでお詫び申し上げるしだいなるも、この席上、改めて、反対の意見ある者より、親しくお聴き取りを願い、重ねてなにぶんの聖断をあおぎたき旨を申し上げた。そして、阿南陸相、梅津、豊田両総長を順次に指名した。三名の者は、順次立って、内容は別に新しいものはなかったが、声涙ともに下りつつ、このまま終戦しては、国体の護持も不安であり、条件が改善せられれば格別、この際は死中活を求めて戦争を継続するほかなしと述べた。私のすぐ前に着席しておられた安倍内相も、手に原稿らしきものを握りしめておられたから、なにか発言されるかと思っていたが、豊田総長の発言が終ると、総理は立って、意見を申し上げるものはこれだけでございますと申し上げたので安倍内相は、なにもいわれなかった。陛下は、おうなずきになって、「ほかに意見がなければ、わたしの意見を述べる。皆の者は、わたしの意見に賛成してほしい」と前提して、前回御前会議のときと同じく、とぎれとぎれに、しぼりだすようにしてお言葉があった。そして純白のお手袋をはめたお手でお頰をなんべんかお拭いあそばされた。一同は、声をあげて泣いた。お言葉の要旨は次のとおりである。

　反対論の趣旨はよく聞いたが、わたしの考えは、この前いったことに変わりはない。私は、国内の事情と世界の現状をじゅうぶん考えて、これ以上戦争を継続することは無理と考える。国体問題についていろいろ危惧もあるということであるが、先方の回答文は悪意をもって書かれたものとは思えないし、要は、国民全体の信念と覚悟の問題であると思うから、この際先方の回答を、そのまま、受諾してよろしいと考える。陸海軍の将兵にとって、武装解除や保障占領ということは堪えがたいことであることもよくわかる。国民が玉砕して君国に殉ぜんとする心持もよくわかるが、しかし、わたし自身はいかになろうとも、わたしは国民の生命を助けたいと思う。この上戦争をつづけては、結局、我が国がまったく焦土となり、国民にこれ以上苦痛をなめさせることは、わたしとして忍びない。この際和平の手段に出ても、もとより先方のやり方に全幅の信頼を置きがたいことは当然であるが、日本がまったくなくなるという結果に較べて、少しでも種子が残りさえすれば、さらにまた復興という光明も考えられる。わたしは、明治天皇が三国干渉のときの苦しいお心持を偲び、堪えがたきを堪え、忍びがたきを忍び、将来の回復に期待したいと思う。これからは日本は平和な国として再建するのであるが、これはむずかしいことであり、また時も長くかかることと思うが、国民が心を合わせ、協力一致して努力すれば、必ずできると思う。わたしも国民とともに努力する。

今日まで戦場にあって、戦死し、あるいは、内地にいて非命にたおれたものやその遺族のことを思えば、悲嘆に堪えないし、戦傷を負い、戦災を蒙り、家業を失ったものの今後の生活については、わたしは心配に堪えない。この際、わたしのできることはなんでもする。国民はいまなにも知らないでいるのだから定めて動揺すると思うが、わたしが国民に呼びかけることがよければいつでもマイクの前にも立つ。陸海軍将兵は特に動揺も大きく、陸海軍大臣は、その心持をなだめるのに、相当困難を感ずるであろうが、必要があれば、わたしはどこへでも出かけて親しく説きさとしてもよい。内閣では、至急に終戦に関する詔書を用意してほしい。

参列した全員はみな泣いた。私は、陛下のお言葉のうち「わたしは常に国民とともに再建に努力をする」というご趣旨を拝したときには、敗戦という現実の悲しみを越えて、なにか、歓喜とでもいうべき感激を覚えた。私たちが、ただ雲の上に高く尊いとあおいでいた陛下が、私たち国民の中におりていらっしゃったというような気持がした。私は、陛下が、われら国民をご信頼になり、われら国民に日本の再建をお命じになったのだと感じ、ここに新日本建設の日の出を感じたのであった。総理は立って、重ねて聖断をわずらわし奉った罪をお詫び申しあげ、陛下のご退席を願った。一同泣きながら最敬礼をして陛下をお送りした。

なおこの日この御前会議に先立ち、天皇陛下は、杉山元、畑俊六、永野修身の三元帥をお召しになり、終戦のご決意を伝え、陸海軍が服従するよう、両大臣および両総長に協力すべき旨のご命令があり、三元帥は、謹んで陛下の御意思に副うよう粉骨砕身すべきことを誓った。

八月十四日午後十一時

御前会議を終ったのは正午であった。閣僚は万感を胸にこめ、涙をおさえて、打揃って首相官邸に帰り、午後一時閣議を開き、ポツダム宣言を受諾することによって戦争を終結する旨の閣議決定に全閣員異議なく署名した。聖断によって方向は定まっているのだが、責任内閣の建前から、各閣僚の意思と責任とをもって閣議決定をして、改めて陛下のご裁可を受けたのである。そして直ちに、終戦に関する詔書の審議にはいった。私は、十日未明、御前会議が終って終戦の方向がきまったので、当然の職責と考えその夜から詔書の原案の起草にかかった。当時の詔勅の形式は漢文体であったから、通常の場合なら、要旨をきめてそのほうの専門家に起草を頼むのが慣例であったが、ことは極秘を要することであり、なんぴとにも相談ができないことなので、私は再度の御前会議における天皇陛下のお言葉をそのまま漢文体の文章に綴ることとして自分で原案を起草する決心をしたのであった。幸いに、私は、父親から鹿児島の士族の例であったらしく、小学校に入る前から、半強制的に、漢文の素読を教えられたため、学校時代漢文に興味を持っていたのでいささか同年配の人たちにくらべると漢文の素養を持っていたことを父親に感謝しつつ、十日、十一日、十二日の三晩ほとんど徹夜して、何枚も原稿用紙を破りすてながら、ときには、涙で原稿用紙を濡らしながら、どうやら形を作り上げた。手伝ってくれたのは、一高以来の親友小川一平君（現花月園副社長）と内閣嘱託の木原通雄君（故人）、実弟の迫水久良（既に故人となっている）および大東亜次官田尻愛義君であった。しかし、私は不安でたまらない。聞くところによると、宣戦の詔勅には漢文の文法上重大な誤りがあったという。私は遂に決心して、十三日深夜その方面の内閣嘱託川田瑞穂先生と私が師事している安岡正篤先生を、首相官邸においでを願い、極秘とすることを誓っていただいてから、私の原案を見ていただいた。その結果加除訂正がなされて文章はいっそう立派なものになった。殊に安岡先生は、私が「永遠の平和を確保せんことを期す」と書いていた部分について「この部分に、極めて適切にあてはまると思うが、支那の宋の末期の学者張横渠の文章の中に『天地のために心を立て、生民のために道を立て、往聖のために絶学を継ぎ、万世のために太平を開く』という言葉があるから、この万世のために太平を開くという言葉をそのままお使いなさい」といわれた。私は、御前会議において陛下のご決心をうけたまわった際、今後日本は永久に平和な国として再建せられることを念じておられると感じたのであったから、まことに、適切なことであると考えて、直ちにこれにしたがったのであったが、この一句が、終戦詔勅の眼目となったわけである。閣議は、このようにしてできた私の原案を議題として審議した。中途で首相、外相が参内したり、陸相、海相が部内訓示のため本省に帰ったりして中断したが、延々数時間にわたっていろいろ論議され、若干の修正がなされ、成案をえて、清書の上鈴木総理が陛下のお手許に奉呈したのは、午後八時三十分である。陛下は、そのままご嘉納あそばされ、御名を記され、御璽をたまわり、詔書は内閣に回付され、各大臣が副署した。直ちに印刷局に回付し、官報号外として公布の手続の終わったのはちょうど午後十一時である。すなわち大東亜戦争の終了した正式の時刻は、昭和二十年八月十四日午後十一時である。次に詔書の全文を掲げる。

詔　書

朕深ク世界ノ大勢ト帝国ノ現状トニ鑑ミ非常ノ措置ヲ以テ時局ヲ収拾セムト欲シ茲ニ忠

良ナル爾臣民ニ告ク
朕ハ帝国政府ヲシテ米英支蘇四国ニ対シ其ノ共同宣言ヲ受諾スル旨通告セシメタリ
抑〻帝国臣民ノ康寧ヲ図リ万邦共栄ノ楽ヲ偕ニスルハ皇祖皇宗ノ遺範ニシテ朕ノ拳々措カサル所曩ニ米英二国ニ宣戦セル所以モ亦実ニ帝国ノ自存ト東亜ノ安定トヲ庶幾スルニ出テ他国ノ主権ヲ排シ領土ヲ侵スカ如キハ固ヨリ朕カ志ニアラス然ルニ交戦已ニ四歳ヲ閲シ朕カ陸海将兵ノ勇戦朕カ百僚有司ノ励精朕カ一億衆庶ノ奉公各〻最善ヲ尽セルニ拘ラス戦局必スシモ好転セス世界ノ大勢亦我ニ利アラス加之敵ハ新ニ残虐ナル爆弾ヲ使用シテ頻ニ無辜ヲ殺傷シ惨害ノ及フ所真ニ測ルヘカラサルニ至ル而モ尚交戦ヲ継続セムカ終ニ我カ民族ノ滅亡ヲ招来スルノミナラス延テ人類ノ文明ヲモ破却スヘシ斯ノ如クムハ朕何ヲ以テカ億兆ノ赤子ヲ保シ皇祖皇宗ノ神霊ニ謝セムヤ是レ朕カ帝国政府ヲシテ共同宣言ニ応セシムルニ至レル所以ナリ
朕ハ帝国ト共ニ終始東亜ノ解放ニ協力セル諸盟邦ニ対シ遺憾ノ意ヲ表セサルヲ得ス帝国臣民ニシテ戦陣ニ死シ職域ニ殉シ非命ニ斃レタル者及其ノ遺族ニ想ヲ致セハ五内為ニ裂ク且戦傷ヲ負ヒ災禍ヲ蒙リ家業ヲ失ヒタル者ノ厚生ニ至リテハ朕ノ深ク軫念スル所ナリ惟フニ今後帝国ノ受クヘキ苦難ハ固ヨリ尋常ニアラス爾臣民ノ衷情モ朕善ク之ヲ知ル然レトモ朕ハ時運ノ趨ク所堪ヘ難キヲ堪ヘ忍ヒ難キヲ忍ヒ以テ万世ノ為ニ太平ヲ開カムト欲ス

朕ハ茲ニ国体ヲ護持シ得テ忠良ナル爾臣民ノ赤誠ニ信倚シ常ニ爾臣民ト共ニ在リ若シ夫レ情ノ激スル所濫ニ事端ヲ滋クシ或ハ同胞排擠互ニ時局ヲ乱リ為ニ大道ヲ誤リ信義ヲ世界ニ失フカ如キハ朕最モ之ヲ戒ム宜シク挙国一家子孫相伝ヘ確ク神州ノ不滅ヲ信シ任重クシテ道遠キヲ念ヒ総力ヲ将来ノ建設ニ傾ケ道義ヲ篤クシ志操ヲ鞏クシ誓テ国体ノ精華ヲ発揚シ世界ノ進運ニ後レサラムコトヲ期スヘシ爾臣民其レ克ク朕カ意ヲ体セヨ

御名御璽

昭和二十年八月十四日

内閣総理大臣 男爵 鈴木貫太郎
海軍大臣 米内光政
司法大臣 松阪広政
陸軍大臣 阿南惟幾
軍需大臣 豊田貞次郎
厚生大臣 岡田忠彦
国務大臣 桜井兵五郎
国務大臣 左近司政三
国務大臣 下村宏
大蔵大臣 広瀬豊作

文部大臣　太田耕造
農商大臣　石黒忠篤
内務大臣　安倍源基
外務大臣
大東亜大臣　東郷茂徳
国務大臣　安井藤治
運輸大臣　小日山直登

私はこの際閣議における審議によって原案が修正された点について述べておくことはむだではないと思う。

（一）詔書成文の「戦局必ずしも好転せず」とある部分の原案は「戦勢日に非なり」というのであった。阿南陸相は、この原案では従来の大本営発表が、虚構であったということになる、それに戦争は敗けてしまったのではなくて、現在好転しないだけであるから、成文のとおり訂正すべきことを主張した。閣僚の意見では、原案でよいというものが多かったが、陸相は、下部から突きあげられているのか、非常にしつこくこれを主張された。ところがめずらしく米内海相が強硬に反対発言をして、戦争は敗けているではないかといわれ、阿南陸相は個々の会戦には敗けたけれども、戦争の勝負はついていない、陸軍と海軍とでは、その辺の感覚がちがうと互いにはげしいやりとりがあった。米内海相は中途で海軍省に行かれるため中座されたときも、わざわざ私の席のところまでこられて、この点は絶対に訂正するなといわれたほどであった。海相がやがて閣議の席に戻られてから、隣席の陸相となにやら小声で話をしておられたが、私の方を向かれて、この点は修正することにしようといわれ、私はちょっとあっけにとられた心持がしたが、総理もとりなされるし、各閣僚も根負けの形で修正ときまった。随分長い時間がかかった。

（二）詔書成文の「時運のおもむく所」という部分の原案は、「義命の存する所」というのであった。これは安岡先生が、戦争を終結するのは敗けたから仕方がないというのではなく、この場合終戦することは大義天命のしからしむるところ、正しいことであるとの立場に立つべきであるという見地から、特に加筆されたところである。ところが、閣僚中にこんな言葉は聞いたことがない、判らないから修正せよというものがあった。私は、安岡先生に教えられたとおり説明して、原案の維持につとめたが、辞書を持ってきて調べたらという話も出て、ありあわせの辞書を持ち出して調べると、あいにくにもその辞書にはこの熟語が出ていない。辞書に出ていないのでは一般国民は判らないではないかということになって、とうとう成文のように訂正されてしまった。あとで安岡先生は、これでこの詔書は重大な欠点を持つことになってしまって千載の恨事だ。学問のない人たちにはかないませんと嘆息されたのであった。このことについて、つい最近、安岡先生が私に「近ごろの政治には、理想がなく、筋道がなく、まったく行き当りばったりのようだが、それはあなたが終戦の詔書の中の『義命の存する所』という点を『時運のおもむく所』と訂正したからですよ。時運のおもむく所というのは、時の運びでそうなってしまったから仕方なくということで、理想も筋道もなく行き当りばったりということです。目前の損得ということです。私は終戦の詔書は、新日本建設の基礎となるべきものと考えていたのに、あれでは、終戦そのものが意義を失ってしまった。その以後の政治が行き当りばったりなのは、そのせいで、あなたは責任を感じなくてはいけません。寛容と忍耐というのは、いわば時運のおもむく所というほうです。あなたも政治家として立たれる以上、時運派にならずに義命派になってください」といわれたことがある。

（三）詔書成文の「朕は茲に国体を護持し得て忠良なる爾臣民の赤誠に信倚し常に爾臣民と共に在り」という部分の原案は、「朕は爾臣民の赤誠に信倚し常に神器を奉じて爾臣民と共に在り」というのであった。まず問題になったのは「神器を奉じて」という点である。石黒農相が、「この部分は削除するのが適当と思う。なんとなれば、米国などは、我が天皇に神秘力があると考えているのに、このようなことを書いておくと、天皇の神秘力の源泉が神器に在ると考え、三種の神器について無用の詮索をすることになれば、それこそとんでもないことになるから、心持は同感だが表現する必要はないであろう」と発言され、他の同僚も賛成し、私ももっともと思って、これを削除した。一方阿南陸相はこの段階になっても、国体護持について、先方の確認をとりえないとすれば、せめて我が方で一方的に宣言でもしたいと主張されていたが、結局、陸相がこの宣言の代わりにこの趣旨を詔書の中に織込んではといい出されて、「玆に国体を護持し得て」という一節を挿入することにしたのである。新憲法制定後、詔書のこの部分は誤りであるという説もあるが、私は既に記述したように、国体は護持しえたものと信じている。

詔書の副署をおわり公布の手続がすんで、外務省は直ちに、四ヵ国に対して、ポツダム宣言を受諾したる旨の電報を、スイスおよびスエーデンを経て通告した。しかし、このことの国内における公表については、阿南陸相が、深夜発表されるときは、国内の動揺はもちろん、殊に軍隊には衝撃が大きく、不測の事態の発生も憂慮されるから、明日夜が明けてからにしてほしいと熱心に要望した。一方、御前会議において、陛下がみずからマイクの前に立ってもよいとおおせられたことについて、陸海軍に関するかぎり大臣が責任を持つということで、両大臣とも拝辞したが、一般国民に対しては、親しく陛下からおさとしを願うほうがよいという閣僚多数の意向であったので、いろいろ論議の結果、翌十五日正午陛下に終戦の詔書をみずから放送していただくことによって、一般に公表することにきめた。この旨を上奏すると、陛下は今夜中に録音をとるとおおせでられたので、下村情報局総裁が放送局の係員を帯付して、直ちに参内して奉仕した。この閣議の最中に、私は非常に心配した事態がある。それは、軍側から、私に対しポツダム宣言受諾は、条約の一種であるから、枢密院本会議の議を経なければならないから、詔書公布前にその手続をとるべきであるということの申し入れがあり、閣議では阿南陸相がその点を発言されたことである。内閣でもこの点には気づいておればこそ、九日および十四日の御前会議に特に平沼議長を参列せしめる手続をとったのであるが、軍側が事態のひき延ばしを図るために申し出たことと思うものの、改めてこういいだされると、それに対して措置しなければならない。私は、閣議の席上、既に御前会議に平沼議長も出席しておられることだから、その必要はないと思うと必死になってくいとめに努力し、閣僚中にも私に賛成するものが多かったが、総理は法制局長官村瀬直養さんに、法律的に検討すべきことを命ぜられた。村瀬さんは、直ちに研究のため閣議室を出ていかれたが、私は追いすがって、なんとか枢密院にかけないでよいような結論を出してくださいとお願いした。村瀬さんは冷静に、よく検討いたしますと答えられたが、私は心配でたまらなかった。やがて村瀬さんは閣議室に戻られ、理路整然と法律解釈上枢密院の議に事前にかける必要なく、明日本会議を召集すればよい旨を答申され、聞くものみな納得し、阿南陸相も深く争わず、無事にすんだ。私は今もあのときの村瀬さんは立派だったと思っている。

十四日午後十一時すぎ、閣議が散会してのち、私は、総理大臣室に入って、鈴木総理に対して、この旬日のご苦労に対してご挨拶を申しあげ、そのまま対座した。自然に涙が出てきてしかたがない。総理も黙々として深く物思いにふけっておられる様子であった。思いがけなく、扉をノックする音が聞えてふり向くと、阿南陸相が帯剣して、帽子を脇にかかえて入ってこられた。私は立って少し側に寄った。陸相はまっすぐに総理の机の前にこられて、丁重に礼をされたのち、「終戦の議がおこりまして以来、私はいろいろと申しあげましたが、総理にはたいへんご迷惑をおかけしたと思います。ここにつつしんでお詫び申しあげます。私の真意は、ただ一つ国体を護持せんとするにあったのでありまして、敢えて他意あるものではございません。この点どうぞご了解くださいますように」といわれた。阿南陸相の頰には涙が伝わっているのを見て、私も涙が出た。すると総理は、うなずきながら、阿南陸相の近くに歩み寄られ、「そのことはよく判っております。しかし、阿南さん、皇室は必ずご安泰ですよ、なんとなれば、今上陛下は、春と秋のご先祖のお祭りを必ずご自身で熱心におつとめになっておられますから」といわれた。阿南陸相は「私もそう信じます」といわれて、丁寧に一礼されて静かに退出された。私は、玄関までお見送りをすると、総理は「阿南君は暇乞いにきたのだね」といわれた。このときの光景は私の終生忘れえない感激である。また、このときの総理の言葉は、我が皇室が二千年の長きにわたり連綿として、代々徳を積まれてこられたことを意味するものであって、まことに深遠な意味があると思う。積善の家に余慶ありというが、我が皇室の積徳はとうていこの言葉ではいいあらわすことのできないほど、大きなものであると信ずる。私は、戦後、西本願寺の法主に、終戦御前会議の際における陛下のことをお話ししたとき、法主は、そのときの陛下の御心、御姿は、まさに阿弥陀様の御心であり、御姿であるといわれたことがあり、また、マッカーサー元帥が、初めて陛下にお会いしたときの陛下のお言葉によって、陛下はまさにゴッドであると感嘆したという話も聞いているが、今日皇室のご安泰なるを見て、心から感激を深くするものである。

機関銃ふたたび火を噴く

阿南陸相を送って間もなく、私は総理に私邸にお帰りを願った。十五日午前零時をすぎるころ、私は、宮中の下村情報局総裁から、電話で録音が無事終了した旨の連絡を受け、直ちに総理に電話で報告をした。すべて一段落である。書記官長室の仮ベッドに久しぶりに身を横たえた。日本の将来はどうなるか。思いは千々に乱れる。頭がぼっとして、考えられないような気がする。

そこに木原通雄君が入ってきて、彼に起草を依頼した詔書発表後発布すべき内閣告諭の原案を持ってきたので、二人で協議しながら、訂正して確定案を作りあげ、ふたたびベッドに横たわると、いつのまにかまどろんだ。突然機関銃の音がするので目がさめた。夜は明けていた。私は一瞬敵の機銃掃射かと思った。隣室にやすんでいた実弟の久良が飛びこんできて、「兄さん日本の兵隊の襲撃です」という。二・二六事件の経験のある私は、とっさに、鈴木総理を私邸に帰しておいてよかったと思った。私は、別段生命は惜しいとも思わなかったが、殺されたり、捕虜にされたりしてはバカらしいと思ったので、内閣官房総務課長佐藤朝生君を呼んで、自分は、地下道を通って避難するから、官邸の職員はいっさい抵抗するな、彼らのなすがままにせよと命じ、念のために総理私邸に報告しておくようにいうと、佐藤君はすでに電話しましたという。私はそのまま実弟久良と、警護の警視庁の中村袈裟男巡査を伴って、いったん防空壕内の書記官長室に入り、非常出口の方を偵察せしめ、兵隊のいないことを確かめて、特許庁に近い道路に出た。私は別にあわててはいなかったと思う。現に壕内の書記官長室では、煙草に火をつけたことを覚えている。ところが道路に出たとき、そこにあった焼トタンを踏んでバタバタという音がしたとたんに急に恐くなった。焼跡をななめに特許庁の角を目がけて三人で走ったが、あとから狙撃されるかもしれないと思い、久良にうしろを見てみろとはいうものの、私自身は、首をうしろに回すことができなかったことを覚えている。二・二六事件のときは、睾丸をひっぱることを思いだしたが、今度は思いださなかったから恐かったのだとあとで笑った。あとで聞くと襲撃部隊は、五十人ほどの兵隊と横浜高工の学生であったらしく、総理不在ときいて、官邸の玄関にガソリンを撒いて火を放って、直ちに退散したという。火は官邸の職員が、備付の防空用具で難なく消し止め、敷物の一部をこがした程度で大事にはいたらなかった。しかし、この一隊は、直ちに小石川の鈴木総理の私邸を襲い、せっかく空襲で焼け残った家に火を放ったが、総理たちは、官邸からの通報で避難しておられたから間一髪で、無事であった。鈴木総理邸襲撃ののち、この一隊は、新宿の平沼議長邸を襲って火を放ったが、議長は身をもって免がれ無事であった。私は、特許庁のところから溜池の大通りに出ると、隊伍を組んだ兵隊に出会った。さては陸軍がまたなにかはじめたかと思い、ひと先ず飯倉の親友美濃部洋次君（故人・当時綜合計画局部長）の家にゆき、そこで警視庁に電話してみると、市内には別段騒動もおこっている様子もないので、直ちに徒歩で警視庁に赴き、総監室に入り、町村総監と会って事情を聞くと、昨夜午前一時ごろから宮内省の電話が不通になっているという話である。十五日午前五時半ごろであったと思う。私は、憲兵司令官の大城戸中将に電話をかけてみた。大城戸中将の話によって、四時ごろ阿南陸相が自決されたことを知った。そして、昨夜半、陸軍省の青年将校が、森近衛師団長を殺してにせの師団命令によって、軍隊を宮中に入れ、録音盤を奪取しようとして、宮内省に侵入したが、東部軍司令官田中静壱大将みずからの説得によって、兵隊は退去しはじめたことが段々に判ってきた。下村情報局総裁以下、録音に奉仕した一行は、朝まで監禁されていたが、これも無事に解放されたのであった。私は録音盤が無事であったことを聞いて、ほんとうに安心した。私はこのときの町村君の頼もしさをいまも忘れない。

午前九時ごろ、私は鈴木総理を、その避難先に訪問した。総理は元気に朝食をしたためておられたが、私は手短かに、いろいろの報告をした。阿南陸相の自決については、総理は特に深い思いにふけっておられた様子であった。総理は、このとき、今日の閣議で、全閣僚の辞表をとりまとめて総辞職をしたいと思っているといわれた。私は、率直にいって、私の人生で、このときほど、ほっとした気持になったことはない。私は、ほんとうに心身ともに疲れ果てていた。書記官長就任のころは、六十六キロほどもあった体重も、そのころには、五十八キロほどに減っていた。私は、その日の日程について打合わせをすませると、午前十一時から宮中で枢密院本会議が開かれるので、宮内省に参入した。玄関のところで、加藤総務課長に会った。肩から鞄をかけている。それをしっかり押えるようにして、私に、これから放送局に行くと話した。枢密顧問官の控室に入ってゆくと、中央に平沼議長がおられるので、そばに寄ってご挨拶申しあげると、なんだか急にたいへん年を取られたような気がするので、私は「閣下ちょっとふけられたようですが、お体の具合はいかがですか」と申しあげると、議長は笑いながら「私は入歯をはずして枕もとにおいて寝る習慣なのだが、今朝襲撃されて避難するとき、入歯をそのまま置いてきてしまったが、家が焼けて、入歯がなくなってしまったせいだよ」といわれた。私は枢密院本会議には列席する必要はないので、村瀬法制局長官にお願いして、首相官邸に帰った。やがて正午である。この日は早朝から、正午に重大放送がある旨繰り返し予告していたが、私は、下村情報局総裁とともに、官邸職員全部をホールに集めて、涙のうちに玉音放送を拝承した。そして予定にしたがって、用意してあった内閣告諭を直ちに発表した。

いっさいが終ったので、私は、ほんとうに肩の荷がおりたという表現では、とてもいいつくせない感じを持って、書記官長室に帰った。じっと椅子に腰掛けているといろいろのことが思いだされる。そして、当面、国内治安などについて、いいようのない不安を感ずる。やがて米軍が進駐してきたときの有様を想像しても、いい予感はしなかった。戦争を継続して焦土になってしまったほうがかえって気が楽だったかもしれないとも思った。今後万事うまく経過するようにひたすら祈るほかはなかった。今日になって、これらの不安がまったく杞憂に終ったことを思うと、日本は幸運だったとただ天に向って感謝する気持でいっぱいである。午後二時ごろから閣議である。予定のとおり、辞表がとりまとめられた。その前に、池田綜合計画局長官の発案によって、軍の保有物資について閣議の決定をした。その内容は、すでに乏しくなったとはいえ、軍はまだ膨大な物資を保有しているが、もう軍としては用はないし、そのまま保有しても、やがて進駐軍が処分してしまうだけだから、この際、時価で民間に急速に払い下げることをきめたものである。このことは民間の物資不足を若干でもうるおし、終戦で混乱した国民感情の緩和にどれだけ貢献したかわからない。また、軍隊の内部でも、復員する兵士にある程度の物資を交付したが、これまた軍の動揺を和らげるのに大いに役立ったと思う。私はこの閣議で、鈴木総理のお考えによって、貴族院議員に勅選されたが、いろいろ考えて、翌日辞表を提出して拝辞し、一ヵ月後に聴許された。閣議が終ってから、その夜予定されていた鈴木総理のラジオ放送の原稿を作った。案外時間がかかって、やっと間に合ったがこれが内閣書記官長として最終の仕事であった。同日、東久邇宮稔彦王殿下に後継内閣組織の大命が下り、十七日新内閣が成立し、私は、緒方竹虎さん（後の内閣官房長官）に事務をひき継いだ。

　私は、五月二十五日以来八十日ほどの間、住み込み、公私の生活をした内閣書記官長室を整理して、総理官邸を退出した。官邸内の男女職員は上から下まで全部玄関のところに集まって涙を流して別れを惜んでくれた。官邸警衛の警察官も同様である。みなの人たちには、ほんとうに世話になった。文字どおり寝食をともにし、生死をともにした人たちである。官邸が空襲を受けたときにはこの人が努力して官邸を救ったのである。夜間高等女学校（旧制）に通いながら働いている若い女子職員が、一同うち揃って、私のところにきて、「戦争に敗けないでください。私たちはいっそう頑張ります」と泣きながら訴えたこともあった。秘書官の山下謙二君、私が大蔵省時代からひき続いて私について秘書事務のいっさいを取扱ってくれた内山繁君は、いずれも官邸内に住み込んで一心同体に働いてくれたことを思うと感謝するに言葉もない。小林食事班長、小林、菅原両嬢など、みな忘れられない名前である。

官邸を出た私は、まず、二重橋前で宮城を遥拝し、心のうち陛下にお礼とお詫びを申しあげ、都内を少し回ってみた。全く一望の焼野原である。今日からでは想像に絶するが、ほんとうにあのとおりであった。しかし、町の中の人々には、一様の安堵の色が見える。極めて平穏で活気の色が見えるような気がした。ふと、銀座の電信柱に、大きな貼紙がしてあって「日本のバドリオを殺せ。鈴木、岡田、近衛、迫水を殺せ」と書いてあるのを見てよい気持はしなかった。しかし、私には住むべき家がない。家内は、中風で身体の不自由な私の老母を擁して、五人の子供とともに新潟県新発田の在に疎開していた。ひと先ず、世田谷の岡田啓介大将の家に行った。鈴木内閣成立後、私はほとんど毎夜、ここで岳父に会って、指導を受けた。終戦工作の部分は、岡田大将の指導によったものといっても過言ではない。ところが、私が、岡田大将の家にいることについて、世田谷警察署から苦情が出た。それは、岡田大将一人の警衛にも手を焼いているのに、もう一人要注意人物が加わったのでは責任を持てないから、何処かよそに行ってくれというのである。私は、やむなく、その夜は、木原通雄君の家に泊ったが、警視庁は、鈴木首相と私に対し、右翼や、軍の残党がねらっているから、外出しないように、また同じ所に三晩以上いないようにと懇請されるので、二人とも忠実にこれを守った。ある晩などは、大嵐であったが、等々力の知人の宅から、麻布の石野信一君（のち大蔵次官）の家に移るため、警護の中村巡査と、もう一人たまたま来合わせた友人森二三君（のち味の浜藤社長）と三人で木炭自動車に乗って都立大学の辺にきかかると自動車が動かなくなってしまって、とうとう、そのまま道路上で嵐の中で一夜を過ごしたこともある。このような生活が約一ヵ月、九月十日すぎまでつづいたが、やっと世田谷等々力に家を借りて、疎開先から無事に老母はじめ家族を迎えて、平穏な生活に戻った。聞いてみると、玉音放送のあとで、村の青年たちが、家族の疎開していた家に押しかけ、石を投げ込み、日本を降伏させた裏切者の家族はこの村に置いておくことはできないから、即時退去せよと迫ったという。家内が応対してやっと納得してもらったという話で、私は家内をほめた。いまは、すべてが夢であったような気がする。

私は、どうしても阿南陸相の心事について述べておかなければならないと思う。阿南陸相は、最高戦争指導会議においても、閣議においても終始一貫、抗戦論を述べられた。そして終戦の大詔に副署した後、「一死以テ大罪ヲ謝シ奉ル」と遺書し、「大君の深き恵に浴みし身は　言ひ遺すへき片言もなし」と辞世の一首を残して自決せられたのである。阿南大将は、果して心の底から抗戦継続を考えておられたのであろうか。もししかりとすれば、手段は極めて簡単であって、一片の辞表を提出することによって、鈴木内閣を倒し、あとに軍部内閣を作れば、この目的は達せられるのである。しかも、その機会は、自分自身の

満洲軍官学校で生徒を激励する阿南惟幾

意思によっていつもこれを作りえた。現に、終戦のことが議に上った閣議において、陸軍大臣が胸のポケットに手を入れられると辞表を提出するのではないかと心配したと左近司国務相は語っておられる。のちに聞くところによると、終戦の際、陸軍はクーデターの準備をして、阿南陸相は、これを承諾し、みずからその指揮をとるから、自分にまかせよといわれたという。当時の情勢において、私たちの最も恐れたものは、陸軍の暴発であった。阿南大将は、戦争を終結し、一身を無にして、国民のみならず世界の人々を救おうとせられる天皇陛下のみ心を体し、終戦を実現せんと心に誓っておられたに相違ない。かかるが故に軍の暴発を最も恐れ、これを抑止するのに心肝をくだかれて、苦肉の策として、クーデターの指揮をみずから引受け、一面、大詔の公布まで内閣の閣僚たる地位を保持するため中途で殺されるが如きことなきよう苦心されたものと私は考える。「一死ヲ以テ大罪ヲ謝シ奉ル」とは心にもなき抗戦論を唱えて、天皇陛下のみ心を悩したてまつった罪を謝するとともに純真一途国体護持の精神によって手段を選ばず、抗戦を継続せんとした軍の下僚に対し、だましてひきずって遂にその機会を与えざりし罪を謝すという心持ではなかったろうか。阿南大将のみずからの生命を断つことによる導きによって軍の暴発は抑止せられて、日本の国家は残ったのである。私は時に多磨墓地に大将の墓参をするたびに、大将の生死を超えた勇気を謝し、小さな墓石に抱きついてお礼を申しあげたい衝動にかられるのである。天皇陛下のご仁慈、鈴木総理の信念と舵取りのうまさ、米内、東郷両大臣の不屈の精神、それに阿南陸相の勇気が、我が国を救ったものである。

最後に私は、特に、昭和三十年十月十五日の『太平』第五号（鈴木貫太郎記念太平会発行）に掲載せられた当時の侍従長藤田尚徳海軍大将の一文を左に採録しておく。

　昭和二十一年一月下旬、天皇陛下のご前に出てあることを奏上したとき、陛下は特に椅子をたまわって戦争につき次のような意味のご述懐をお洩しになった。

　申すまでもないが、戦争はなすまじきものである。この戦争についても、どうかして戦争を避けようとして、わたしはおよそ考えられるだけは考えつくした。打てる手はことごとく打ってみた。しかし、わたしのおよぶかぎりのあらゆる努力も効をみず、遂に戦争に突入してしまったことは、実に残念なことであった。このごろ世間には、戦争を終わらせえた天皇が、なぜ開戦前戦争を阻止しなかったかという疑問を抱いているものがあるようだ。これをもっともと聞く人もあろう。しかし、それはそういうことにはならない。立憲国の天皇は、憲法の枠の中にその言動を制約せられる。この枠を勝手に外して、任意の言動にでることは許されない半面、同じ憲法には国務大臣についての規定があって、大臣は平素より大なる権限を委ねられ、重い責任を負わされている。この大臣の憲法による権限、責任の範囲内には、天皇は勝手に容喙し、干渉することは許されない。

それゆえに、内政、外交、軍事のある一事につき、これを管掌する官庁において、衆智を傾けて慎重に審議したる上、この成果をわたしの前に持ってきて裁可を請うといわれた場合、合法的の手続きをつくしてここまでとり運んだ場合には、たとえそのことがわたしとしては甚だ好ましからざることであっても、裁可するのほかはない。立憲国の天皇の執るべき唯一の途である。もし、かかる場合わたしがそのときの考えで却下したとしたら、どういうことになるか。憲法に立脚して合法的に運んだことでも、天皇のそのときの考え一つで裁可となるか、却下せられるか判らないということでは、責任の位置にいることはできない。このことは、とりもなおさず天皇が憲法を破壊したということになる。立憲国の天皇として執るべからざる態度である。断じて許されないことである(これは開戦前の御前会議等のことを抽象的にお述べになったことと想像する)。しかし、終戦のときはまったく事情を異にする。

あのときには、ポツダム宣言の諾否について両論対立して、いくら議論を重ねてもついに一本に纏まる見込みはない。しかし、熾烈なる爆撃、あまつさえ原子爆弾も受けて、惨禍は極めて急激に加速増大していた。ついに御前会議の上、鈴木はわたしに両論のいずれを採るべきやを聞いた。ここでわたしはいまやなんぴとの権限を犯すこともなく、またなんぴとの責任にも触れることなしに、自由にわたしの意見を発表して差し支えない機会を初めて与えられた。またこの場合わたしが裁決しなければ、事の結末はつかない。それでわたしはこの上戦争を継続することの無理と、無理な戦争の強行は、やがて皇国の滅亡を招くとの見地から、とくと内外の情勢を説いて、国民の混乱困惑、戦死者、戦病死者、その遺家族、戦災を被ったものの悲惨なる状況には衷心の同情を懐きつつも、忍びがたきを忍び、耐えがたきを耐えるのほかなしとして、胸の張り裂けるの想いをしつつも、ついに戦争を終止すべしとの裁断をくだした。そして戦争は終わった（二回の御前会議を一括しての仰せと拝す）。しかし、このことは、わたしと肝胆相許した鈴木であったから、このことができたのだった。

私は、ここに筆をおくに当たって、この二つの大事件が、奇蹟的によい結果をみたことについて、しみじみ思うことは、諸葛孔明の言葉として伝えられる「図事在人、成事在天」（事を図るは人に在り、事を成すは天に在り）ということと、ドイツのビスマークの言葉として、伝え聞いている「われもし、神を信ずるの心なかりせば、一秒間といえども、宰相の地位にとどまり得なかったであろう」ということである。

*

私は、あるとき次のような出来の悪い歌を紙切れに書いて、だまって鈴木総理の机の上にのせておいたことがある。あとで総理は、いろいろ人が中傷したりして、苦しいだろうが、人が何をいおうと信じたとおりどんどんやりなさいといわれて私は感激した。

親思う　子の真情(まごころ)は他人(よそひと)の
知らざるところ　知るを求めず

あとがきに代えて

下荒磯篤子

この本を、父が出版社から要請を受けて書きましたのは、終戦から十八年を経た、昭和三十八年の暮れのことです。

その頃の日本は、「もはや戦後ではない」などといわれ、翌年に東京オリンピックをひかえ、高度経済成長に沸き立っていました。

お話をいただいた当初は、こんな高揚した時代に「敗戦」という国にとって負の出来事をつまびらかにするのは、時期尚早ではないかと躊躇していたようです。しかし、日本が軍国主義の色を強め、戦争へと突入した当時の真相を知りえた方々が段々と他界される中、国政の中心にいたひとりとして、記録を残すことの重大さを説かれ、一大決心をして書くことをお引き受けしました。

私は終戦の日、本書にもある父が起草した「終戦の御詔書」を、疎開先の電波状況の悪いラジオで聞きました。耳慣れないお言葉でしたので、小学生の私には、正直あまりよく分からなかったことを記憶しております。また、幼かったこともあり、自分の親がそんな要職についていたことも全く知りませんでした。

父の仕事については、物の分別がつく年になって段々と理解し、この本を執筆した時は、私をはじめ子供たちは全員成人していましたので、私たちが助手のような役割を務め、父の原稿の清書をいたしました。

本書にある二・二六事件、そして終戦当時のことは、もちろん機密事項であり、父は覚書などは一切残しておりません。三十三年前に他界しましてからも、さまざまな方面からお尋ねがありますが、今日まで遺品の中からもメモひとつ見つかることはありません。きっと本人が責任をもって破棄し、外部には一切漏れないようにしたのだと思います。ですので、この本を書くにあたっては、本人の記憶のみが唯一の史料でした。

正確な日付などは、国会図書館にお願いして調べさせていただきました。当時はファックスもパソコンもありませんでしたので、私が資料を拝借しに、永田町へと何度も足を運んだことを思い出します。そのときに、記憶のほとんどが正確だったことには、本当に驚かされました。父は「内閣書記官長というのはひとりだから、自分が覚えてやる以外にはなかった。もし部下がいたら、自分が覚える必要はなかったかもしれないね」と話しておりました。

また、鈴木内閣の書記官長として終戦工作に従事していた当時は、どこから手に入れたのか、常に青酸カリの入った包みを懐にしのばせておりました。終戦に反対する軍部には父の命を狙っている者もあり、実際にそういった場面もあったようです。辱めを受けるくらいなら自決を、という覚悟だったのでしょう。また、長男に宛て「お父さんが死んでも、なんら恥じることはない」といった内容の遺書を密かに残しております。文字通りの命がけの日々は、何年たとうとも忘れることのない鮮明な記憶を、父の脳裏に焼きつけたのだと感じております。

終戦後のアメリカ占領時には、父は公職追放となりました。その間は弁護士として生計を立てておりましたが、日本が初めて経験した敗戦、他国による統治など、この先日本がどうなってしまうのか、自分の携わった終戦による結果がどうなるのかという思いばかりが頭にあったようです。全ての新聞に隅から隅まで目を通し、深夜、寝ているときでさえ、突然ガバッと起き上がり、「これでよかったのか!」と大声で寝言を叫ぶことがたびたびあったと、母からも聞いております。いてもたってもいられない気持ちで、毎日を過ごしていたのではないでしょうか。

そのため、昭和二十六年に追放が解除されますと、すぐ翌年の衆議院議員選挙に臨み、国政に身を投じました。日本の行く末を案じ、国を復興させるためには、国政の中心にいなければならないと考えていたようです。

その後日本は経済的に大いに発展し、生活も豊かになりました。それと同時に人々の意識からは、戦争に至ったあの軍国主義に傾いた日本の記憶は、遠い昔のことのように薄らいでいきました。父は晩年、そういった時代の流れをきちんと見すえて、七十五歳で政界を引退し、ここに書けなかったことも含めて、本書をじっくりと書き直すことを決めておりました。そのために史料を集め、執筆の準備をしていましたが、残念ながら七十四歳のときに病に倒れ、帰らぬ人となりました。本人も、大変無念だったと思います。

戦後から六十五年が経ち、現在では、日本が戦争をしていたことすら知らないという若い方もいると聞きます。映画やテレビで見て知ってはいても、この豊かな毎日に、国中が貧しく、だれもが常に生命の危険にさらされ、もしかしたらこの国が亡くなってしまうかもしれないという危機的な状況を、現実のこととして理解しろというほうが難しいのかもしれません。

ただ、本書にあることは、幕末や江戸時代のような遥か昔ではなく、体験した方がまだたくさん生きていらっしゃる、今からほんの少し前に、私たちが暮らすこの国に起こった事実です。そして、そのただ中にいたひとりの人間が、どのような考えを持って、どのように行動したかの真実の記録です。

「愛国」や「忠誠」、「国体の護持」など日本語であるにもかかわらず今や死語となっており、理解が難しいかもしれません。ですが、日本がいかに混沌としていたか、この国を守るためにそれぞれの立場で全ての人が命がけだったことを、そしてその上に、今私たちの暮らす毎日が成り立っていることを、少しでも理解して、今後この国をどうしていけばいいのかを考える一助としていただけましたら幸いです。

最後になりましたが、本書の出版に際して、父の若い頃からの親友であった和泉豊吉氏のご長男である日本たばこ販売株式会社・和泉豊会長には絶大なるご尽力を賜り、心より深く感謝いたします。また、おじいちゃまのために雑用を引き受けてくれた吉見知朗、吉見美香の労をねぎらいます。

ささやかな思い出から——文庫化に寄せて

和泉豊

迫水久常先生はご存命中、毎年正月二日には一家で伊勢神宮を参拝されました。そして、その日の夕刻には大阪の近鉄上本町駅へ到着されるので、私の両親が出迎え四天王寺を参拝したあと、新大阪ホテル（リーガロイヤルホテルの前身）で食事をご一緒するというのが、昭和三十年頃からの我が家の慣例でした。

私はその席で、初めて迫水先生にお目にかかったのです。先生の眉は目の上につり上がり、右の眼は鋭く人を射るような眼差しでありながら、左眼は優しく穏やかで、人を包み込むような温かさに満ちていました。その風貌は年少の私に忘れられない印象を残し、以後、公私とも大変お世話になることになったのです。

二・二六事件と終戦という、昭和の二つの大事件を奇しくも官邸の中枢で体験することになった先生は、あるインタビューでの「最も強烈な思い出は何か」との質問に答えて、「もちろんそれは、終戦の時だ。あの時、私は九千万人同胞の生命を背負ったように考えていた」と述懐されています。戦後、全国各地で行った講演では、終戦の真相を何度も、丁寧に語っておられますが、ご自分の貴重な体験をより多くの人に伝えることによって、「戦後」の意味を考えてほしいとの願いの表れだったと思います。

なかでも（今では意外に思われる向きもあるかもしれませんが）、「阿南さんのあの尊い犠牲がなかったら、日本は戦争を終結することができなかった」と、阿南惟幾陸軍大臣の出処進退をよく話題にされていました。そして先生のご尽力により、阿南さんを顕彰する標石が、自決された場所（三宅坂の陸軍大臣仮官舎跡）に置かれることになったそうです。

先生はしばしば、朱子学の入門書とされていた『近思録』に収録されている張横渠の以下の句を、座右の言葉として紹介されることがありました。

天地の為に心を立て
生民の為に道を立て
去聖の為に絶学を継ぎ
万世の為に太平を開く

意訳すると、「人生とは、天地森羅万象の諸相を実現するために、自分の心を培い、人々のために道を開き、過去の幾多の聖賢たちの学問を引き継ぎ、太平を万世に開くために与えられているのだ」となります。実際に、先生がその言葉を忘れることなく、日常の生活の中で自らの道標とされていたことは、たとえば元日本銀行総裁の森永貞一郎氏による追悼の文章にも窺えるように思います（要約は引用者）。

迫水さんには役人道の手ほどきを受けたが、税務署長あがりの私としては、万事文字通りの手ほどきで、例えば私の書いた文章など初めのうちは殆ど原文の痕跡を残さぬ位に真赤に直していただいたものである。その他、部下の操縦、上司への態度、来客への接し方、新聞記者応対術など万事迫水さんが手本であった。

だが見習おうとしても遥かに及ばないことが多かった。迫水さんを知る人なら誰もが印象づけられた、あの炯々たる眼光に象徴される気迫と闘志、事に臨んでのあくまでも周到な配慮と弾力性、いざという場合の決断力、目的遂行への粘り強さなど、私は身近なところで幾多の事例を見てきたが、凡庸の身には到底及ぶところではなかった。終戦時、内閣書記官長としてのあのご活躍もさこそと思われる。

（『同友』一九七七年十二月号）

同誌によれば、戦前、理財局金融課長時代に迫水先生から薫陶を受けた部下方々というと、森永氏のほかに伊原隆氏（元横浜銀行頭取）、愛知揆一氏（元大蔵大臣）、酒井俊彦氏（元北海道東北開発公庫総裁）、西原直廉氏（元第一火災相互会社社長）、下村治氏（経済評論家）、石野信一氏（元太陽神戸銀行頭取）等々、多士済々であったといいます。

先生が大蔵官僚時代から、その後政治家に転身されても、国家の繁栄と国民の豊かな生活の実現について、つねに揺るぎない指針をもって行動されていたのは申すまでもありません。

太平洋戦争が終結して今年で六十六年になり、戦争があったことすら知らない人が多くなりました。時間の経過を思えば、どのような痛切な記憶も、次第に薄れていくのはやむを得ないことなのかも知れません。しかもその間、日本経済は飛躍的な発展を遂げ、今では世界で最も平和な国だといっても過言ではありません。しかし、その眩しいほどの光を覆い隠すかのように、精神文化の著しい荒廃がもたらした底知れない闇が、人々のこころを深く蝕んでいることもまた、無視しえない現実ではないでしょうか。

このような時こそ、「終戦」が平和で豊かな日本への第一歩であったことに改めて思いをいたし、その真相を正確に理解しようとすることは、日本国民の半ば義務といっても間違いではないように思います。私たちの先人が、国家存亡の危機をいかに乗り切ったかということについて、いわば戦後昭和史の原点とでもいえるような事柄が、この本の中には仔細に語られています。このたびの文庫化に際して、私ができる限りのお手伝いをしたいと考えたのも、そうした思いに駆られてのことでした。

迫水先生は一九七七年七月二十五日、七十四歳で他界されました。その際、天皇陛下の勅使として角田（すみだ）素文（もとふみ）侍従が弔問にお越しになり、「戦中の時局重大な折に、朕と苦楽を共にしてくれたことを深く感謝している」というお言葉を賜りました。本書を最後までお読みいただき、陛下がこのお言葉に込められた万感の想いを感じとっていただけるとしたら、先生にとってはもちろんのことでしょうが、私にとっても、これほどうれしく、有り難いことはありません。

解説　昭和天皇の二つの「決断」

井上寿一

本書は戦前昭和の国家官僚、戦後の政治家、迫水久常（一九〇二―七七年）の回顧録である。迫水が六十二歳の一九六四（昭和三十九）年（東京オリンピック開催の年）に刊行された。一九九五年版が第七版第四刷だから、長期にわたって広く読まれたと推測できる。

あらかじめ迫水の略歴を記す。

一九〇二（明治三十五）年、東京生まれの迫水は、父が陸軍軍人、母が陸軍中将の娘だったため、両親からは軍人になることが期待された。しかし軍人になる意思はなかった。東京府立一中、一高から東京帝大卒、大蔵省入省、この学歴が示すように、迫水は国家官僚のエリートコースの最短距離を走った。岡田啓介の女婿だったこともきっかけとなり、一九三四（昭和九）年に岡田の首相秘書官を務める。戦時中は革新官僚の重要人物の一人として、国家社会主義的な国内体制の確立をめざした。一九四五（昭和二十）年には鈴木（貫太郎）内閣の内閣書記官長として終戦決定に関与する。戦後、公職追放処分を受けたのち、衆議院議員、転じて参議院議員となり、池田（勇人）内閣の経済企画庁長官、郵政相を歴任した。一九七七（昭和五十二）年没。

以上の略歴からわかるように、迫水は昭和天皇の例外的な三つの意思決定（張作霖爆殺事件、二・二六事件、終戦）のうち、二つに間近で接している。したがって本書の大半は、二・二六事件と終戦をめぐる同時代の証言録となっている。構成も第一部「二・二六事件とその前後」、第二部「終戦への苦悩」である。

最初は構成に即して内容を紹介する。

第一部の冒頭の一節に注目したい。

「昭和十一年二月二十六日未明、私は前夜の選挙勝利祝賀会の疲れで、総理官邸の裏門前にある秘書官官舎の二階にぐっすりとねこんでいた」。

「選挙勝利祝賀会」とは何か。六日前の二月二十日、衆議院総選挙が実施されている。結果は以下のとおりである。第一党は民政党の二百五議席、第二党は政友会の百七十一議席、無産政党（社会大衆党）は前回五議席から十八議席へと三倍増だった。

迫水はこの選挙に勝ったと考えた。なぜならば民政党が岡田内閣の与党的な立場に立っていたからである。それだけではなく、社会大衆党も間接的に岡田内閣を支持していた。岡田内閣は、陸軍皇道派と対立する統制派とも連携する。岡田内閣の下で民政党と社会大衆党、統制派を結びつけたのは、迫水のような「新官僚」（「革新官僚」）の中心的な人物である後藤（文夫）内相だった。迫水が首相秘書官として支えていたのは、社会民主主義的な改革志向と国家社会主義的な体制志向の両面を持つ岡田内閣だった。

二・二六事件はその岡田内閣に衝撃を与える。首相官邸のほうから、忠臣蔵さながら「万歳」の勝ち鬨が聞こえてくる。迫水は「万事休す」と観念した。遺骸を引き取るつもりで赴くと、迫水が対面したのは、首相の代わりに命を落とした岡田の義弟、松尾伝蔵陸軍大佐だった。岡田の生存を確認したのち、一芝居を打って救出に至る過程は、本書の大きな読みどころの一つとなっている。

二・二六事件はクーデタとして成功する可能性があった。この点は回顧録から確認することができる。

一つは政党の不甲斐なさである。迫水は言う。「この事態に対して、本来ならば大同団結して、その路線を死守するために努力すべきであった。もしそうしていたら、日本の歴史はもっと輝しいものになっていたであろう」。

もう一つはクーデタを容認しかねない軍部の態度である。「率直にいって、この事件がおこったとき、軍の首脳部の感触は、『怪しからぬことを仕でかした』と怒り、これを鎮圧するという立場の者は少なく、むしろ『壮挙』という感じでその意図をなんらかの形で達成せしめたいという感じをもった者が多かった」。

そうであればこそ、二・二六事件によって、軍部内閣成立のおそれがあった。二月二十八日に戒厳司令部に呼び出された迫水は、「あしたは戦争になるかもしれない」と聞かされたことを覚えている。急転直下、叛乱は鎮圧に向かう。「天皇陛下のご命令」が下されたからである。二・二六事件は鎮圧された。ところがその後、かえって軍部の政治介入がはなはだしくなる。このような軍部の「独善的な立場」が「ついに日本を大東亜戦争の悲劇に追い込んだ」。迫水はそう考えた。

第二部の主題は終戦決定である。

終戦決定は二・二六事件が規定している。本書が特別に興味深いのはこの点である。一つは人の配置である。戦争終結を目的とする内閣の首相に就任した鈴木貫太郎は、二・二六事件で重傷を負っている。その鈴木を内閣書記官長として支えるようにと要望したのは岡田啓介だった。二・二六事件の記憶を生々しく残す彼らが国を戦争終結に向ける。もう一つは終戦の意思決定の基本的な枠組みである。迫水は少しでも誤れば、二・二六事件の二の舞になることを恐れた。「もしそうして鈴木内閣がつぶれれば、あとは軍部内閣となって、本土決戦一億玉砕の道をつき進むだけである」。そうならないためにはどうすればよいか。二・二六事件の場合と同様に、軍部をとおして軍部を制御しながら、最後は天皇の意思に委ねる。終戦決定の基本的な枠組みは、二・二六事件の歴史的な記憶が色濃く投影されていた。

この観点から迫水は軍部内に提携者を求めた。「内閣は陸軍大臣が辞表を提出すれば、すぐにもつぶれる」。そうしなかったのは阿南（惟幾）陸相の意思による。迫水は阿南を「真の勇者として、改めて心から高く評価する」と記している。迫水によれば「阿南陸相の決心も固くなり、したがって、内閣の立場も安定した感じを深くした」。

しかしここからが長かった。鈴木内閣は和平の仲介をソ連に期待した。この時点までの日ソ関係を振り返れば、ソ連の仲介による和平に可能性がないのは明らかだった。迫水も「確信を持っていたのではない」という。それでも一縷の望みを託したのは、「直接米英に和平を申込むことができない立場であり、もし政府がそういうことをすれば、軍は反発してクーデターをおこし、元も子もなくしてしまわなければならないような情勢であった」からだと釈明する。

ポツダム宣言をめぐる「黙殺」発言の経緯も同様である。迫水は同宣言に対する日本政府の回答として、「あまり」「重要視しない」、もしくは「さしあたり」「黙殺する」との表現を考えた。ところが陸軍側との折衝を通しての修文作業の結果、「黙殺」だけが残った。「黙殺」は「ノー・コメント」の意味だった。それが「イグノア」と訳され、英米の新聞は「リジェクト」と報道した。こうして「軍との関係という極めて重大な国内的の『家庭の事情』のために、不本意ながら、ポツダム宣言を黙殺する」ことになった。

そこへ広島の原爆投下、ソ連の対日参戦、長崎の原爆投下とつづく。もはや天皇の決断を仰ぐ以外になかった。迫水は一計を案じる。独断で御前会議開催の書類を宮中に提出する。突然、開催の報に接した陸海軍の当局者は迫水をなじった。信頼を寄せる阿南にも知らせなかった。聖断が下される。ここに日本の運命は定まった。

本書の主題は以上の二つ、二・二六事件と終戦決定である。迫水の経歴と照らし合わせると、もう一つあるはずの重要な記述の欠落に気づく。それは革新官僚としての迫水がどのように戦時体制に関与したかである。「私は、機会があったらこのことについて筆をとりたいと思うが、いまは省略する」と慎重に避けている。断片的な記述はある。「その衝に当った体験から統制ということは、人間が神様の真似をすることであると思う。自由主義こそ人間本来の生活様式である」。戦後、公職追放処分を受けた迫水は、二十年近く経っても、これ以上、語ろうとはしなかった。戦時体制が日本社会の構造変動にどのような影響を及ぼしたのか。解明は未だ不十分である。

本書は昭和天皇の二つの決断に際会した記録として読むことができる。立憲君主としての天皇が個別の意思決定に関与するということは、帝国憲法体制の枠からはみ出しかねないぎりぎりの選択だった。事実、帝国憲法体制は崩壊寸前だった。ポツダム宣言受諾後、日本は戦争に敗れ、憲法も改正される。それでも迫水は戦前体制を守ることができたと考えた。迫水にとって戦前体制の中核にあったのは「国体」である。その「国体」は象徴天皇制となって形を変えながらも、「護持」されたからである。

このように戦前と戦後の連続性は強い。戦時統制体制の下で計画経済の立案・実施に従事していた迫水が戦後、「所得倍増計画」を掲げる池田内閣の経済企画庁長官に就任したのは、偶然ではないだろう。著者は戦後の日本が何に由来しているかを示唆している。

以上のように本書は、二・二六事件と終戦に関する歴史的事実の確認にとどまることなく、広く戦前・戦後をとおして昭和史を振り返る際の史料として、これからも長く参照されていくにちがいない。

白川一郎 謹画

終戦御前会議

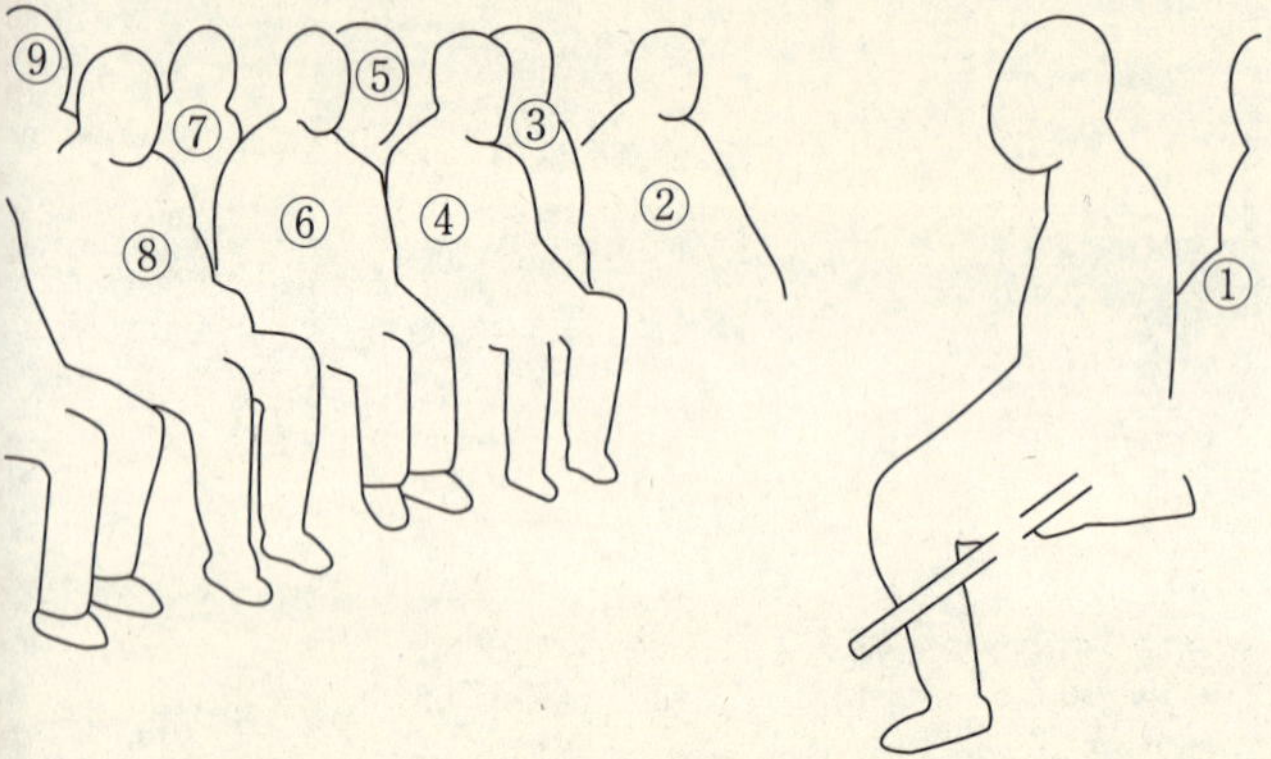

1	侍従武官長	蓮沼　番
2	軍令部長	豊田　副武
3	運輸大臣	小日山直登
4	参謀総長	梅津美治郎
5	内務大臣	安倍　源基
6	軍需大臣	豊田貞次郎
7	大蔵大臣	廣瀬　豊作
8	陸軍大臣	阿南　惟幾
9	農商大臣	石黒　忠篤
10	司法大臣	松阪　廣政
11	文部大臣	太田　耕造
⑫	内閣書記官長	迫水　久常

13	外務大臣	東郷　茂徳
14	厚生大臣	岡田　忠彦
15	綜合計画局長官	池田　純久
16	海軍大臣	米内　光政
17	枢密院議長	平沼騏一郎
18	内閣総理大臣	鈴木貫太郎
19	国務大臣	下村　宏
20	海軍軍務局長	保科善四郎
21	国務大臣	安井　藤治
22	陸軍軍務局長	吉積　正雄
23	国務大臣	左近司政三
24	国務大臣	櫻井兵五郎

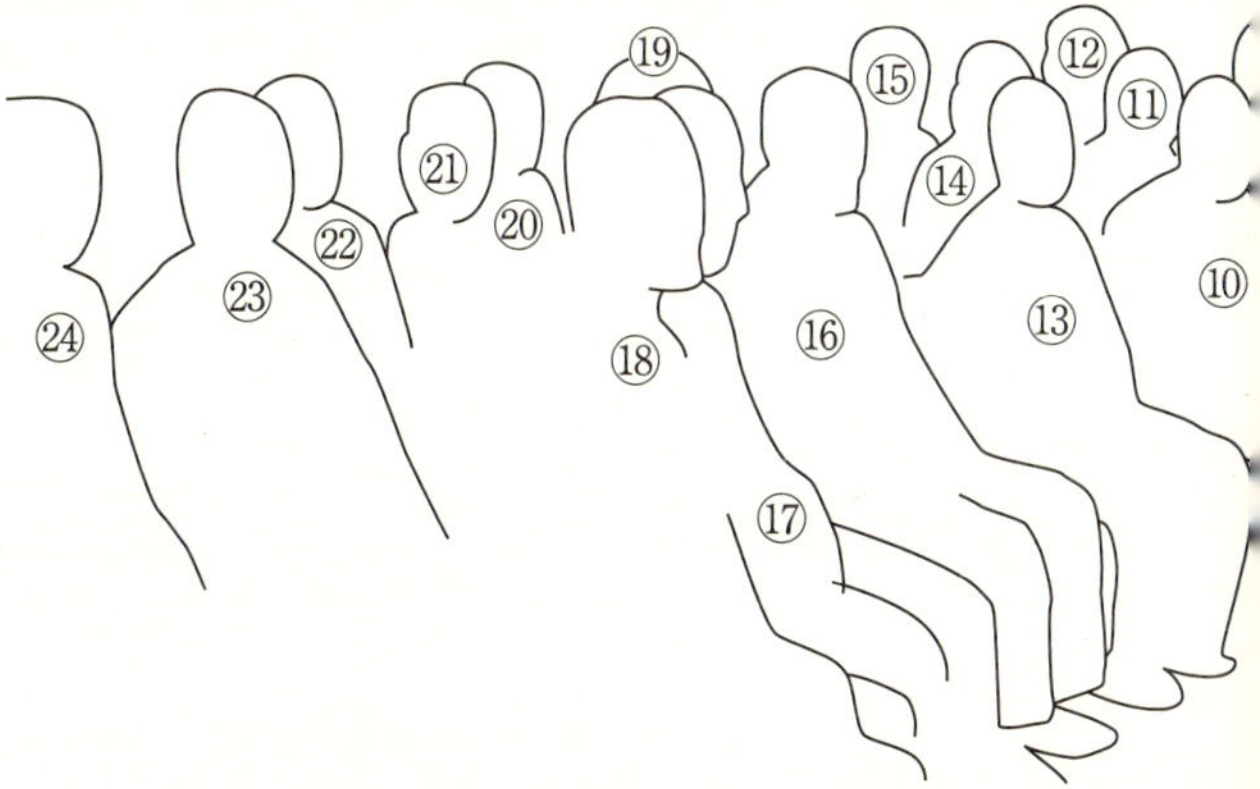

「終戦御前会議」について

昭和二十年八月十四日午前十時、宮中吹上御苑の地下壕で、天皇陛下のお召しによって開かれ、太平洋戦争の終結を決定した。最後の御前会議の真姿である。

国家の存亡をかけて開かれた、この御前会議の出席者は全閣僚並に重要関係者あわせて二十三名であった。

天皇陛下は「万世の為めに太平を開き国体を護持するの道は戦争終結の外なし」と、聖断をお下しになった。

そして日本国は救われ、幾多の苦難を越え、新日本建設がはじまり、今日の平和と繁栄の原点となった。日本史上かつてない重大な会議であった。

しかし、この記念すべき瞬間を後世に伝える一枚の写真もなかった。そこで白川一郎画伯は多年にわたり当時の列席者に会い、史実を調べ考証を重ね三百号の大作を完成した。不朽の記録画である。

＊図版・解説の掲載に当たっては、白川家と野田市鈴木貫太郎記念館の協力を得ました——編集部

本書は一九六四年八月、恒文社から刊行された。文庫化にあたって写真を入れ替え、字句を適宜統一した。

江戸の城づくり　北原糸子

一大国家事業だった江戸城の天下普請。大都市・江戸の基盤はいかに築かれたのか。外堀、上水などインフラの視点から都市づくりを再現する。（金森安孝）

独立自尊　北岡伸一

国家の発展に必要なものとは何か——。福沢諭吉は生涯をかけてこの課題に挑んだ。今こそ振り返るべき思想を明らかにした画期的福沢伝。（細谷雄一）

増補 絵画史料で歴史を読む　黒田日出男

歴史学は文献研究だけではない。絵巻・曼荼羅・肖像画など過去の絵画を史料として読み解き、斬新な手法で日本史を掘り下げた一冊。（三浦篤）

滞日十年（上）　ジョセフ・C・グルー　石川欣一訳

日米開戦にいたるまでの激動の十年、どのような外交交渉が行われたのか。駐日アメリカ大使による貴重な記録。上巻は1932年から1939年まで。

滞日十年（下）　ジョセフ・C・グルー　石川欣一訳

知日派の駐日大使グルーは日米開戦の回避に奔走。下巻は、ついに日米が戦端を開き、1942年、戦時交換船で帰国するまでの迫真の記録。（保阪正康）

東京裁判 幻の弁護側資料　小堀桂一郎編

我々は東京裁判の真実を知っているのか？ 準備されたものの未提出に終わった膨大な裁判資料から18篇を精選。緻密な解説とともに裁判の虚構に迫る。

頼朝がひらいた中世　河内祥輔

軟禁状態の中、数人の手勢でなぜ源頼朝は挙兵に成功したのか。鎌倉幕府成立論に、史料の徹底的な読解から、新たな視座を提示する。（三田武繁）

一揆の原理　呉座勇一

虐げられた民衆たちの決死の抵抗として語られてきた一揆。だがそれは戦後歴史学が生んだ幻想にすぎない。これまでの通俗的理解を覆す痛快な一揆論！

甲陽軍鑑　佐藤正英校訂・訳

武田信玄と甲州武士団の思想と行動の集大成。大部から、山本勘助の物語や川中島の合戦など、その白眉を収録。新校訂の原文に現代語訳を付す。

増補 倭寇と勘合貿易　田中健夫／村井章介 編

14世紀以降の東アジアの貿易の歴史を、各国の国内事情との関連で論じたグローバル・ヒストリーの先駆的名著。（村井章介）

世界史のなかの戦国日本　村井章介

世界史の文脈の中で日本列島を眺めてみるとそこには意外な発見が！　戦国時代の日本はそうとうにグローバルだった！（橋本雄）

増補 中世日本の内と外　村井章介

国家間の争いなんておかまいなし。中世の東アジア人は海を自由に行き交い生計を立てていた。私たちの「内と外」の認識を歴史からたどる。（榎本渉）

博徒の幕末維新　高橋敏

黒船来航の動乱期、アウトローたちが歴史の表舞台に躍り出てくる。虚実を腑分けし、稗史を歴史の中に位置付けなおした記念碑的労作。（鹿島茂）

増補 〈歴史〉はいかに語られるか　成田龍一

「国民の物語」としての歴史は、総動員体制下いかに機能したか。多様なテキストから過去／現在を語る装置としての歴史を問い直す。（福井憲彦）

日本の百年（全10巻）　鶴見俊輔／松本三之介／橋川文三／今井清一 編著

明治・大正・昭和を生きてきた人々の息づかいが実感できる、臨場感あふれた迫真のドキュメント。いま私たちが汲みとるべき歴史的教訓の宝庫。

御一新の嵐　日本の百年1　鶴見俊輔 編著

一八五三年、ペリーが来航し鎖国が破られた。日本の歴史は未曾有の変革期を迎える。時代に先駆けた人、取り残された人、そこで何が達成されたのか。

わき立つ民論　日本の百年2　松本三之介 編著

帝国憲法制定に向けて着々と国の体制を整える明治国家。しかし、政府に対する不満の声は、近代日本最大の政治運動自由民権運動となって高まる。

強国をめざして　日本の百年3　松本三之介 編著

一八八九年二月十一日、帝国憲法発布、国民の意識は高揚した。外に日清戦争に勝利し、内に産業革命進展のなか、近代日本は興隆期を迎える。

ちくま学芸文庫

機関銃下の首相官邸
二・二六事件から終戦まで

二〇一一年二月十日 第一刷発行
二〇二一年十月十五日 第三刷発行

著者 迫水久常（さこみず・ひさつね）
発行者 喜入冬子
発行所 株式会社 筑摩書房
東京都台東区蔵前二―五―三 〒一一一―八七五五
電話番号 〇三―五六八七―二六〇一（代表）
装幀者 安野光雅
印刷所 星野精版印刷株式会社
製本所 株式会社積信堂

ISBN978-4-480-09349-3 C0121